第二言語習得研究モノグラフシリーズ 3

Monographs on Second Language Acquisition Research

白畑知彦・須田孝司 編

言語習得研究の応用可能性
―理論から指導・脳科学へ―

鈴木一徳　平川眞規子　近藤隆子
横田秀樹　白畑知彦　須田孝司
松村昌紀　奥脇奈津美　中川右也　尾島司郎

くろしお出版

刊行にあたって

　本書は『第二言語習得研究モノグラフシリーズ』第3巻である。タイトルは「言語習得研究の応用可能性―理論から指導・脳科学へ―」とした。このタイトルのとおり，本巻では言語理論（生成文法理論ならびに認知言語理論）をベースにした第二言語習得研究から，研究成果の外国語指導法への応用，そして脳科学を基盤とした第二言語習得研究まで幅広く扱われている。

　前巻でも述べたが，本シリーズの主目的は，多くの方々に第二言語習得研究という研究領域を知ってもらうことにある。しかも，最新の研究成果を解説することによって。第3巻に寄稿いただいた論文はその目的を十分に果たしていると思う。つまり，この目的遂行のために，執筆くださる研究者の方々には，毎回のことではあるが，難儀をお願いすることになる。それは，「今一番興味を持って取り組んでいる最先端の研究内容を，読者にできる限り分かりやすく解説いただきたい」というものである。本当に厄介なお願いだ。研究が最先端であればあるほど，その前提となる理論研究は複雑となり，それに伴い難解な専門用語が増え，とても簡単には書けなくなるのは自明のことであるからだ。そのような難事にもかかわらず，今回も素晴らしい論文を載せることができたことに感謝したい。

　さて，第3巻には7本の論文を掲載することになった。以下にその内容を簡潔に紹介する。

　第1章「日本語母語話者およびスペイン語母語話者による心理形容詞の解釈―Is the lecturer bored or boring?―」（鈴木一徳・平川眞規子論文）では，I was bored. や The game was exciting. のように，動詞が形態的に変化した心理形容詞（psychological adjective）の習得を扱っている。鈴木・平川では，学習者の母語が心理形容詞の習得に影響を与えるかどうか検証するため，類型学的に異なる日本語とスペイン語を母語とする英語学習者に対して2つの実験を行った。その結果，第二言語学習者は，-ed 心理形容詞を習得するのは容易であるが，-ing 心理形容詞の習得には困難さが生じることが分かった。これは，-ing 心理形容詞には a 抑制の操作による派生（移動）を伴うか

らであるとする仮説によって説明できるという提案をしている。

　第2章「第二言語学習者による自動詞の習得―統語構造と動詞の完結性の観点からの検証―」(近藤隆子論文)では，日本語を母語とする英語学習者のおかす受動態への過剰般化 (overgeneralization) 現象を調査している。受動態過剰般化とは，*An accident was happened. のように，自動詞が使われているにもかかわらず，学習者が受動態構造を作り出してしまう誤りのことを指す。近藤は，日本語を母語とする英語学習者を対象に，彼らの英語の自動詞への受動態過剰般化が，どのような自動詞にみられるのか，そして，その誤りの原因は多くの先行研究で主張されているように，動詞の統語構造によるものなのか，それとも，Yusa が主張するように，動詞の完結性によるものなのかを実験で検証し，第二言語学習者による自動詞の習得について議論している。

　第3章「日本語母語話者による短距離 wh プローブの習得―ミニマリスト・カートグラフィック・アプローチに基づく―」(横田秀樹・白畑知彦・須田孝司論文)では，Chomsky (1995) が提案したミニマリスト・アプローチ (Minimalist Approach) と，Rizzi (1997) が提案したカートグラフィック・アプローチ (Cartographic Approach) を応用し，日本語を母語とする英語学習者 (JLEs) を対象に，次の3つの wh 疑問文の習得について実証的研究を行っている：目的語 wh 疑問文 (例：What did you eat?)，主語 wh 疑問文 (例：Who ate my sandwiches?)，間接疑問文 (例：John asked what Mary ate.)。筆者達は，JLEs は，wh 語を文頭や間接疑問文の従属節頭に置いた文を容易に産出できるようになるが，これは「表面的」に似通った文を産出しているに過ぎず，実際には英語母語話者とは異なる構造を長期間使い続けていると主張する。

　第4章「第二言語知識の波及―英語再帰代名詞の同一指示における局所条件の習得―」(松村昌紀論文)では，英語の再帰代名詞 (reflexive pronoun) の習得を取り上げている。生成文法理論を枠組みとした言語習得研究では，普遍文法が第二言語習得でも機能するかどうかを検証するため，himself や herself といった再帰代名詞が頻繁に研究対象として取り上げられてきた。本研究では，文脈における「視点」という新たな領域の影響を検証しており，さらに指導の波及効果についても議論している。人間の言語能力については，いまだに多くの謎がある。これまでの研究において課題として残され

てきた問題について，新しい研究手法を導入するだけではなく，新たなアプローチの可能性について検討する重要性にも気づかされるであろう。

第5章「第二言語における定型言語の産出と処理」(奥脇奈津美論文)では，話し言葉や書き言葉に見られる定型言語 (formulaic language) を題材としている。定型言語とは，英語母語話者であればイディオムやコロケーションとして，頭の中で1つの語彙項目として蓄積されるものだと考えられている。それでは，第二言語学習者も，当該言語に数多く触れることにより，定型言語を1つの語彙項目として習得していくことができるのであろうか。本論文では，まず第二言語使用者がどのように定型言語を運用するのかを考察し，第二言語の発達に伴ってその運用が向上するのかどうかをみている。そして，言語理解の際，第二言語学習者がどのように定型言語を処理するのかを，反応時間や処理の正確性の観点から議論している。

第6章「句動詞習得における teachability と learnability の検証―イメージ・スキーマを用いた認知言語学的アプローチ―」(中川右也論文) では，認知言語学的アプローチを基にした句動詞 (phrase verb) の指導の効果について考察している。すなわち，本論文ではまず認知言語学の理論的背景や先行研究を概観し，句動詞習得の重要性ならびに錯雑性を考察している。その後，ある表現がなぜそのような意味になるのかといった言語の有縁性 (motivation) に着目させる認知言語学的アプローチによる句動詞の習得方法の有効性を示し，指導可能性 (teachability) と学習可能性 (learnability) の枠組みを用い，中川の提案する認知言語学的アプローチを基盤とした第二言語習得方法の検証を行っている。

第7章「第二言語を学ぶ脳―日本人英語学習者の脳機能計測研究―」(尾島司郎論文) では，言語と関連する脳内の活動を検証する脳機能計測研究を紹介している。脳が言語能力を司っているわけで，言語習得研究が脳科学研究と結びつくのは当然の流れである。本論文では，ERP もしくは NIRS を用いて日本語を母語とする英語学習者の脳活動を調べた4つの研究を紹介している。最初の研究は，大人を被験者とする ERP 研究で，英語習熟度との関係で文法処理 (主語動詞一致) や意味処理を調べている。残りの3つの研究は，「わくわく脳科学」プロジェクトと呼ばれる，小学生対象の一連の ERP 研究および NIRS 研究である。これらの研究では，脳活動に見られる発

達パターン，英語学習の開始年齢と総学習時間の効果，単語復唱に関連する脳領域を調べている。

　最後になるが，今回も，くろしお出版の池上達昭氏には本当にお世話になった。心より御礼申し上げたい。

　　　　　　　　　　　　　　　　　　　　令和元年　立夏の候
　　　　　　　　　　　　　　　　シリーズ編者　白畑知彦・須田孝司

目　次

刊行にあたって　iii

第 1 章　日本語母語話者およびスペイン語母語話者による心理形容詞の解釈
　　　　―Is the lecturer *bored* or *boring*?―
　　　　鈴木一徳　平川眞規子…………………………………… 1

第 2 章　第二言語学習者による自動詞の習得
　　　　―統語構造と動詞の完結性の観点からの検証―
　　　　近藤隆子………………………………………………… 31

第 3 章　日本語母語話者による短距離 wh プローブの習得
　　　　―ミニマリスト・カートグラフィック・アプローチに基づく―
　　　　横田秀樹　白畑知彦　須田孝司………………………… 69

第 4 章　第二言語知識の波及
　　　　―英語再帰代名詞の同一指示における局所条件の習得―
　　　　松村昌紀………………………………………………… 105

第 5 章　第二言語における定型言語の産出と処理
　　　　奥脇奈津美……………………………………………… 135

第 6 章　句動詞習得における teachability と learnability の検証
　　　　―イメージ・スキーマを用いた認知言語学的アプローチ―
　　　　中川右也………………………………………………… 169

第 7 章　第二言語を学ぶ脳
　　　　―日本人英語学習者の脳機能計測研究―
　　　　尾島司郎………………………………………………… 209

第1章

日本語母語話者および
スペイン語母語話者による心理形容詞の解釈

Is the lecturer *bored* or *boring*?

鈴木一徳　平川眞規子

1. はじめに

　英語学習者の誤りに，(1) に示す心理形容詞（psychological adjective）に関わるものが報告されている[1]。

(1)　a.　*Pachinko is excited.
　　 b.　*I was boring in the train.　　　　　　　　（佐藤, 2013, p. 33–34）

(1a) は「パチンコは面白くてたまらない」と述べる際に，*exciting* とするべきところで *excited* としてしまった誤用例である。また，(1b) は「私は電車の中で退屈していた」と述べる際に *bored* を用いるべきところで，*boring* としてしまった例である[2]。
　佐藤 (2013) は英語学習者の心理形容詞の誤用について，(1a) のような -*ed* 形の誤用は 3%（837 例中の 25 例）にとどまるのに対し, (1b) のような -*ing* 形の誤用は 14.9%（155 例中の 23 例）であったことから，-*ing* 心理形容

1　例文中のアスタリスク（*）は，その文や句が不適格な構造であることを示す。
2　佐藤 (2013) のデータは，The Longman Learners' Corpus から抽出したものである。

詞の難しさを指摘している。

　本章では，日本語およびスペイン語を母語とする英語学習者を対象に行なった心理形容詞の第二言語習得（second language acquisition: SLA）に焦点をあて，第二言語（L2）の文法知識を探る。SLA には様々な要因が複雑に関わっていると考えられるが，目標言語の習得が困難である場合，それは何に起因しているのかを議論する必要がある（e.g. Hawkins, 2001; Ortega, 2009; Slabakova, 2016; Snape & Kupisch, 2016; White, 2003）。例えば，ある言語の母語話者のみに共通する誤りが生じるとすれば，学習者の母語（first language: L1）の影響，すなわち L1 の**転移（transfer）**の可能性がある。また，異なる L1 をもつ L2 学習者に共通の誤りが観察される場合，L2 の構造に起因する普遍的特性が関与している可能性が示唆される。したがって，言語学的分析を踏まえたアプローチにより，単一の母語話者グループのみでなく複数の母語話者グループを対象とした SLA 研究を行うことが重要である（cf. O'Grady, 2001）。

　本研究では，言語類型的に異なる日本語およびスペイン語を L1 とする英語学習者を対象にする。本章で扱う心理形容詞とは，心理動詞（psychological verb; e.g. *frighten*）に *-ed* や *-ing* の接辞が付いた分詞形の形容詞（e.g. *frightened, frightening*）を指す[3]。また，Pesetsky (1995) に倣い，(2a) の *fear* に代表される心理動詞を ES タイプ（experiencer-subject type），(2b) の *frighten* に代表される心理動詞を EO タイプ（experiencer-object type）と呼ぶ（心理動詞および心理形容詞の分析に関しては第 2 節で扱う）。

(2) a.　*Susan* fears *the dog*.　　　　　（心理動詞，ES タイプ）
　　b.　*The dog* frightens *Susan*.　　　（心理動詞，EO タイプ）
(3) a.　*Susan* is frightened (of *the dog*).　（*-ed* 心理形容詞，ES タイプ）
　　b.　*The dog* is frightening (to *Susan*).　（*-ing* 心理形容詞，EO タイプ）

---

[3]　学習英文法では，心理動詞を「心理状態を表す動詞」（江川, 1991, p. 203）や「感情や心理状態を表す動詞」（山岡, 2014, p. 221）と言うこともある。心理状態を表す英語の形容詞には，*happy, angry, sad, upset* などもあるが，本研究では心理動詞の分詞形の形容詞（*-ed, -ing*）のみを扱う。

心理動詞は，**項構造**（**argument structure**）の観点から，言語研究においても多くの関心を集めてきた。なぜなら，動詞のもつ意味構造と統語構造を繋ぐリンキングの問題が生じるからである。心理動詞には**経験者**（**experiencer**）と**対象**（**theme**）の**意味役割**（**theta-role, θ-role**）をもつ2つの項が必要である[4]。しかし，(2a) の *fear* の場合は，経験者 (*Susan*) が主語位置，対象 (*the dog*) が目的語位置に現れる一方で，(2b) の *frighten* の場合は，経験者が目的語位置，対象が主語位置に現れる。意味役割と統語構造を結びつける規則の一つとして**意味役割階層**（**thematic hierarchy**）(Grimshaw, 1990; Jackendoff, 1972, 1990) を想定すると，主語性（主語になりやすい性質）は動作主 (agent) や経験者の方が対象よりも強く，典型的に主語位置に現れることを予測する。経験者が主語位置に現れる *fear* タイプは階層に合致するが，対象が主語位置に現れる *frighten* タイプはこの階層に従わないため，リンキングの問題を呈することになる。このように一見恣意的に見える意味役割と統語的位置の関係は，言語習得における学習可能性の点からも問題となる。

しかし，*frighten* タイプは移動を伴うという言語分析（2.3節参照）を踏まえると，心理動詞の習得が困難なのは *frighten* タイプであると考えられる。実際，SLA 研究では様々な言語を母語とする英語学習者にとって，*frighten* タイプの習得が困難であることが報告されている。本章で扱う心理形容詞に関する研究は数少ないが，(3) のような心理形容詞でも同様の問題が生じることが予測できる。

また，日本語には英語の *-ed* や *-ing* に相当する形態素がないが，スペイン語には英語と同様に *-ed* や *-ing* に相当する形態素が存在する。*-ed* や *-ing* に相当する形態素が L1 にある L2 学習者とそうでない L2 学習者を比較することで，英語の心理形容詞の難しさが L2 学習者に共通するものなのか，それとも L1 の形態的特徴が影響しているのかを見極めることができる[5]。

本章の構成は以下の通りである。まず，第2節で，英語の心理動詞・心

---

[4] 経験者や対象以外の意味役割については，原口・中村・金子 (2016) を参照のこと。

[5] 本章で言う「形態的特徴」とは，*-ed* や *-ing* のような顕在的な形態素の有無を指す。後述する実験では，スペイン語には *-ed* や *-ing* に相当する形態素があるので英語の *-ed* や *-ing* の区別が容易であるが，日本語には *-ed* や *-ing* に相当する形態素が無いため，英語の *-ed* や *-ing* の区別が困難であると予測を立てる。

理形容詞の理論的背景を述べ、日本語・スペイン語・英語の心理形容詞の言語間比較を行う。第3節では心理述語（心理動詞と心理形容詞）のL2習得に関する先行研究を概観し、第4節で研究課題と仮説を述べる。第5・6節では本研究で実施した実験の詳細を報告する。さらに第7節では、実験結果に基づいて、心理形容詞の習得の難しさの原因として、統語・意味、母語の形態的特徴、学習者の習熟度、入力における頻度の観点から考察を行う。最後に、第8節で本研究の結論を述べる。

2. 理論的枠組み

2.1 心理動詞と心理形容詞

　第1節でも述べたように、英語の心理動詞は2種類に分けられる。主語位置の名詞句（以下、主語名詞）が経験者、目的語位置の名詞句（以下、目的語名詞）が対象の意味役割を担うESタイプの心理動詞と、目的語名詞が経験者の意味役割を担い、主語名詞が対象の意味役割を担うEOタイプの心理動詞がある。(4)に(2)を再掲する。

(4) a. *Susan* fears *the dog.*　（心理動詞、ESタイプ）
　　　経験者　　　　　対象
　　b. *The dog* frightens *Susan.*　（心理動詞、EOタイプ）
　　　対象　　　　　　経験者
(5) a. スーザンは犬を怖がる。
　　b. 犬はスーザンを怖がらせる。

(4a)と(4b)を比べると、動詞（*fear*または*frighten*）に応じて、主語と目的語の意味役割が逆転している。(4a, b)に対応する日本語文(5a, b)では、ESタイプの心理動詞（e.g. 怖がる）に使役の形態素（i.e. *-(s)ase*）を付加することによってEOタイプの心理動詞（e.g. 怖がらせる）が成立する。しかし、英語の心理動詞は、両方のタイプに見かけ上の使役の標示（e.g. 使役の形態素の付加）が存在しない[6]。(6)と(7)に、他のESタイプおよびEOタイプの

6　ゼロ使役（zero causative）と呼ばれている（Pesetsky, 1995）。

心理動詞の例を示す。

(6) ES タイプの心理動詞の例
admire, appreciate, enjoy, envy, esteem, exalt, execrate, favor, fear, hate, like, regret, respect, revere, treasure, trust, value
(Levin, 1993, p. 191–192)

(7) EO タイプの心理動詞の例
amaze, amuse, annoy, bore, confuse, disappoint, disgust, excite, frighten, interest, please, satisfy, scare, shock, surprise, tire
(Levin, 1993, p. 189–191)

　心理形容詞とは，(3) で提示したような心理動詞の分詞形を指す。EO タイプの心理動詞の分詞形である心理形容詞（e.g. *pleased* と *pleasing*）は，屈折形態素が *-ed* か *-ing* かによって，*-ed* 心理形容詞（ES タイプ）と *-ing* 心理形容詞（EO タイプ）に分類される。(8a) では主語名詞（*Susan*）は経験者，前置詞句内の名詞（*the book*）は対象の意味役割を担っている。また，(8b) では主語名詞（*the book*）は対象，前置詞句内の名詞（*Susan*）は経験者の意味役割を担っている。(8a) と (8b) を比べると，心理動詞と同様に，主語位置に現れる名詞の意味役割が逆転している。

(8) a. *Susan* was disappointed with *the book*. （*-ed* 心理形容詞，ES タイプ）
　　　　経験者　　　　　　　　　　　　対象
　　b. *The book* was disappointing to *Susan*. （*-ing* 心理形容詞，EO タイプ）
　　　　対象　　　　　　　　　　　　　経験者

2.2　意味的観点からの分析：意味役割階層

　主語性に関して，Grimshaw (1990) や Jackendoff (1972, 1990) 等により，(9) のような意味役割階層が提案されている。この階層上で，より上位にあるものが主語として選択され易く，動作主 (agent)，経験者 (experiencer)，着点 (goal)・起点 (source)・場所 (location)，対象 (theme) の順に主語位置に名詞が具現化される。

(9)　　（Agent（Experiencer（Goal/ Source/ Location（Theme））））

（Grimshaw, 1990, p. 8）

　繰り返しになるが，ES タイプの心理動詞は意味役割階層に従っているが，EO タイプの心理動詞は従っていないため，意味構造と統語構造を繋ぐリンキングの問題が生じる。
　心理形容詞の文でも，-ed 心理形容詞（ES タイプ）と -ing 心理形容詞（EO タイプ）は，心理動詞の文と同様の振る舞いをする。-ed 心理形容詞（ES タイプ）は主語位置に経験者，前置詞句内に対象があり，意味役割階層に従っている。しかし，-ing 心理形容詞（EO タイプ）は主語位置に対象，前置詞句内に経験者があり，意味役割階層に従っていないため，同じくリンキングの問題が生じる（8a, b を参照）。心理述部の習得にあたっては，階層に合致しない EO タイプが問題となる可能性がある。

2.3　統語的観点からの分析：意味役割付与均一性の仮説・α 抑制

　意味役割付与均一性の仮説（**Uniformity of Theta Assignment Hypothesis: UTAH**）によれば，同一の意味役割を担う項は統語構造上まず同じ位置に生成される（Baker, 1988, p. 46）。(10a, b) の樹形図は，それぞれ (4a, b) の構造を示したものである[7]。

(10)

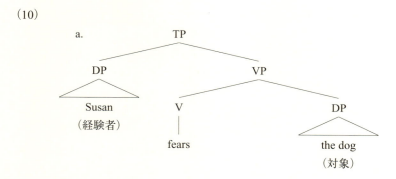

7　樹形図中の TP は時制句（tense phrase），DP は限定詞句（determiner phrase），VP は動詞句（verb phrase），AP は形容詞句（adjective phrase）を指す。

2. 理論的枠組み | 7

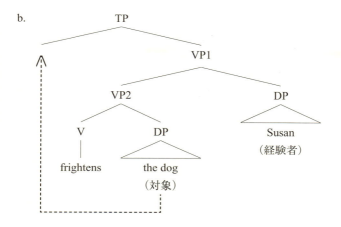

（Belletti & Rizzi, 1988, p. 293; Nakajima, 1993, p. 115 をもとに筆者作成）

ES タイプの心理動詞（e.g. *fear*）では，(10a) にあるように，主語位置に経験者（*Susan*），目的語位置に対象（*the dog*）が生成される。一方，EO タイプの心理動詞（e.g. *frighten*）では，(10b) にあるように，経験者（*Susan*）は VP2 の付加部（adjunct）に，対象（*the dog*）は V の補部に生成される。Nakajima (1993) は，α 抑制（**suppress-α**）という操作を提案し，EO 心理動詞の派生の説明を試みた。α 抑制とは，外項（external argument）を抑制し，抑制された項は付加部になる操作である。α 抑制は，心理述部だけでなく，主語位置に現れる項の選択にリンキングの問題が生じる構造一般（e.g. 受身文）に関わる操作とされる[8]。EO タイプの心理動詞の構造においては，α 抑制の操作により経験者（*Susan*）の項が抑制され，残された項である対象（*the dog*）が主語位置へ移動する。したがって，ES タイプの心理動詞は項の移動を伴わない，つまり派生がない構造であるが，EO タイプの心理動詞は項の移動を伴う派生構造のため，統語的に複雑であると言える。

さらに，Nakajima (1993) は，α 抑制は，*-ed* 心理形容詞と *-ing* 心理形容詞の振る舞いの違いも説明できると主張する。具体的には，EO タイプであ

---

[8] α 抑制を提唱する根拠として格付与等がある。詳細は，Nakajima (1993) を参照のこと。

る -ing 心理形容詞の場合にのみ，a 抑制により経験者の項が抑制される。(11a, b) はそれぞれ (8a, b) の文を樹形図で示したものである。(11a) では，主語位置に経験者 (*Susan*)，目的語位置に対象 (*the book*) が生成される。一方，(11b) では，経験者 (*Susan*) は a 抑制の操作により抑制された結果，AP2 の付加部になる。そのため，残された項である対象 (*the book*) が主語位置に移動する。したがって，-ed 心理形容詞と -ing 心理形容詞の振る舞いは，心理動詞と同じく，-ed 心理形容詞 (ES タイプ) は派生がない構造，-ing 心理形容詞 (EO タイプ) は派生がある構造と分析され，-ing 心理形容詞は統語的に複雑であると言える[9, 10]。

(11)

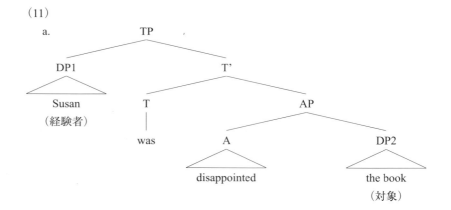

9　心理形容詞の場合，音声的に具現化される際には，(11a, b) の DP2 は前置詞を伴う。つまり，(11a) では *Susan was disappointed <u>with</u> the book*，(11b) では *The book was disappointing <u>to</u> Susan* となる。

10　杉岡 (1992) は，日本語の ES タイプの心理動詞として対格 (ヲ格) を伴う心理動詞 (e.g. 花子が失敗を恐れる) と与格 (ニ格) を伴う心理動詞 (e.g. 花子がニュースにおどろく) があり，前者のみが心理形容詞を派生すること (e.g. 恐ろしい；*おどろかしい) に着目し，それは a 抑制により主語である経験者が抑制され，目的語である対象が主語位置に移動することにより派生されると分析している。

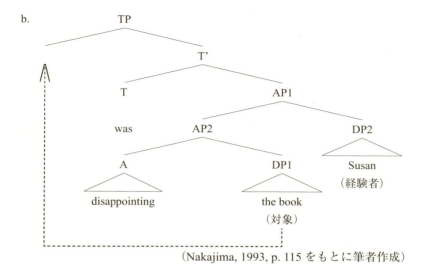

（Nakajima, 1993, p. 115 をもとに筆者作成）

2.4 心理形容詞の言語間比較

　本節では，本実験参加者の母語である日本語，スペイン語，そして目標言語である英語の心理形容詞の言語間比較を行い，L2 学習者の母語にある形態的特徴が英語の心理形容詞の習得に与えうる影響を検討する。

(12)　あの子が喧嘩のたびにこわくなるのは確かだ。
(13) a.　It is undeniable that kid gets frightened every time there's a fight.
　　 b.　It is undeniable that kid gets frightening every time there's a fight.
　　　　　　　　　　（デ・シェン，1997, p. 15, 下線は筆者による）

　(12) の「あの子」は経験者と対象の 2 通りの解釈が可能であり，(13a) と (13b) の英語訳がその曖昧性を表している。経験者である場合，あの子自身が「こわい」という感情を抱いているという解釈になるため，(13a) の -ed 心理形容詞（ES タイプ）が適切な英語訳となる。一方，対象である場合発話者が「あの子」に対して「こわい」という感情を抱いているという解釈になるため，(13b) の -ing 心理形容詞（EO タイプ）が適切である。デ・シェ

ン (1997) は，日本語の心理形容詞は表面上同一の形をしており (e.g. こわい)，ES タイプか EO タイプかが曖昧であるため，日本語話者が英語の心理形容詞を産出する際に問題が生じる可能性があると述べている。このように，英語および日本語の心理形容詞表現を比較すると，英語には *-ed* と *-ing* の派生形態素を伴うため形態的標示があるが，日本語はそのような形態素がないことがわかる。したがって，英語学習者は，*-ed* 心理形容詞が ES タイプ，*-ing* 心理形容詞が EO タイプを表すことを理解する必要がある。

　スペイン語には，英語と同様に *-ed* と *-ing* に相当する屈折形態素があり (cf. Zagona, 2002)，日本語と比較すると，形態的標示が豊かである[11]。(14) には *-ed* 心理形容詞（ES タイプ），(15) には *-ing* 心理形容詞（EO タイプ）の言語間比較を示す[12]。(14) と (15) の例において，スペイン語では，*-ada* が英語の *-ed*，また，*-ante* が英語の *-ing* に対応する[13]。日本語では，ES タイプも EO タイプも「恥ずかしい」で表現され，表面的な語の形態は同一である。

(14) a. The woman is embarrass<u>ed</u>. 　　　　　（英語）
　　 b. La mujer está avergonz<u>ada</u>. 　　　　（スペイン語）
　　 c. その女性は恥ずかしい（ようだ）。　（日本語）
(15) a. The woman is embarrass<u>ing</u>. 　　　　（英語）
　　 b. La mujer es avergonz<u>ante</u>. 　　　　　（スペイン語）
　　 c. その女性は恥ずかしい（よ）。　　　（日本語）

11　英語は *-ed* と *-ing* のみであるが，スペイン語は，主語名詞の数 (number) や性 (gender) によって述部の屈折にはバリエーションがある。スペイン語は，心理形容詞に特化した構造があるわけではなく，*-ed* 心理形容詞の場合は受動態と同じ構造 (be + *-ed*) で，*-ing* 心理形容詞の場合は進行形と同じ構造 (be + *-ing*) である。この点については，Natalia López Gagliardo 氏から助言を受けた。

12　(14b) および (15b) のスペイン語の心理形容詞に関する例文に関しては，Silvina Montrul 氏から助言を受けた。

13　(14b) の *-ada* は女性形の屈折語尾，(15b) の *-ante* は男女同形の屈折語尾である。

3. 先行研究

　White, Brown, Bruhn-Garavito, Chen, Hirakawa, & Montrul (1998) では，マダガスカル語，日本語，スペイン語，フランス語をL1とする英語学習者を対象に，英語の心理動詞のL2研究を行った。マダガスカル語と日本語は，ES心理動詞の語根（root）に使役の形態素を付加することによってEOタイプが成立する。したがって，マダガスカル語話者と日本語話者にとっては，付加的な形態素の標示が無い英語のESタイプとEOタイプの区別が難しいと予測された。他方，スペイン語とフランス語は，英語と同じように，ESタイプとEOタイプの区別は語彙レベルで存在するため，英語の心理動詞の習得は容易であると予測された。絵画一致タスク（picture identification task）における日本語およびスペイン語話者の結果に注目すると，日本語話者はESタイプには90.9%の正答率を示したが，EOタイプの正答率は53.6%であった。一方で，スペイン語話者は，ESタイプの正答率は87.1%，EOタイプの正答率は79.0%であった。以上の実験結果より，L2学習者は，ES心理動詞よりもEO心理動詞の習得が困難であること，そして特に日本語話者は形態的標示が無い英語のゼロ使役を習得することが困難であること，L2に類似する形態的特徴を有するスペイン語話者の場合はその習得が促進されることが明らかになった。

　Chen (1996) は，L1中国語およびL1フランス語の英語学習者を対象に，心理動詞，心理形容詞，心理名詞のSLA研究を行った。心理形容詞の実験では，多肢選択タスク（multiple-choice task）と文法性判断タスク（grammaticality judgment task）を用いて，-ed心理形容詞（ESタイプ）と-ing心理形容詞（EOタイプ）に関するL2学習者の言語知識を調べた。中国語母語話者（初級）は，多肢選択タスクでは，-ed心理形容詞は92.6%，-ing心理形容詞は81.3%の正答率で，文法性判断タスクでは，-ed心理形容詞は68.0%，-ing心理形容詞は32.7%の正答率であった。また，フランス語話者（初級）は，多肢選択タスクでは，-ed心理形容詞は80.0%，-ing心理形容詞は77.8%の正答率で，文法性判断タスクでは，-ed心理形容詞は54.5%，-ing心理形容詞は46.7%の正答率であった。以上の結果からも，L2学習者にとっては，-ed心理形容詞（ESタイプ）よりも-ing心理形容詞（EOタイプ）

の習得が難しいことが示された。

　Montrul (1998) は，L1 フランス語話者および L1 英語話者を対象に，スペイン語の心理動詞の L2 研究を行った。スペイン語には，*fear* に代表される ES タイプ (e.g. *temer* 'fear')，*frighten* に代表される EO タイプ (e.g. *asustar* 'frighten') に加えて与格経験者 (dative experiencer) を取る第三のタイプ (e.g. *gustar* 'like') がある[14]。この第三のタイプは，フランス語には存在するが，英語には存在しない。したがって，形態的に類似したフランス語の話者と，形態的に異なる英語の話者を対象に，この第三のタイプの SLA 研究を行うことで，L1 の形態的特性が L2 の習得に影響を及ぼすかを縦断的に検討した。両グループのスペイン語の習熟度に有意な差は確認されなかったが，解釈タスク (interpretation task) を実施した結果，フランス語話者は正答率が 83.8%（1 回目），80.9%（2 回目），85.3%（3 回目）であったのに対し，英語話者は 67.1%（1 回目），60.5%（2 回目），71.5%（3 回目）であった。フランス語話者と英語話者を比較すると，フランス語話者の方がスペイン語の第三のタイプの心理動詞の正答率が高かったことから，L1 の形態的特性が L2 の習得に負の影響を与えると Montrul (1998) は結論づけた。

　日本語母語話者を対象に英語の心理動詞・心理形容詞の SLA 研究を行った初期の研究に Sato (2003) がある。「-1 (ungrammatical)」「0 (not sure)」「+1 (grammatical)」の 3 択の文法性判断タスクを実施した結果，上級グループでは *-ed* 心理形容詞の正答率が 88% であったのに対し，*-ing* 心理形容詞は 20% であった。この結果より，*-ed* 心理形容詞 (ES タイプ) よりも *-ing* 心理形容詞 (EO タイプ) の方が習得が難しく，EO タイプの難しさを支

---

[14] 前置詞 *a*（英語の *to* に相当）を伴った経験者の項（間接目的語）が動詞に前置され，(i) に表されているように，主語のように振る舞う。そして，この第三のタイプは，頻度は少ないものの，(ii) のように与格主語で表される経験者と対象を表す目的語の交替が可能である (Montrul, 2004, p. 340)（3s = 3 人称単数，DAT = 与格）。

  (i)　*A Juan le　　 gusta María.*
　　　to Juan 3s-DAT like　Maria
　　　'Juan likes Maria.'
  (ii)　*María　　le　　　gusta　a　Juan*
　　　Maria　 3s-DAT　 like　 to　Juan
　　　'Juan likes Maria.'

持する結論に至った。ただし，Sato (2003) では，実験手法に関する問題があった。具体的には，タスクで使用される心理形容詞のうち，-ed 心理形容詞のときは主語が全て有生 (animate) 名詞で，-ing 心理形容詞のときは主語が全て無生 (inanimate) 名詞であった点である[15]。また，タスクの構成に関しても，選択肢を全て列挙し，適格性判断をさせているため，実験参加者が各構文を比較しながら回答してしまう可能性があり，L2 の言語知識の引き出し方にも問題があったと言える。このような問題点を改めて追実験したものに佐藤 (2013) があるが，Sato (2003) と同様に，日本語母語話者は -ed 心理形容詞よりも -ing 心理形容詞の習得が難しいと結論づけられた。

以上，心理動詞・心理形容詞の SLA に関する先行研究を概観してきたが，どの研究でも一貫している結果としては，L2 学習者は，ES タイプよりも EO タイプの習得が難しいということである。また，目標言語が母語と類似した形態的特性を有していない場合は，有している場合よりも，習得が困難であるということが示されている。したがって，本研究では，日本語とスペイン語という言語類型的に異なる言語の母語話者を対象に，英語の心理形容詞の習得研究を行うことにした。

4. 本研究の研究課題・仮説・予測

本研究で行う 2 つの実験の研究課題は，以下の 2 点である。

I 英語の -ed 心理形容詞と -ing 心理形容詞のどちらの方が習得が難しいのか。
II 英語の心理形容詞の習得に難しさが生じた場合，それは L2 学習者に共通する普遍的特性なのか，それとも学習者の L1 の影響なのか。

---

15 Sato (2003) では，形容詞のタイプが，-ed の際には *She was disappointed with the result.* のように主語に有生名詞 (*she*) を用い，-ing の際には *The result was disappointing.* のように無生名詞 (*the result*) を使用していた。なお，名詞の有生性に関する言語情報が L2 の習得に影響を与えることは，文処理や言語産出などで明らかにされている (e.g. Gennari et al., 2012; 須田, 2017)。

上記の研究課題に関して，以下の仮説と予測を立てる。

i   *-ing* 心理形容詞は，*a* 抑制の操作が適用され派生（移動）を伴うため，*-ed* 心理形容詞より複雑な構造であり，L2 習得に影響を与える。したがって，*-ing* 心理形容詞は，*-ed* 心理形容詞と比べると，習得が困難であると予測する。

ii   心理形容詞の習得において，L1 の形態的特性が L2 習得に影響を与える。したがって，L1 に英語の *-ed* や *-ing* に相当する形態的標示があるスペイン語の話者は，そのような形態的標示がない日本語の話者と比較して，英語の心理形容詞の習得が容易であると予測する。

5. 実験 1

5.1 実験参加者

実験 1 の実験参加者は，61 名の日本国内の高校生および大学生（Japanese Learners of English: JLE）及び 36 名のスペイン国内の大学生（Spanish Leaners of English: SLE）であった。実験参加者は，**クローズテスト（cloze test: CT）**（Montrul, 1997）の結果を基に，JLE は Low-Intermediate（JP-LI, 19 名），Mid-Intermediate（JP-MI, 23 名），High-Intermediate（JP-HI, 19 名）の 3 グループ，SLE は High-Intermediate（SP-HI, 20 名）と Advanced（SP-Adv, 16 名）の 2 グループに，習熟度に応じて分けられた。統制群として，15 名のアメリカ在住の英語母語話者（native speakers of English: NSE）も，本実験に参加した。

表 1 は，CT 得点，年齢，英語の学習開始年齢，英語の学習期間について，グループごとに平均（mean: *M*），標準偏差（standard deviation: *SD*）をまとめたものである。

表1　実験参加者の背景情報

		JLE			SLE	
		LI	MI	HI	HI	Adv
実験参加者	人数 (n)	19	23	19	20	16
CT 得点	M (点)	21.4	25.3	29.2	27.5	35.2
	SD	1.80	0.97	0.90	0.67	0.71
年齢	M (歳)	18.6	18.4	18.0	22.4	22.8
	SD	1.61	1.58	2.30	4.56	5.11
英語学習開始年齢	M (歳)	11.6	11.4	11.4	7.5	7.1
	SD	1.85	1.31	1.80	3.17	2.54
英語学習期間	M (年)	7.0	6.9	6.6	15.2	15.8
	SD	2.87	2.33	3.02	5.55	3.77

5.2　実験方法

実験1では，心理形容詞を含む英文が一文与えられ，その文が絵の状況を正しく表しているかどうかを判断する真偽値判断タスク（truth value judgement task: TVJT）を実施した。TVJT で提示された文はすべて文法的に正しいもので，その真偽は与えられたコンテクストにより変わる。実験参加者は，問題冊子が配られ，絵（本実験ではコンテクストを表す）と英文が一致していれば "True"，一致していなければ "False"，判断出来ない場合には "I don't know" に丸を付けるように指示された。なお，一度答えた問題に戻って回答を変更することはしないこととした。制限時間は特に設けなかったが，どのグループも10分程度で全ての問題に回答した。

実験では，*bore*, *disappoint*, *embarrass*, *frighten* の4つの EO タイプの心理動詞をもとにした心理形容詞（*-ed* ／ *-ing* 形：e.g. *bored* と *boring*）が使用された[16]。実験文には4タイプあり，*ed* 心理形容詞の "True" のもの（*-ed*(T)），*-ed* 心理形容詞の "False" のもの（*-ed*(F)），*-ing* 心理形容詞の "True" のもの（*-ing*(T)），*-ing* 心理形容詞の "False" のもの（*-ing*(F)）の各タイプに4つ

16　もともと *bore*, *disappoint*, *embarrass*, *frighten* の4つ動詞に加えて，*puzzle* と *satisfy* も実験1および実験2で使用されたが，この2つの動詞の心理形容詞に関しては，NSE が期待通りの反応を示さなかった（"I don't know" の回答が多かった）ため，本章では，*puzzle* と *satisfy* に関する項目は，分析から除外した。

のトークン (token), 計16問の調査項目を作成した。また, フィラー (filler) として, 進行形や受動態の文を4文含めた。実験を遂行する上での学習効果や提示順による回答の影響を避けるために, 実験文をランダムに並び替えた2つのバージョンを用意した。

　(16) と (17) に, 実験の例を示す。

(16)

　　a.　The boy is frightened.　　(True)
　　b.　The dog is frightening.　　(True)

(17)

　　a.　The boy is frightened.　　(False)
　　b.　The dog is frightening.　　(False)

(16) は，犬が男の子を威嚇している絵であり，(16a) の *The boy is frightened* (*-ed* 心理形容詞) と (16b) の *The dog is frightening* (*-ing* 心理形容詞) は，絵が表わしている状況と一致するので，両者とも "True" になる。実験では，1枚の絵に対し，(a) または (b) のいずれか1つが提示された。

(17) は，男の子が犬をいじめている絵であり，(17a) の *The boy is frightened* (*-ed* 心理形容詞) と (17b) の *The dog is frightening* (*-ing* 心理形容詞) は，絵が表わしている状況と一致しないので，両者とも "False" になる。

5.3 結果

図1は，各グループにおける *-ed* 心理形容詞および *-ing* 心理形容詞の正答率を表している。正答率は，"True" が期待される項目に "True" と回答したもの，および "False" が期待される項目に "False" と回答したものに1点を付与し，平均点を算出したものである。*-ed* 心理形容詞については，L2学習者の母語やレベルに関係なくNSEと同様に概ね正しい解釈をしている（JLE 平均：87.6%；SLE 平均：95.4%；NSE 平均：95.0%）。一方，*-ing* 心理形容詞に関しては，L2学習者の正答率が低い（JLE 平均：47.0%；SLE 平均：58.6%；NSE 平均：86.7%）。

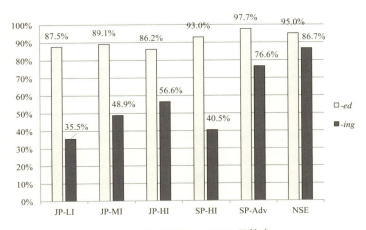

図1　全体の結果：TVJT の正答率

6つのグループ間および2つのタイプ間に正答率の差，および交互作用があるかを確認するために，二元配置分散分析を行った。その結果，グループの主効果（$F (5, 106) = 9.98, p < .01$, partial $\eta^2 = .32$），タイプの主効果（$F (1, 106) = 163.37, p < .01$, partial $\eta^2 = .61$），および交互作用（$F (5, 106) = 7.26, p < .01$, partial $\eta^2 = .26$）のすべてに統計的な有意差が確認された。

交互作用に関しては，NSE は -ed 心理形容詞と -ing 心理形容詞の正答率に有意差は無かったが，JLE および SLE の全ての学習者グループ内では有意差があった（$p < .01$）。また，ボンフェローニの多重比較検定を行った結果，-ed 心理形容詞については，どのグループ間にも有意差は無かった。つまり，どのグループも正しい解釈ができていたことが分かる。一方，-ing 心理形容詞については，SP-Adv と NSE の間には有意差が無かったが，その他の学習者グループ（JP-LI，JP-MI，JP-HI，SP-HI）と NSE との間には有意差が確認された（$p < .05$）。JLE は，レベルの高い学習者ほど正答率が上がるものの，JLE のグループ間での有意差はなく，有意な上昇にはなっていない。SLE は，SP-HI と SP-Adv との間に有意差があり（$p < .05$），SP-Adv は NSE と同様の解釈をしていたが，SP-HI は JLE と同様の解釈をしたと言える。したがって，予測通り，SP-Adv 以外の学習者にとって，-ing 心理形容詞の習得が -ed 心理形容詞に比べ困難であったと言える。

次に，学習者の個人分析を行った。図2および図3はJLEグループ，図4および図5はSLEグループでの個々の回答の分布を，それぞれ散布図と回帰直線で表したものである。グラフ上のX軸はCT得点（15点以上40点以下），Y軸は心理形容詞の正答率（8問中の正答率）を示している。図の作成にあたっては，各参加者のデータをグラフ上にプロットし，データの傾向を示す回帰直線（図中の点線部分）を描いた。

-ed 心理形容詞（図2と図4）については，JLE も SPE も，CT 得点（＝習熟度）に関係なく正答率が高いため，回答の傾向を示す回帰直線はほぼ平らに近い状態になった（JLE: $y = -0.0007x + 0.8939$；SLE: $y = 0.0084x + 0.6852$）。しかし，-ing 心理形容詞（図3と図5）については，両グループ，共に習熟度が高くなるにつれて正答率も上昇する傾向が確認された（JLE: $y = 0.0281x - 0.2401$；SLE: $y = 0.0457x - 0.848$）。両グループの -ing 心理形容詞における回帰係数（x の係数）を比較すると，JLE は 0.0281，SLE は 0.0457 であり，

SLE の方が上昇度が高いことが分かる。

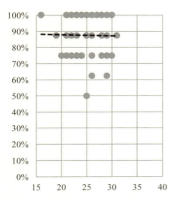

図2　*-ed* 心理形容詞の結果（JLE）

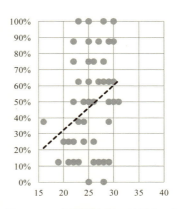

図3　*-ing* 心理形容詞の結果（JLE）

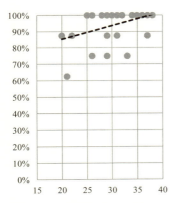

図4　*-ed* 心理形容詞の結果（SLE）

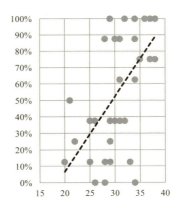

図5　*-ing* 心理形容詞の結果（SLE）

　以上をまとめると，全体結果，個別結果ともに，JLE，SLE の両グループにとって，*-ing* 心理形容詞の解釈が困難であることを示し，予測通りの結果となった。

6. 実験2

6.1 実験参加者

　実験2の参加者は，実験1に参加したJLE61名およびNSE15名で，学習者のグループ分けも実験1と同一（JP-LI 23名，JP-MI 19名，JP-HI 19名）である。

6.2 実験方法

　英語の会話文中に提示される心理形容詞を含む英文の下線部分が自然かどうかを判断する容認性判断タスク（acceptability judgment task: AJT）を行った。実験1同様にAJTで提示された文はすべて文法的に正しいものであり，与えられたコンテクストに照らして容認度が決まる。

　実験参加者には，問題冊子が配られ，コンテクスト（実験2では会話）の中で下線部の英文が「自然」であるか「不自然」であるか，または「判断出来ない」に丸を付けるように指示された。なお，一度答えた問題に戻って回答を変更することはしないこととした。制限時間は特に設けなかったが，どちらのグループも10～15分程度で全ての問題に回答した。

　実験2では，実験1と同様，*bore, disappoint, embarrass, frighten* の4つのEOタイプの心理動詞をもとにした心理形容詞が使用された。実験文のタイプは，*-ed* 心理形容詞の「自然」なものと「不自然」なもの，*-ing* 心理形容詞の「自然」なものと「不自然」なものの4つの文タイプがあり，各タイプに4つのトークンが含まれた（計16問）。フィラー4文を含め計20問の実験文を作成し，それらをランダムに並び替えた2つのバージョンを用意した。

　(18)から(21)に，タスクで使用した会話文の例を示す。なお，下線部は，例にあるように最初のAの会話文に引かれている場合もあれば，Bの文に引かれている場合もある。

(18) *-ed* 心理形容詞（自然）

    A: I have to go... I should help my friend. She is frightened.

    B: What's wrong?

    A: I heard that she saw cockroaches in her room.

(19) *-ing* 心理形容詞（自然）

    A: I saw a man last night. He was frightening.

    B: Really? Where did you see him?

    A: On Takeshita Street. He had a knife.

(20) *-ed* 心理形容詞（不自然）

    A: I saw a man last night. He was frightened.

    B: Really? Where did you see him?

    A: On Takeshita Street. He was carrying a knife and chasing people.

(21) *-ing* 心理形容詞（不自然）

    A: I have to go... I should help my friend. She is frightening.

    B: What's wrong?

    A: I heard that she saw cockroaches in her room.

6.3 結果

図6は，各グループにおける *-ed* 心理形容詞および *-ing* 心理形容詞の正答率を表している[17]。ここでの正答率は，「自然」が期待される項目に「自然」と回答したもの，および「不自然」が期待される項目に「不自然」と回答したものに1点を付与し，平均点を算出したものである。実験1に比べ，*-ed* 心理形容詞と *-ing* 心理形容詞の正答率の差は小さく，JLE の *-ed* 心理形容詞の平均点は 64.5% ～ 74.3%，*-ing* 心理形容詞は 65.4% ～ 68.9% であった。NSE からは期待通りの解釈が得られている（*-ed* 心理形容詞：92.5%；*-ing* 心理形容詞：88.3%）。

---

[17] 実験2では，*-ing* 心理形容詞の実験文に問題作成上のミスがあったため，その問題の回答は分析から除外した。そのため，分析対象となったのは8問ではなく7問である。

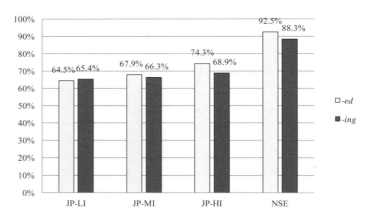

図6　全体の結果：AJT の正答率

　4つのグループ間および2つのタイプ間に正答率の差，および交互作用があるかを確認するために，二元配置分散分析を行った。その結果，グループの主効果（$F\,(3,\,72) = 8.85$, $p < .01$, partial $\eta^2 = .27$）には統計的に有意な差が確認されたが，タイプの主効果（$F\,(1,\,72) = 1.01$, $n.s.$, partial $\eta^2 = .01$），および交互作用（$F\,(3,\,72) = 0.26$, $n.s.$, partial $\eta^2 = .01$）には有意差が無かった。

　グループの主効果の検定を行ったところ，JLE の各グループ（JP-LI，JP-MI，JP-HI）と NSE との間に有意な差が確認された（$p < .05$）。なお，JLE グループ間での有意差は無かった。つまり，JLE は，英語の習熟度に関係なく，-ed 心理形容詞と -ing 心理形容詞の両方の正答率が NSE と比べて有意に低い。実験1では -ed 心理形容詞は一貫して正答率が高かったが，実験2では -ing 心理形容詞との有意差はなく，実験間に差があった。

　次に，一貫して正答した参加者の分布を見るために，個人分析を行った。表4は，（A）-ed 心理形容詞の正答率が75% 以上（8問中6問以上）の参加者，（B）-ing 心理形容詞の正答率が85% 以上（7問中6問以上）の参加者，（C）-ed 心理形容詞と -ing 心理形容詞の正答率が一貫して高い参加者を抽出し，その人数をまとめている。（A）には，JP-LI が19名中9名，JP-MI が23名中12名，JP-HI が19名中11名，合計で61名中32名（52.5%）が該当した。また，（B）には，JP-LI が19名中6名，JP-MI が23名中8名，JP-HI

が 19 名中 9 名,合計で 61 名中 23 名 (37.7%) が該当した。さらに,(C) には,JP-LI が 19 名中 4 名,JP-MI が 23 名中 6 名,JP-HI が 19 名中 7 名,合計で 61 名中 17 名 (27.9%) が該当した。

表 2　個人分析の結果：一貫して正答した参加者の分布

	JP-LI ($n = 19$)	JP-MI ($n = 23$)	JP-HI ($n = 19$)	NSE ($n = 15$)
(A) -ed 心理形容詞	9 (47.4%)	12 (52.2%)	11 (57.9%)	15 (100%)
(B) -ing 心理形容詞	6 (31.6%)	8 (34.8%)	9 (47.4%)	14 (93.3%)
(C) 両方の心理形容詞	4 (21.1%)	6 (26.1%)	7 (36.8%)	14 (93.3%)

　個人分析の結果,-ed 心理形容詞に一貫して正答している学習者の数 (計 32 名) が -ing 心理形容詞に一貫して正答している学習者 (計 23 名) よりも多かった。また,どのグループにも,両方の心理形容詞に一貫して正しい解釈をした学習者もいた (計 17 名)。

　全体結果では,実験 1 の結果と異なり,-ed 心理形容詞よりも -ing 心理形容詞の方が難しいことは示されなかった。しかし,個人分析の結果から,-ed 心理形容詞に正しい解釈をした学習者 (計 32 名) のうち,-ing 心理形容詞にも正しい解釈をした学習者は 17 名であり,残り 15 名 (46.9%) は正しく回答できていなかったことから,やはり -ed 心理形容詞よりも -ing 心理形容詞の方が習得が難しいと言える。

7. 考察

7.1 統語的・意味的な影響

　本章では,Nakajima (1993) の分析に従い,-ing 心理形容詞は a 抑制の操作によって経験者を担う項が抑制され付加部になるため,対象を担う項が主語位置へ移動するという分析を採用した。仮説 i の「-ing 心理形容詞は,

-ed 心理形容詞より複雑な構造のため，L2 習得に影響を与える」は，実験1で予測と合致した結果が得られたことから，支持される。すなわち，-ed 心理形容詞については，JLE および SLE の両グループにおいて，習熟度に関係なく正しい解釈ができており（JLE 正答率：87.6%；SLE 正答率：95.4%），個人分析の結果も同様のことを示している。一方で，-ing 心理形容詞については，誤りが多く，正答率も有意に低くチャンスレベルであった（JLE 正答率：47.0%；SLE 正答率：58.6%）。

とはいえ，個人分析の結果は，学習者の習熟度が上がるにつれ，-ing 心理形容詞を一貫して正しく解釈できる学習者の人数が増えていることも示している。この点は，JLE を対象とした実験2の個人分析の結果からも確認できた。したがって，2種類の心理形容詞の習得は可能であると言える。心理動詞を対象とした先行研究では，様々な L1 を母語とする英語学習者にとって EO タイプの心理動詞の習得が困難であることが指摘されてきたが，心理形容詞に焦点を当てた本章での実験は，心理動詞と同様に，EO タイプである -ing 心理形容詞の習得が困難であることを新たに示している。

7.2 母語の形態的特徴の影響

仮説 ii の「心理形容詞の習得において，L1 の形態的特性が L2 習得に影響を与える」については，L1 に英語の -ed や -ing に相当する形態的標示があるスペイン語の話者は，そのような形態的標示がない日本語の話者と比較して，英語の心理形容詞の習得が容易であると予測された。今回の調査対象となった SLE は JLE よりも英語の熟達度が高い学習者であるため，同じ熟達度グループである SLE-HI と JLE-HI のみを比較した場合，両グループともに -ing 心理形容詞の正答率は低いことが示された（JLE 正答率：56.6%；SLE 正答率：40.5%）。つまり，スペイン語話者の方がより正確に心理形容詞の解釈が出来るという結果は得られていない。スペイン語には，英語の -ed と -ing に相当する形態素が存在するため，L1 スペイン語の正の言語転移が起これば，-ed 心理形容詞と -ing 心理形容詞の両方の心理形容詞の正答率が高くなるはずであるが，それは確認できなかった。

また，デ・シェン（1997）でも指摘されている通り，心理形容詞における ES・EO タイプの区別に関しては，日本語には形態的標示が無く，意味が曖

味であるが (e.g. こわい)，英語は -ed および -ing の形態素でそれぞれ標示される (e.g. *frightened* vs. *frightening*)。つまり，-ed 心理形容詞が ES タイプ，そして -ing 心理形容詞が EO タイプを表すことを理解していれば，意味の解釈も正しくできると考えられるが，実験 1，2 の結果から，日本語話者には -ing 心理形容詞の解釈が困難であった。心理動詞の ES・EO タイプの区別に関しては，日本語には EO タイプには使役の形態的標示があるが，英語には形態的標示がなくゼロ使役となる (2.1 節 (4) (5) を参照)。先行研究によれば (e.g. White et al., 1998)，日本語話者にとって，形態的標示がない英語のゼロ使役を習得することは困難であった。これらの結果を総合すると，L2 の形態的標示の有無によらず，心理動詞や心理形容詞の習得，特に EO タイプの心理述語の L2 習得は難しいと考えられる。

したがって，-ing 心理形容詞の習得の難しさは，L1 の形態的特性の影響よりも，a 抑制の操作によって生じる派生（移動）に起因する可能性が高いと主張したい。

7.3 習熟度の影響

実験 1 の結果で，学習者の習熟度に応じて心理形容詞（特に -ing 心理形容詞）の正答率も上昇していたことから，習熟度が心理形容詞の習得難易度に影響すると言える。ただし，実験 1 および実験 2 の個人分析結果からも分かるように，習熟度の低い学習者でも -ed 心理形容詞と -ing 心理形容詞の両方に一貫して正しい解釈をした学習者はいる。今後は，両タイプの心理形容詞の習得を促す要因を見極めるために，a 抑制が関わる受身文 (e.g. *Susan was kissed (by Jack)*) との関連を検討する必要があるであろう。

7.4 頻度の影響

学習者が接する言語情報（インプット）における -ed 心理形容詞と -ing 心理形容詞の頻度の差が習得に影響を与えている可能性について検討してみたい。表 3 は，Corpus of Contemporary American English (COCA) を用いて，本実験で使用した 8 種類の心理形容詞の頻度をまとめたものである。

表3　COCA の検索結果

-ed 心理形容詞	n	-ing 心理形容詞	n
bored	6731	boring	7483
disappointed	10845	disappointing	4096
embarrassed	9090	embarrassing	5940
frightened	8309	frightening	5661

bored と *boring* を比べると，-*ing* 心理形容詞の方が頻度が高い。しかし，*disappointed* と *disappointing*，*embarrassed* と *embarrassing*，*frightened* と *frightening* の比較においては，-*ed* 心理形容詞の方が頻度が高い。表3では8つの限られた心理形容詞だけを取り上げているが，一貫して -*ed* 心理形容詞の方が -*ing* 心理形容詞よりも頻度が高いために，-*ed* 心理形容詞の方が習得が容易であるという説明では不十分であると言えよう。

さらに，デ・シェン（1997）は，ES タイプと EO タイプの心理動詞の数を比べると，EO タイプの方がはるかに多いと述べている。しかし，本章でも論じてきたように，心理述語に関する SLA 研究では，頻度が多い EO タイプの習得は ES タイプよりも難しいと結論づけていることから，心理形容詞の習得に関しても，頻度の影響ではなく，統語的・意味的な影響や L1 の影響を考慮することが妥当であると考える。

8. おわりに

本章では，JLE および SLE を対象に，英語の心理形容詞の解釈を調べ，学習者のもつ言語知識について検討した。2つの実験の結果，L2 学習者は -*ed* 心理形容詞を習得するのは容易であるが，-*ing* 心理形容詞の習得には困難さが生じることが分かった。そしてこの結果は，-*ing* 心理形容詞には *a* 抑制の操作による派生（移動）を伴うと仮定することで説明が可能となった。心理動詞・心理形容詞の習得に関する議論は，意味構造と統語構造を繋ぐリンキングの問題であることが多く指摘されていたが，一見，意味役割階層に違反すると思われる -*ing* 心理形容詞は，*a* 抑制の操作によって派生された構造であるという分析により解決される。さらに，-*ing* 心理形容詞の習得が

困難であることは明らかになったが，個別結果より両タイプを一貫して正答した学習者がいたことから，-ed 心理形容詞と -ing 心理形容詞の両方の習得は可能であると言える。

　ここで，本研究の実験に関する問題点を述べる。まず，本研究で実施した実験手法について3つの点を改める必要がある。具体的には，1つ目は，ターゲットになるテスト文は異なっていても，同一のコンテクスト（絵や対話文）が2回提示されたことである。同じようなコンテクストが提示されると，実験参加者は予期せぬ学習をしたりストラテジーを働かせてしまい，正確に学習者の L2 言語知識を引き出せない可能性がある。今後は，ラテン方格法（Latin square design）を用いる必要がある。例えば，2要因2水準（2 × 2）の実験計画の場合，本章の実験1で提示した (16) (17) については，4通りの提示パターンがあり得る。全参加者にこの4通りを提示するのではなく，最低限4つの学習者グループを設定し，各グループに4通りのうちの1つを提示する。こうすることで，より正確なデータが得られるが，より多くの参加者を確保しなければならないという問題が発生する。

　2つ目は，実験に使用したアイテムが少ないことである。NSE から期待通りの反応が得られなかったために，分析から除外したアイテムがあることも影響しているが，心理形容詞のもとになる心理動詞の数やフィラーのバランスも再検討する余地がある。

　3つ目は，-ing 心理形容詞の文 (e.g. *The boy is frightening*) が，目的語を欠いた他動詞の進行形の文 (e.g. *The boy is frightening* φ「少年が (φ を) 怖がらせている」) として認識された可能性も排除できないことが挙げられる[18]。つまり，*the boy* を経験者ではなく動作主として認識してしまう可能性があったかもしれない。しかし，学習者が *the boy* を動作主と認識していたとしても，回答は「自然」を選ぶことになるため正答と判定され，学習者が誤った解釈をしていたかどうかは判断できない。

　最後に，今後の研究の可能性について述べる。本研究の実験結果より，L2 学習者は -ed 心理形容詞を容易に習得できるため，言語教育（ここでは英語教育）の場面では，-ing 心理形容詞を集中的に教授・学習することによっ

18　この問題点は，編者から指摘いただいた。

て，英語の心理形容詞の習得を促進できる可能性がある。さらに，その言語教育研究に関しても，指導の効果の持続可能性も検討する価値がある（cf. Whong, Gil, & Marsden, 2013）。

本章は，Hirakawa & Suzuki (2014) および Suzuki (2013) で報告した実験結果をもとに，再分析や考察を加え，発展させたものである。実験への参加者，そして特に実験立案の過程で助言をくださった前田ジョイス氏，実験で使用した絵を描いてくださった大平未来氏，データ収集に協力してくださった Margaret Thomas 氏と岡田稔氏に感謝の意を表したい。また，編者である白畑知彦氏と須田孝司氏からは本章執筆過程において多くの有益な助言をいただいた。ここに，深く感謝する。本研究は，科学研究費（基盤研究（B) 22320109・26284081：研究代表者 平川眞規子）の助成を受けている。

参照文献

Baker, M. (1988). *Incorporation: A theory of grammatical function changing*. Chicago: University of Chicago Press.
Belletti, A., & Rizzi, L. (1988). Psych-verbs and θ-theory. *Natural Language and Linguistic Theory*, 6, 291–532.
Chen, D. (1996). *L2 acquisition of English psych predicates by native speakers of Chinese and French*. Ph.D. dissertation. Montreal, Québec: McGill University.
デ・シェン ブレント．(1997).『英文法の再発見』東京：研究社.
江川泰一郎. (1991).『英文法解説 改訂三版』東京：金子書房.
Gennari, S. P., Mirkovic, J., & MacDonald, M. C. (2012). Animacy and competition in relative clause production: A cross-linguistic investigation. *Cognitive Psychology*, 65, 141–176.
Grimshaw, J. (1990). *Argument structure*. Cambridge, MA: MIT Press.
原口庄輔・中村捷・金子義明 (編). (2016).『増補版 チョムスキー理論辞典』東京：研究社.
Hawkins, R. (2001). *Second language syntax: A generative introduction*. Oxford: Blackwell.
Hirakawa, M., & Suzuki, K. (2014). Is the dog 'frightened' or 'frightening'? Psych adjectives in L2 English by speakers of Japanese and Spanish. In R. T. Miller et al. (Eds.), *Selected proceedings of the 2012 Second Language Research Forum (SLRF 2012)*(pp. 134–144). Somerville, MA: Cascadilla Proceedings Project.
Jackendoff, R. (1972). *Semantic interpretation in generative grammar*. Cambridge, MA: MIT Press.
Jackendoff, R. (1990). *Semantic structures*. Cambridge, MA: MIT Press.

Levin, B. (1993). *English verb classes and alternations: A preliminary investigation*. Chicago: University of Chicago Press.

Montrul, S. (1997). *Transitivity alternations in second language acquisition: A crosslinguistic study of English, Spanish and Turkish*. Ph.D. dissertation. Montreal, Québec: McGill University.

Montrul, S. (1998). The L2 acquisition of dative experiencer subjects. *Second Language Research*, *14*, 27–61.

Montrul, S. (2004). *The acquisition of Spanish: Morphosyntactic development in monolingual and bilingual L1 acquisition and adult L2 acquisition*. Amsterdam: John Benjamins.

Nakajima, H. (1993). Linking and suppress-α. In H. Nakajima. & Y. Otsu. (Eds.), *Argument structure: Its syntax and acquisition* (pp. 103–122). Tokyo: Kaitakusha.

O'Grady, W. (2001). A linguistic approach to the study of language acquisition. *Pan-Pacific Association of Applied Linguistics*, *5*, 57–71.

Ortega, L. (2009). *Understanding second language acquisition*. New York: Routledge.

Pesetsky, D. (1995). *Zero syntax: Experiencers and cascades*. Cambridge, MA: MIT Press.

Sato, Y. (2003). Japanese learners' linking problems with English psych verbs. *Reading Working Papers in Linguistics*, *7*, 125–144.

佐藤恭子. (2013).『英語心理動詞と非対格動詞の習得はなぜ難しいのか：動詞の項構造の習得をめぐって』広島：渓水社.

Slabakova, R. (2016). *Second language acquisition*. Oxford: Oxford University Press.

Snape, N., & Kupisch, T. (2016). *Second language acquisition: Second language systems*. England: Palgrave.

須田孝司. (2017).「初級・中級レベルの日本人英語学習者の文処理過程における言語情報の影響」白畑知彦・須田孝司(編)『名詞句と音声・音韻の習得（第二言語習得研究モノグラフシリーズ 1)』(pp. 61–93). 東京：くろしお出版.

杉岡洋子. (1992).「心理述語についての考察」『慶應義塾大学言語文化研究所紀要』24, 361–373.

Suzuki, K. (2013). *Second language acquisition of psychological adjectives in English by speakers of Japanese*. Unpublished Master's thesis. Saitama, Japan: Bunkyo University.

White, L. (2003). *Second language acquisition and universal grammar*. Cambridge: Cambridge University Press.

White, L., Brown, C., Bruhn-Garavito, J., Chen, D., Hirakawa, M., & Montrul, S. (1998). Psych verbs in second language acquisition. In E. Klein. & G. Martohardjono. (Eds.), *The development of second language grammars: A generative approach*. (pp. 171–196). Amsterdam: John Benjamins.

Whong, M., Gil, K.-H., & Marsden, H. (Eds.)(2013). *Universal grammar and the second language classroom*. Dordrecht, Netherlands: Springer.

山岡洋. (2014).『新英文法概説』東京：開拓社.
Zagona, K. (2002). *The syntax of Spanish*. Cambridge: Cambridge University Press.

第 2 章

第二言語学習者による自動詞の習得
統語構造と動詞の完結性の観点からの検証

近藤隆子

1. はじめに

　成人の第二言語 (**L2**) 習得において，数多く報告されている学習者の誤りの一つに，英語の自動詞への受動態構造の過剰般化 (**overpassivization**) がある。これは，自動詞構造(「主語＋動詞」構造)しか持たない動詞に，英語学習者が過剰に受動態構造を当てはめてしまうことを言う。例えば，自動詞 *happen* の文法的に適格な文は，(1a) のような「主語＋動詞」の自動詞構造である。しかし，英語学習者は，*happen* を (1b) のように受動態の形で産出してしまったり，このような文を文法的であると判断してしまったりする。

(1) a.　An accident happened.
　　b.　*An accident was happened.

ここで興味深い点は，このような誤りがあらゆる自動詞でみられるわけではないということである。すなわち，受動態の過剰般化は，自動詞の中でも *arrive, appear, happen* といった非対格動詞 (unaccusative verbs) と呼ばれる自動詞に多くみられる一方で，*cough, talk, walk* といった非能格動詞 (unergative verbs) と呼ばれる自動詞ではほとんどみられない[1]。非対格動詞と非能格動詞

1　非対格動詞，非能格動詞の詳しい説明については，3.1 の項を参照されたい。

は，文の表面上は，(2)のように同じ「主語＋動詞」という自動詞構造を取るにも関わらず，L2 学習者は前者にのみ受動態を過剰に適用してしまうということである。

(2) a.　An accident happened. (非対格動詞)
　　b.　A patient coughed. (非能格動詞)

また，自動詞を受動態で使うことは英語では非文法的であることから，英語母語話者が，非対格動詞を受動態の構造で産出することはないため，L2 学習者が L2 インプットからそのような証拠を受けることはない。それにも関わらず，L2 学習者は，非対格動詞に受動態構造を過剰般化してしまうのである。

　この現象に関してこれまで広く用いられてきた説明は，非対格動詞文では，主語は統語構造において動詞の目的語位置に生成され，主語位置に移動するが，L2 学習者は，その主語の移動を無意識的に受動態構造の目的語の主語位置への移動と誤って結びつけているというものである[2] (Balcom, 1997; Hirakawa, 1995; Oshita, 1997, 2000; Zobl, 1989)。それに対して，Yusa (2003) は，L2 学習者による自動詞への受動態の過剰般化は，ゲルマン・ロマンス系言語でみられる動詞の過去形・完了形に伴う助動詞選択が反映されたものであると主張している。すなわち，ゲルマン・ロマンス系言語において，動詞の過去形や完了形を表すために，助動詞 be または have (に相当するもの) が使われるが，その際，非対格動詞の中でも，*arrive, come, fall* などの完結的 (telic) な事象を表す動詞の方が，*exist, belong, remain* などの非完結的 (atelic) な事象を表す動詞よりも，助動詞選択において，一貫して *be* が選択される。そして，L2 学習者の英語習得においても，その助動詞選択が be 動詞の過剰般化という形で現れるという考え方である[3]。

　確かに，先行研究のうち，動詞別結果が示されているものを精査すると，L2 学習者はすべての非対格動詞で同程度受動態を容認したり，産出したりしているわけではないことがわかる (例えば，Kondo, 2005; Oshita, 1997 を

2　非対格動詞の主語の移動と受動態構造の目的語の移動の誤った結びつけについては，3.2.1 の項を参照されたい。
3　Yusa (2003) については，3.2.2 の項を参照されたい。

参照されたい)。もし，自動詞への受動態過剰般化が，非対格動詞の統語構造のみに起因するものであれば，すべての非対格動詞である程度同じように誤りがみられるはずである。しかし，先行研究の多くは，さまざまな非対格動詞の結果をまとめた平均値を検証しているだけで，個々の動詞の結果まではほとんど見ていない。すなわち，受動態過剰般化の原因が，非対格動詞の統語構造にあるとする先行研究も，より細く動詞別結果を調べてみれば，統語構造以外の要因が見えてくる可能性があるということである。

そこで，本研究では，日本語を母語とする英語学習者を対象に，彼らの英語の自動詞への受動態過剰般化が，どのような自動詞にみられるのか，そして，その誤りの原因は多くの先行研究で主張されているように，動詞の統語構造によるものなのか，それとも，Yusa が主張するように，動詞の完結性によるものなのかを実験で検証し，L2 学習者による自動詞の習得について議論する。

2. 研究の目的と意義

多くの先行研究で，さまざまな母語を持つ英語の L2 学習者が，非対格動詞を受動態の構造で使う誤りが報告されてきた (Balcom, 1997; Hirakawa, 1995, 2003, 2006; Oshita, 1997, 2000; Zobl, 1989)。しかし，先行研究のうち動詞別の実験結果を提示しているものをみると，非対格動詞に分類された動詞グループ内でも，すべての動詞で同程度に過剰般化の誤りがみられるわけではないことがわかる。例えば，英語学習者の作文を集めたコーパスを調べた Oshita (1997) の実験結果がその一つである。表 1 は，Oshita が調査した10 の非対格動詞 (*appear, arise, arrive, die, disappear, exist, fall, happen, occur, rise*) がどのような文構造でそれぞれ何回使われていたかを示している[4]。

表 1 からわかるように，10 の非対格動詞のうち，最も受動態の過剰般化 (NP-be-Ven) が多かったのが *happen* で，非対格動詞全体の誤りが 37 個ある

---

[4] Oshita (1997) は，表 1 の結果を学習者の母語別に示しているが (pp. 325–327)，ここではそれをまとめたものを示す。また，Oshita は，表 1 に示した文構造以外に，"it-be-Ven-NP" と "ø-be-Ven-NP" 構造についても調べているが，出現個数がいずれも 0 個だったため，表 1 には載せていない。

中で，13 個を占めていた。次に多かったのが die で 7 個，その次が arrive で 6 個であった。それに対して，arise, exist, fall, occur は 1 個ずつ，rise に関しては 0 個であった。ただし，ここで気をつけなければならないのは，受動態の形で産出されなかったからといって，学習者が間違えないとは言い切れないということである。例えば，arise と rise のすべての文構造での使用を見てみると，正しい文構造の NP-V を含めてもそれぞれ 8 個と 10 個であり，そもそも他の動詞に比べて，産出数が極度に少ないのである。それに対して，arrive, die, happen は使用回数がかなり多い。つまり，これらの動詞は使用回数が多い分，誤りの数も多くなった可能性があるということである。

表1 非対格動詞が使われた文構造の個数分布 [5]

	NP-V	NP-be-Ven	there-V-NP	it-V-NP	ø-V-NP	there-be-Ven-NP	NP1-V-NP2	there-be-NP-V	合計
appear	61	3	0	1	6	3	1	0	75
arise	6	1	1	0	0	0	0	0	8
arrive	307	6	0	1	1	0	0	0	315
die	119	7	0	0	0	0	1	0	127
disappear	21	4	0	0	0	0	0	0	25
exist	36	1	3	1	4	0	0	1	46
fall	52	1	0	0	0	0	2	0	55
happen	211	13	0	9	5	1	3	3	245
occur	31	1	0	1	0	0	2	0	35
rise	7	0	0	0	0	0	3	0	10
合計	851	37	4	13	16	4	12	4	941

5 各文構造の例文を以下に示す。すべての例文は，Oshita (1997) より。
 NP-V 構造：Many guests arrived at the party later in the evening. (p. 178)
 NP-be-Ven 構造：they were happened a few days ago (p. 328)
 there-V-NP 構造：there exist two kinds of jobs (p. 329)
 it-V-NP 構造：it happened very strange thing (p. 330)
 ø-V-NP 構造：... and appeared a little green man who... (p. 331)
 there-be-Ven-NP 構造：... there were appeared a lot of women ... (p. 332)
 NP1-V-NP2 構造：I happened two incident. (p. 332)
 there-be-NP-V 構造：there are a lot of strange things happen who saw the UFO (p. 333)

上記で述べたような自由作文での調査対象の動詞における誤りの出現有無の問題は，**文法性判断タスク（grammaticality judgment task）**のように，調査したい動詞の文法性について問う実験方法を採ることによって解決する。また，その際，自動詞を非対格動詞と非能格動詞という2つのタイプに分けて，その結果をタイプごとの平均値で検証するだけでは，どのような動詞に問題があるのかまで解明することはできない。したがって，「非対格動詞」という大きな枠組みだけではなく，動詞別の分析によって，L2学習者がどのような動詞に受動態を当てはめているのか調べる必要がある。

Yusa（2003）では，非対格動詞をより細分化したタイプごとに分析を行っている。Yusaは，Sorace（2000）が提案した動詞が持つ完結性（telicity）と動作主性（agentivity）という**相（aspect）**の特性による非対格動詞と非能格動詞の階層化を基に，英語学習者の受動態構造の過剰般化を説明している[6]。Yusaは，L2学習者は，非対格動詞の中でも，完結的な変化を意味する動詞に対して受動態をより過剰に当てはめる傾向があると主張している。これは非常に興味深い見解であるが，Yusaでは，調査したそれぞれのタイプに含まれる動詞が少ないのに加えて，結果の詳細が示されていない。

したがって，本研究では，日本語母語話者を対象にYusaと同様の実験を行い，なぜL2学習者は自動詞に受動態構造を過剰に当てはめるのかを調査し，上記で述べたように，それが統語構造によるものなのか，それとも，動詞の完結性に起因するものなのか，2つの見解の検証を行うことを目的とする。これらの見解について調査するためには，より多くの非対格動詞と非能格動詞で実験を行い，それぞれの動詞タイプを完結性と動作主性の程度によって細分し，文法性判断タスクを使い，L2学習者がそれぞれの動詞の文法性をどのように判断するのかを検証する必要がある。

本研究の実験内容を見ていく前に，非対格動詞と非能格動詞の違いについての理論的な説明，自動詞への受動態過剰般化に関してどのような先行研究が行われてきたか，また，それらの研究の問題点について，次の節で明らかにしていく。

---

6 Sorace（2000）の非対格動詞と非能格動詞の助動詞選択の階層化については，3.2.2の項を参照されたい。

3. 先行研究

3.1 非対格動詞と非能格動詞の区別

　動詞を文の表面的な構造から分類すると，自動詞と他動詞に分けることができる。ある動詞によって描写される出来事の中で必要不可欠である主語，目的語，補語を**項 (argument)** と呼び（影山, 2001），自動詞は主語になる項のみを必要とするのに対して，他動詞は主語と目的語になる2つの項を必要とする。したがって，自動詞は，「主語＋動詞」構造を取るのに対して，他動詞は，「主語＋動詞＋目的語」構造を取る。例えば，自動詞 happen は，(3a) のような「主語＋動詞」の自動詞構造では文法的であるが，(3b) のような目的語を伴った他動詞構造では非文法的となる。それに対して，例えば，他動詞 publish は，必ず目的語を必要とするため，(4a) のような目的語を伴わない文は非文法的となり，(4b) のように主語と目的語の2つの項が必要となる。

(3) a.　An accident *happened*.
　　b.　*Mary *happened* an accident.
(4) a.　*A book *published*.
　　b.　John *published* a book.

さらに，自動詞は，非対格動詞と非能格動詞と呼ばれる2つのタイプに細分することができる。これらの2つのタイプの動詞は，表面的には同じ自動詞構造を持つが，異なる統語構造を持ち，それぞれの動詞が必要とする項の持つ**意味役割 (thematic role)** が異なる。非対格動詞と非能格動詞の持つ統語構造と項の意味役割については，他動詞との比較で考えるとわかりやすい。前述したように，他動詞 publish は，主語と目的語という2つの項を必要とし，(5) のような統語構造をもつ。

(5) 他動詞

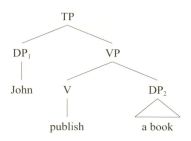

(5)において，2つの項が置かれているDPとは，Determiner Phrase, すなわち，限定詞句のことである。主語である*John*は，時制辞句（Tense Phrase, TP）内の主語位置 DP_1 に置かれ，目的語である*a book*は，動詞句（Verb Phrase, VP）内の目的語位置 DP_2 に置かれている。そして，他動詞の主語は「動作主（agent）」という意味役割を，目的語は「主題（theme）」や「非行為者（patient）」という意味役割を持つ。Jackendoff（1972）によると，動作主を表す名詞句は，動詞によって描写される出来事を意思を持って引き起こすものである。それに対して，主題を表す名詞句は，たいてい，動詞によって描写される出来事によって影響を受けるものである（Sorace, 1993）。

同じように，非能格動詞と非対格動詞の統語構造と項の意味役割について考えてみる。まず，非能格動詞の唯一の項（文の主語）は，他動詞の主語と同じく動作主の意味役割を持ち，(6) で示すように統語構造から主語の位置に生成される。それに対して，非対格動詞の唯一の項は，他動詞の目的語と同様に主題や非行為者の意味役割を持ち，(7) が示すように統語構造において動詞の目的語位置（DP_2）に生成され，主格を付与される文の主語位置（DP_1）に移動する（Burzio, 1986; Levin & Rappaport Hovav, 1995; Perlmutter, 1978）。このような考え方を「非対格性の仮説」と呼ぶ（Burzio, 1986; Perlmutter, 1978）[7]。

---

[7] 非対格性の仮説は，もともと，Perlmutter (1978) が，関係文法の枠組で提唱し，その後，Burzio (1986) が，統率束縛理論の中で発展させた。

(6)　非能格動詞　　　　　(7)　非対格動詞

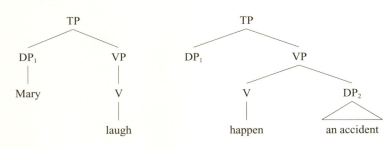

　さらに，非対格動詞の中には，(8a, b) のように，自動詞構造だけではなく，他動詞構造を持つ自他交替動詞もある。このタイプの動詞では，同じ主題項が，自動詞構造の主語位置と他動詞構造の目的語位置に現れる。

(8)　a.　The vase *broke*.
　　 b.　My sister *broke* the vase.

　上記の意味役割と統語構造の体系的な関係を説明するために，Baker (1988, p. 46) は，意味役割付与統一性仮説 (Uniformity of Theta Assignment Hypothesis (UTAH)) を提案した。

(9)　Uniformity of Theta Assignment Hypothesis
　　 Identical thematic relationships between items are represented by identical structural relationships between those items at the level of D-structure.

　UTAH によると，同じ意味役割は，統語構造において，同じ位置で付与される。すなわち，統語構造において同じ動詞の後の位置に生成される非対格動詞の主語と他動詞の目的語は，同じ主題という意味役割を持つため目的語位置に生成され，動作主項の欠如の場合，文の主語位置に移動するのである[8]。したがって，動作主の意味役割を持つ非能格動詞の唯一の項が文の主語

8　自他交替動詞では，動作主項が欠如している場合，主題項が目的語位置から主語位置へ

位置に生成されるのに対して、主題の意味役割を持つ非対格動詞の唯一の項が、目的語位置（動詞の内項）に生成されるという点で、UTAH は、非対格性の仮説と一貫している。

また、Tenny (1994) によれば、ある動詞に関する情報には、その動詞が必要とする項の数、それらの項の意味役割、そして、それらの項と動詞が現れる統語構造が含まれる。以上のことより、動詞の分類は動詞が必要とする項の数や意味役割によってなされることがわかる。次の 3.2 では、これらの動詞の区別を前提に、L2 学習者による自動詞の誤りについて見ていく。

3.2　L2 英語学習者による英語の非対格動詞の誤り
3.2.1　統語構造の影響に焦点を当てた先行研究

動詞の習得に関して、多くの先行研究で、さまざまな母語をもつ英語学習者による自動詞への受動態過剰般化が報告されてきた (Hirakawa, 1995, 2003; Kondo, 2005; Oshita, 1997, 2000; Yip, 1995; Zobl, 1989)。そして、これらの研究は、L2 学習者が、自動詞の中でも特に非対格動詞に、(10) で示すように、受動態を過剰に当てはめてしまう一方で、非能格動詞には、そのような誤りをほとんどしないと報告している[9]。

(10) a.　*My mother *was died* when I was just a baby.
　　b.　*The most memorable experience of my life *was happened* 15 years ago.

移動し、例文 (8a) のような自動詞文となり、動作主がある場合、(8b) のような他動詞文となる。
9　自動詞への受動態の過剰般化の誤りは、自動詞構造しか持たない非対格動詞だけではなく、自動詞構造と他動詞構造の両方を持つ自他交替動詞でもみられる（例えば、*break, close, freeze* など）(Hirakawa, 1995; Ju, 2000; Kondo, 2005, 2009; Matsunaga, 2005; Montrul, 2000, 2001; Yip, 1995)。ただし、これらの動詞の場合、他動詞構造を受動態にすることが可能なため、文脈によっては受動態がより適切となる（例えば、誰かが意図的に花瓶を割った場合、The vase broke. よりも The vase was broken. の方が文脈を適切に表した文となる）。したがって、上記の先行研究では、まず、受動態文ではなく自動詞文が適切になる文脈を設定した上で、ターゲット文の文法性を問うている。その結果、英語母語話者であれば、自動詞文を産出・選択する場面で、L2 学習者は受動態文を好む傾向にあることが明らかになっている。この自他交替動詞の習得については、本研究とは直接的には関係ないため、ここでは詳細は省くこととする。

c. *Most of people *are fallen* in love and marry with somebody.

　　　　　　　　　　　　　　　　　　　　　　　（Zobl, 1989, p. 204）

このような英語の非対格動詞への受動態の過剰般化は，L2学習者の書いたエッセイ等を集めたコーパスを調べた研究（Oshita, 1997; Zobl, 1989），文法性判断タスクや穴埋め産出タスクを使った研究（Balcom, 1997; Hirakawa, 1995; Kondo, 2005; Oshita, 1997; Yip, 1995）などでみられる。また，これらの研究で調査対象となっているのは，さまざまな母語を持つL2学習者で，スペイン語，イタリア語から，日本語，中国語，タイ語，アラビア語まで，言語類型学的にみても，母語からの影響によるものではないことがわかる[10]。

　先行研究の多くは，L2学習者による非対格動詞の誤りは，「非対格性の仮説」によって説明できるとしている（Hirakawa, 1995, 2003; Oshita, 1997, 2000; Yip, 1995; Zobl, 1989）。すなわち，英語学習者は，非対格動詞文における項の移動を，受動態文の項の移動と誤って結びつけ，非対格動詞を過剰に受動態の形にしてしまうという考え方である。非対格動詞文と受動態文では，主題の意味役割をもつ名詞句が，（11a），（12a）が示すように，もともと動詞句内に生成され，（11b），（12b）が示すように，文の主語位置に移動する。

(11) a.　[$_{TP}$ e $_{past}$ [$_{VP}$ arrive Tom]]

　　b.　[$_{TP}$ Tom$_i$ $_{past}$ [$_{VP}$ arrive t$_i$]]

(12) a.　Tom ate an apple.

　　b.　An apple$_i$ was eaten t$_i$ (by Tom).

英語学習者は，受動態規則（主題の項の目的語位置から主語位置への移動と

10　非対格動詞への受動態過剰般化における母語の影響に関しては，Kondo（2009），Matsunaga（2005），Montrul（2000）を参照のこと。

受動態形態素である「be 動詞 + 動詞の過去分詞形」の付随)を習得すると，その規則を非対格動詞にまで当てはめてしまうのである。非能格動詞の場合，もともと項が主語位置に生成され，移動がないために，受動態の過剰般化が起きないと考えられる。

3.2.2 動詞の完結性に焦点を当てた先行研究

前節で述べた考え方に対して，Yusa (2003) は，英語学習者による非対格動詞への be 動詞の過剰使用は，受動態の過剰般化によるものではなく，ゲルマン・ロマンス系言語でみられる過去形・完了形の助動詞選択に起因すると主張している。すなわち，ゲルマン・ロマンス系言語では，動詞の過去形・完了形の助動詞選択において，基本的には，非対格動詞の場合，助動詞 *be* に相当するもの，非能格動詞の場合，助動詞 *have* に相当するものが選択され，英語学習者の非対格動詞への be 動詞の過剰使用は，この助動詞選択が反映されたものだとしている。

例えば，イタリア語で動詞が完了形を形成するとき，非対格動詞は，助動詞 *essere* (英語の *be* に相当) を選ぶ一方で，非能格動詞は，助動詞 *avere* (英語の *have* に相当) を選ぶ。したがって，非対格動詞 *arrivere* "*arrive*" は，(13a) が示すように è (助動詞 *essere* の三人称単数形) を選択するのに対して，非能格動詞 *telefonare* "*telephone*" は，(13b) のように，ha (助動詞 *avere* の三人称単数形) を選択する。

(13) a. Giovanni è arrivato.
　　　　 Giovanni is arrived.
　　　　 Giovanni has arrived.
　　 b. Giovanni ha telefonato.
　　　　 Giovanni has telephoned.

(Burzio, 1986, p. 20)

さらに，Sorace (2000) によると，非対格動詞と非能格動詞は，動詞の持つ完結性と動作主性という相の特性によって表2のように階層化することができる。

表2 The auxiliary selection hierarchy（ASH, Sorace, 2000, Table 1 に基づく）

	selects BE (least variation)
	Core Unaccusative
Change of location	↑
Change of state	
Continuation of a pre-existing state	
Existence of state	
Uncontrolled process	
Controlled process（motional）	↓
Controlled process（nonmotional）	**Core Unergative**
	selects HAVE (least variation)

Sorace によれば，ASH において，上に行けば行くほど，動詞の持つ完結性が強く，動作主性が弱くなる。それに対して，ASH の下に行けば行くほど，動詞の完結性が弱くなるのに加えて，動詞の持つ動作主性が強くなる。動詞の完結性とは，Yusa によると，動詞の表す事象に終点があるかどうかで決まる。例えば，非対格動詞 arrive は，表2の Change of location に含まれ，何かの場所が変化したことを表し，終点が明確にある。それに対して，同じ非対格動詞でも belong は，Existence of state に含まれ，動詞の表す事象が継続している様子を表し，終点が示されていない。

　そして，この階層は，動詞の過去形・完了形の助動詞選択（be or have）における，不変・変動性の勾配を表すとしている。すなわち，ASH において一番上と下に位置する非対格動詞と非能格動詞は，それぞれの動詞タイプの "core"（核）となる動詞であり，助動詞選択において，より断定的に be もしくは have が選択される。それに対して，ASH の中間に属する動詞は，"peripheral"（周辺部の）動詞であり，言語や個人によって be と have の選択が一貫していない。

　Yusa は，もし過去形・完了形の助動詞選択が，いくつかのヨーロッパ言語だけではなく，日本の古語を含むさまざまな言語にみられる普遍的な言語現象だとすれば，普遍文法が第二言語文法の基盤であるという仮定のもと，L2 学習者が過去形・完了形の助動詞選択の知識を無意識的に持っていると想定することは，論理的であるとしている。以上のことより，Yusa は，日本語を母語とする英語学習者は，ASH において上部に位置する動詞（完結的な事象を表す動詞）に対して，より助動詞 be を容認し，下に行くにつれ

て，容認しなくなると考えた。つまり，L2学習者は，全ての非対格動詞に同じように be を容認するのではなく，非対格動詞の中でも，完結的な事象を表す動詞に，より受動態を容認するという考え方である。

上記の仮説を調べるために，Yusa は，TOEIC のスコアが 385 点から 655 点（TOEFL に換算するとだいたい 430 点から 530 点）の 31 名の日本語母語話者を対象に，文法性判断タスクを実施した。文法性判断タスクには，非対格動詞と非能格動詞が含まれ，非対格動詞は ASH の上部に位置する完結的な事象を表す動詞タイプと，表の中間に位置する非完結的な事象を表す動詞タイプ，また，非能格動詞は，完結性を表す語（到着点を明示する語）を伴う場合と，そうでない場合の 4 つのタイプに分類し，実験を行った。実験参加者は，それぞれの動詞が，能動態と受動態で現れた文の文法性を，-2 から +2 の 5 段階評価で判断した。

実験の結果，日本語母語話者は，完結的な事象を表す非対格動詞を，非完結的な事象を表す非対格動詞や非能格動詞よりも，受動態の形で容認していた。さらに，非完結的な事象を表す非対格動詞の受動態での容認度は，非能格動詞の容認度よりも高いことがわかった。全ての動詞タイプの受動態文の平均値は，マイナスであることから，参加者は，自動詞への受動態適用が非文法的であると理解してはいるものの，動詞タイプにより容認度に差があることから，非文法性の度合いに敏感であるとしている。これより，Yusa は，日本語母語話者による非対格動詞への be 動詞の過剰使用は，広く想定されているような受動態構造の過剰般化によるものではなく，英語や日本語ではみられない，ゲルマン・ロマンス系言語の過去形・完了形の助動詞選択が反映されたものだと主張している。

3.2.3　Hirakawa (2006)

Hirakawa (2006) では，L2 学習者による非対格動詞の誤りが，多くの先行研究で主張されているように，受動態構造の過剰般化によるものなのか，または，Yusa (2003) が主張するように，ゲルマン・ロマンス系言語でみられる動詞の過去形・完了形の助動詞選択が反映されたものなのか再検証している。Hirakawa は，Yusa の主張の再検証として次の 2 点に焦点を当てて実験を行った。まず，1 つ目は，もし，L2 学習者による be 動詞の過剰使用が，

Yusa が主張するように，過去形・完了形の助動詞選択が反映されたものであれば，過去形・完了形とは関係のない現在形の文では，そのような誤りはみられないはずであるという点である。このことについて調べるために，Hirakawa は，それぞれの動詞を現在形と過去形の 2 つの時制で問い，結果を比較した。2 つ目は，完結的な事象を表す動詞と非完結的な事象を表す動詞において，be 動詞の過剰使用に違いがあるかどうかという点である。これについては，Yusa 同様，完結性の有無によって動詞を分類し，動詞の完結性と英語学習者の受動態構造容認度に関係があるかどうかを調べた。前者については，実験の結果，現在形の文と過去形・完了形の文の結果に差がみられなかったことから，ここでは説明を省くこととする。

　Hirakawa は，英語習熟度が中級レベルの日本語母語話者 25 名を対象に，文法性判断タスクを行った。文法性判断タスクには，Sorace の ASH に基づき，完結的な事象を表す非対格動詞 (*arrive, (dis)appear, happen/occur*)，非完結的な事象を表す非対格動詞 (*survive, stay, last*)，動作主性の弱い非能格動詞 (*cough, sneeze, shine*)，動作主性の強い非能格動詞 (*play, run, walk*) の 4 タイプが含まれた。また，それらに加えて，実験参加者の受動態構造の知識を確認するために，他動詞 (*read, build, cut, see, hit/attack*) が予備テストとして使われた。それぞれの動詞は，能動態と受動態の文構造で現れ，非対格動詞も非能格動詞も，能動態の場合が文法的，受動態の場合が非文法的となる。参加者は，まず日本語で書かれた状況説明文を読み，その後に続く英語のテスト文の文法性を，-2 から +2 の 4 段階で評価した。

　参加者の受動態知識を確認するための他動詞を使った予備テストの結果，25 名の参加者のうちの 5 名が，実験者が設定した基準に満たなかったため，分析から除かれた。全体的な結果として，L2 学習者は，自動詞の能動態を文法的と，受動態を非文法的と判断することができたが，受動態を非文法的と判断する値は低かった。タイプ別の比較によると，完結的な事象を表す非対格動詞，非完結的な事象を表す非対格動詞，動作主性の弱い非能格動詞における受動態構造の容認度が，動作主性の強い非能格動詞に比べて高い傾向にあった。つまり，動詞の完結性の程度による結果の違いがなかっただけでなく，非能格動詞の一部でも英語学習者が受動態構造を容認していたことが明らかになった。これより，Hirakawa の実験結果は，動詞の完結性の程度

がbe動詞の過剰使用に関係するというYusaの主張も，統語構造の影響による受動態過剰般化の主張も，完全には支持しなかった。

　ただし，Hirakawaは，実験の問題点として，各動詞タイプのテスト動詞が3つと少なかったこと，異なる英語習熟度を持つより多くのテスト参加者を調べる必要があることを挙げている。さらに，Sorace (2000) のASHに基づいた動詞の分類の問題についても言及している。すなわち，Soraceが動作主性の弱い非能格動詞として分類した *shine, cough, sneeze* などが，他の研究では，非対格動詞として分類されているということである（例えば，Levin & Rappaport Hovav, 1995; Perlmutter, 1978）。もし，これらの動詞が非対格動詞として分類されれば，動詞タイプ別の結果（タイプの平均値）に関して言えば，Hirakawaの結果は，従来の受動態過剰般化で説明ができることになる。

　したがって，本研究では，Hirakawaの追実験として，日本語を母語とする英語学習者が，どのような自動詞を受動態で容認するのかを再び調査し，それが統語構造によるものなのか，それとも，動詞の完結性に起因するものなのかを検証する。上述のHirakawaの問題点をなるべく改善するために，より多くの非対格動詞と非能格動詞をより細かなタイプに分け，異なる英語習熟度を持つより多くの英語学習者を対象に実験を行う。また，「研究の目的と意義」でも言及したように，ほとんどの先行研究では非対格動詞を一つのタイプとして，全体の平均値などの結果のみを示しているが，同じタイプに含まれる動詞間でも英語学習者の判断に差があるのか，そして，具体的にどのような動詞に問題があるのかについても明らかにしたい。

4.　本研究での仮説

　本研究の目的は，2つの異なる主張の検証にあるため，(14)，(15) のような異なる観点からの仮説を立てる必要がある。まず，非対格性の仮説によれば，非対格動詞の主語は，統語構造において，動詞の目的語位置に生成され，主格の付与される主語位置に移動するのに対して，非能格動詞の主語は，もともと主語位置に生成され，非対格動詞のような主語の移動はない。受動態の生成過程においても，主語となる項の目的語位置から主語位置への移動がある。そして，その際，「be動詞＋動詞の過去分詞形」が伴う。L2

学習者は，この非対格動詞と受動態の主語の移動を誤って結びつけ，非対格動詞に，be 動詞と動詞の過去分詞形を過剰に当てはめている。Zobl (1989) らが主張するこの受動態過剰般化の考え方に基づくと，次のような仮説が立てられる。

(14) 仮説 1：動詞の統語構造の影響
英語学習者は，自動詞の中でも，主語の移動を伴う非対格動詞で受動態を容認する一方で，移動を伴わない非能格動詞では容認しない。

次に，Sorace (2000) によれば，非対格動詞と非能格動詞は，動詞の持つ完結性と動作主性という相の程度によって，より細かなタイプに分類することができる。そして，これらの動詞の相の程度は，ゲルマン・ロマンス系言語でみられる過去形・完了形の助動詞選択に関係があり，非対格動詞の中でも，完結的な事象を表す動詞は，助動詞 *be* との結びつきが強く，非完結的な事象を表す動詞は，言語によって，もしくは，個人によって *be* と *have* の選択が変動的になる。もし，Yusa (2003) の主張の通り，動詞の過去形・完了形の助動詞選択が普遍的な言語現象で，L2 学習者による be 動詞の過剰般化という形で反映されているとすれば，(15) のような仮説が立てられる。

(15) 仮説 2：動詞の完結性の影響
英語学習者は，非対格動詞の中でも，非完結的な事象を表す非対格動詞 (例：*exist, belong, remain, sit, stand*) より，完結的な事象を表す非対格動詞 (例：*arrive, come, fall, escape, depart*) で，より be 動詞の過剰般化を容認する。

以上，2 つの仮説について，日本語母語話者を対象に，文法性判断タスクを実施し，検証していく。

5. 実験

5.1 参加者

本研究には，実験群として英語を学習する日本語母語話者の大学生106名に参加してもらったが，その内，実験の分析に含めたのは93名である。実験参加者の受動態に関する知識を確認するために，実験文に他動詞の受動態文（全て文法的）を10文含め，8問以上の正解を受動態知識がある基準とし，その基準に満たない参加者は分析から除くこととしたためである（例，His books *were published* in many languages.）。つまり，13名がこの基準に満たなかったため，分析から除いた。また，統制群として成人英語母語話者10名に参加してもらった。

実験では，まず，日本語母語話者の英語習熟度を測るために，実験群の全員に，Oxford Quick Placement Test（Oxford University Press, 2001）を受けてもらった。その結果を基に，ElementaryとLower Intermediateの73名を下級グループ（平均年齢：18.6），Upper IntermediateとAdvancedの20名を上級グループ（平均年齢：18.9）とし，分析することとした。実験群には，1ヶ月以上英語圏に住んだことのある者が8名（内訳：48ヶ月：3名，24ヶ月：1名，11ヶ月：1名，10ヶ月：1名，6ヶ月：1名，1.5ヶ月：1名）いたが，本研究ではそのことは考慮せず，あくまでも実験時の英語習熟度のみでグループ分けをした。

5.2 実験方法

実験では，Yusa（2003）やHirakawa（2006）同様，文法性判断タスクを用いた。各動詞は，能動態と受動態の2つの構造で使用した。実験参加者には，日本語で書かれた状況説明文を読み（統制群の英語母語話者には英語で提示），英文で書かれた続きの内容のうち，下線が引かれた「主語＋動詞」部分の文法性を判断してもらった[11]。文法性の判断方法は，1から4の尺度評価で，1が「完全に非文法的」，2が「おそらく非文法的」，3が「おそらく

---

[11] 実験文には，(16)，(17) のように，「主語＋動詞」だけで文が完結しているものだけではなく，"Despite the problem, the train departed on time." のように，前置詞句や副詞句を伴うものもあった。そのため，実験参加者が，主語と動詞の関係性以外の部分で文法性を判断することがないように，本研究では，調査部分，すなわち，主語と動詞部分に下線をひき，参加者には，下線部の文法性を判断するよう指示した。

文法的」，4が「完全に文法的」だと思った場合に選択してもらった。また，これら4つの選択肢に加えて，答えがわからない場合に選ぶ NS ("not sure") を含めた。(16)，(17) は非対格動詞 *disappear* を例として，実際にテストで使用した問題の抜粋である。能動態文である (16) は，「文法的」が正しい答え，受動態文である (17) は「非文法的」が正しい答えとなる。

(16)　能動態文（文法的）
　　　新しい道路が山を切り開いて作られた。
　　　Half of the forest disappeared.
(17)　受動態文（非文法的）
　　　その熱帯雨林で沢山の木が伐採された。
　　　Most of the rainforest was disappeared.

　実験では，表3に示す動詞を使用した。タイプ1から6は，Sorace (2000) の ASH に基づき，タイプ1に近づくほど完結性が強く，タイプ6に近づくほど動作主性が強くなる。タイプ1から3は，全て非対格動詞に分類され，Hirakawa では，タイプ1と2が完結的な事象を表す非対格動詞として1つのタイプに分類されていた。次に，タイプ4から6が非能格動詞で，Hirakawa は，タイプ5と6を動作主性の強い非能格動詞として分類した。本研究では，それぞれの動詞を，ASH に従い，より細かく分類することにより，Yusa が主張する動詞の完結性の度合いが，英語学習者の受動態過剰般化に影響しているかどうかを明らかにする。また，Hirakawa で，現在形と過去形・完了形のテスト文の結果に差がみられなかったことから，本研究では，全ての問題文を過去形に統一することとした。タイプ1から6には，それぞれ5つの動詞を選んだ。また，これらの動詞以外に，他動詞と自他交替動詞をそれぞれ10個ずつ含めた。他動詞に関しては，上述したように，実験参加者の受動態の知識を調べるための予備テストとして使用した。また，フィラー文として，自他交替動詞を使った文を含めた。その結果，実験文60問（6タイプ×5動詞×能動態文・受動態文=60問），他動詞の受動態文10問，フィラー文30問（他動詞の能動態文10問と自他交替動詞を使った文20問）の，合計100問のテストになった。その内，文法的な文が

55 問,非文法的な文が 45 問あった[12]。

表3 実験で使用した動詞

タイプ	動詞種類	動詞意味	動詞
1	非対格動詞	change of location	arrive, come, fall, escape, depart
2		change of state	appear, disappear, happen, rise, die
3		existence of state	exist, remain, belong, sit, stand
4	非能格動詞	uncontrolled process	cough, sneeze, sweat, vomit, shine
5		controlled process; motional	run, walk, swim, dance, jump
6		controlled process; non-motional	sing, talk, work, chat, play
	他動詞		accept, hire, invite, read, promote, reject, publish, damage, destroy, build
	自他交替動詞		break, open, close, melt, freeze, sell, change, dry, increase, sink

　テスト問題は用紙1ページに25問ずつ提示し,計4ページで構成されている。実験参加者が,1つの動詞の能動態と受動態の文の比較ができないように,1ページに同じ動詞が2度提示されないよう配慮しながら,問題文をランダムに並び替えた。参加者には,問題1番から100番まで順番に解き,一度終わった問題には戻らず,直感で解くよう指示を与えた。また,わからない語彙について質問可能としたが,各問題の難しいと思われる語彙(動詞以外)に注として訳をつけておいたため,質問は一切なかった。テストの時間

---

[12] 文法的な文と非文法的な文の数が異なる理由は,フィラー文の内,自他交替動詞を使った文法的な文が10問,非文法的な文が5問あったためである。実験参加者が,1つの動詞が能動態と受動態の2つの文構造で使われている時,どちらかが文法的であれば,もう一方が非文法的になるという思考に陥らないように,どちらの構造でも文法的となる文脈を設定した自他交替動詞と,能動態のみ文法的となるように設定した自他交替動詞があったため,文法的な文の方が非文法的な文よりも多くなった。

制限はしなかったが，全ての参加者が 15 分から 30 分の間でテストを終えた。

6. 実験結果

　文法性判断タスクの結果は，グループ結果，個人結果，動詞別結果の順で検証していく。まず，グループ結果では，実験群の下級グループと上級グループ，そして，統制群の 3 つのグループの各動詞タイプの能動態と受動態における回答の平均値を比較し，動詞タイプにより学習者の判断に違いがあるのかを検証する。その際，NS という回答は，分析に含めない。次に，個人結果では，グループ結果の平均値からはわからない，実験群の 2 つのグループの各参加者が，動詞タイプごといくつの文で正しい判断をしていたのかを明らかにする。最後に，動詞別結果では，各動詞の正答数を示し，どのような動詞で学習者が受動態を容認していたのか検証していく。

6.1　グループ結果

　各動詞タイプの能動態と受動態における回答は，グループごと平均値にして分析していく。全てのタイプにおいて，能動態が文法的となることから，能動態における回答の平均値が 4 に近ければ近いほど，文を正しく容認していたことになる。それに対して，受動態は，全て非文法的となることから，受動態における回答の平均値が 1 に近ければ近いほど，文を正しく否定していたことになる。

　まず，統制群の結果から検証する。表 4 は，統制群の回答の平均値と標準偏差を示している。

表 4　文法性判断タスクの統制群平均値（平均値（標準偏差））

タイプ	1	2	3	4	5	6
能動態	3.98 (0.14)	3.94 (0.24)	3.98 (0.14)	3.82 (0.66)	4.00 (0.00)	3.96 (0.20)
受動態	1.00 (0.00)	1.00 (0.00)	1.08 (0.40)	1.00 (0.00)	1.02 (0.14)	1.00 (0.00)

統制群の回答の平均値は，予測通り，全てのタイプの能動態でほぼ4に近い値に，受動態でほぼ1に近い値になった。つまり，全てのタイプにおいて，能動態を文法的と，受動態を非文法的と，正しく判断していたことがわかる。構造別にタイプ間の差を検証したところ，能動態，受動態のどちらの構造においても，動詞タイプの主効果はみられなかった（能動態：$F(5, 1159) = .181, p=.97, ns.$；受動態：$F(5, 1159) = .044, p=.999, ns.$）。したがって，統制群は，全てのタイプで，同程度に，能動態を文法的と，受動態を非文法的と判断し，動詞タイプによる判断の違いはないことが示された。つまり，これは，非対格動詞であろうと，非能格動詞であろうと，また，動詞が完結性を伴っていようとなかろうと，自動詞に受動態構造を当てはめることは，英語母語話者にとって，すべて同程度に非文法的であることを示している。加えて，統制群が全ての文を正しく判断したことから，問題文が適切であることも証明された。

次に，実験群の結果を検証する。表5は，実験群の回答の平均値と標準偏差を習熟度別に示している。

表5　文法性判断タスクの実験群平均値（平均値（標準偏差））

タイプ		1	2	3	4	5	6
能動態	下級	3.09 (0.86)	2.85 (0.93)	3.01 (0.88)	3.17 (0.76)	3.48 (0.69)	3.43 (0.74)
	上級	3.30 (0.80)	3.19 (0.79)	3.14 (0.91)	3.34 (0.67)	3.53 (0.75)	3.50 (0.69)
受動態	下級	2.28 (1.01)	2.49 (1.01)	2.29 (1.02)	2.04 (0.88)	1.58 (0.77)	1.63 (0.83)
	上級	2.02 (1.05)	2.29 (1.07)	2.06 (1.03)	1.86 (0.90)	1.31 (0.58)	1.46 (0.77)

習熟度の影響を確認するために3要因のANOVA（被験者グループ×文構造×動詞タイプ）を行ったが，習熟度間の主効果に差はなかった（$F(1, 1051) = .509, p=.476, ns.$）。したがって，グループ結果では，下級グループと上級グループを一つのグループとしてまとめて分析していくこととする。図1は，2つのグループの結果を合わせた能動態と受動態のタイプ間平均値を

表す。2要因の ANOVA（文構造×動詞タイプ）の結果では，交互作用がみられた（$F(4, 1051) = 11.2, p < .001$）。Bonferroni 法による多重比較を行ったところ，能動態において，タイプ 1, 2, 3 が，タイプ 5, 6 に比べて有意に平均値が低いことがわかった[13]。さらに，受動態においては，タイプ 1 から 4 の平均値が，タイプ 5 と 6 に比べて有意に高かった。タイプ 2 に関しては，タイプ 4 に比べても，有意に平均値が高かった。

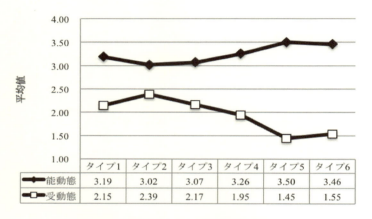

図1　実験群のタイプ間平均値比較

　これより，英語学習者は，自動詞への受動態構造の適用の非文法性を，全てのタイプで同じように判断しているわけではなく，タイプ 5 と 6 に比べて，タイプ 1 から 4 を否定する傾向が弱いことがわかる。タイプ 4 は，目的語位置から主語位置への項の移動を伴わない非能格動詞であり，また，タイプ 1 から 3 の非対格動詞の完結性の程度は異なる。しかし，英語学習者がタイプ 1 から 4 の受動態文をタイプ 5 と 6 の受動態文に比べて，容認する傾向にあるという本研究の結果は，非対格動詞と非能格動詞の統語構造の違いでも，動詞の持つ完結性の影響でも説明することができない。
　さらに，統計の結果から，下級グループと上級グループの結果に有意な差

13　タイプ1とタイプ6は有意傾向にあった（$p=.052$）。

がみられないことから，受動態の過剰般化は，習熟度が上がっても，簡単には直らないといえる。

これらの結果から，日本語を母語とする英語学習者は，動作主性の強い非能格動詞に比べて，非対格動詞と動作主性の弱い非能格動詞で，受動態を非文法的と判断する傾向が弱いことがわかった。さらに，能動態，受動態の結果において，タイプ1から3の平均値に有意な差がみられなかったことから，英語学習者は，これら3つの完結性の異なる非対格動詞の能動態と受動態の文法性を，同じように判断していたと考えられる。つまり，非対格動詞の完結性の程度は，英語学習者の受動態構造容認に影響しなかったといえる。

しかし，グループ結果では全ての回答がまとめられ，平均値化されているため，参加者個々が，それぞれの動詞タイプを文法的と判断したのか，それとも，非文法的と判断したのかまではわからない。つまり，グループ結果はあくまでも，各タイプの平均値の間に差があるのかどうかをみているだけで，実際，実験参加者がそれぞれのタイプに属する動詞を均一に文法的と判断したのか，非文法的と判断したのかまでは，示していないということである。そのため，次の6.2では，習熟度グループ別に，個人が動詞タイプごと，いくつの動詞で正しい判断をしていたのか，明らかにする。

6.2 個人結果

グループ結果では，実験群の下級グループと上級グループの回答の平均値の間に有意な差がなかったため，一つのグループとして分析したが，個人結果では，習熟度による影響の有無をみるため，2つのグループに分けて分析していく。

各動詞タイプには，5つの動詞が含まれており，全て，能動態が文法的，受動態が非文法的となる。個人結果では，能動態の場合，尺度評価で，4の「完全に文法的」と3の「おそらく文法的」の選択肢を正答とし，2の「おそらく非文法的」と1の「完全に非文法的」を誤答として分析した。一方で，受動態の場合，能動態とは逆に，尺度評価で，1の「完全に非文法的」と2の「おそらく非文法的」の選択肢を正答とし，3の「おそらく文法的」と4の「完全に文法的」を誤答とした。また，選択肢NSは誤答として数えた。したがって，個人結果が示すのは，あくまでも各参加者が正答を選んだ

動詞の数ということになる。

表6は，能動態の個人結果を示している。表の一番上の段の分数が表しているのは正答数で，その下に各正答数のグループ別人数と割合が示されている。

表6 能動態の個人結果

タイプ	習熟度	5/5	4/5	3/5	2/5	1/5	0/5	4/5以上正答
1	下級	23/73 (31.5%)	30/73 (41.1%)	12/73 (16.4%)	7/73 (9.6%)	0/73 (0%)	1/73 (1.4%)	53/73 (72.6%)
	上級	10/20 (50.0%)	7/20 (35.0%)	3/20 (15.0%)	0/20 (0%)	0/20 (0%)	0/20 (0%)	17/20 (85.0%)
2	下級	12/73 (16.4%)	26/73 (35.6%)	21/73 (28.8%)	7/73 (9.6%)	6/73 (8.2%)	1/73 (1.4%)	38/73 (52.0%)
	上級	12/20 (60.0%)	3/20 (15.0%)	3/20 (15.0%)	2/20 (10.0%)	0/20 (0%)	0/20 (0%)	15/20 (75.0%)
3	下級	16/73 (21.9%)	26/73 (35.6%)	24/73 (32.9%)	6/73 (8.2%)	1/73 (1.4%)	0/73 (0%)	42/73 (57.5%)
	上級	5/20 (25.0%)	8/20 (40.0%)	7/20 (35.0%)	0/20 (0%)	0/20 (0%)	0/20 (0%)	13/20 (65.0%)
4	下級	32/73 (43.8%)	26/73 (35.6%)	12/73 (16.4%)	3/73 (4.1%)	0/73 (0%)	0/73 (0%)	58/73 (79.4%)
	上級	13/20 (65.0%)	4/20 (20.0%)	3/20 (15.0%)	0/20 (0%)	0/20 (0%)	0/20 (0%)	17/20 (85.0%)
5	下級	51/73 (69.9%)	17/73 (23.3%)	3/73 (4.1%)	2/73 (2.7%)	0/73 (0%)	0/73 (0%)	68/73 (93.2%)
	上級	15/20 (75.0%)	2/20 (10.0%)	1/20 (5.0%)	2/20 (10.0%)	0/20 (0%)	0/20 (0%)	17/20 (85.0%)
6	下級	49/73 (67.1%)	14/73 (19.2%)	8/73 (11.0%)	1/73 (1.4%)	1/73 (1.4%)	0/73 (0%)	63/73 (86.3%)
	上級	14/20 (70.0%)	4/20 (20.0%)	2/20 (10.0%)	0/20 (0%)	0/20 (0%)	0/20 (0%)	18/20 (90.0%)

例えば，タイプ1の5つの動詞の内，4問正答だった下級グループの参加者は，73名中30名で，割合にするとグループ全体の41.1％に当たる。さらに，表には，5問中4問以上正答（8割以上正答）だった参加者の人数と割合も右端に示してある。本研究では，この8割正答を「一貫して正しい判断ができる」基準とする。

　グループ結果で，他のタイプに比べて平均値が高かったタイプ5と6では，下級グループと上級グループの両方で85％以上の参加者が，一貫して正しい判断ができていた。さらに，タイプ4についても，上級グループでは85％，下級グループにおいても80％に近い参加者が，一貫して正しい判断ができていた。それに対して，タイプ1から3で一貫して正しい判断ができた参加者の割合は，タイプ1の上級グループを除き，比較的低い。

　これらの結果より，両グループの8割以上の参加者は，非能格動詞の3つのタイプの能動態を，一貫して正しく文法的と判断していたことがわかる。その一方で，非対格動詞の能動態（例えば，"The article appeared in today's newspaper."）を一貫して文法的と判断できた参加者は，5割から7割程度と低かった。つまり，英語学習者は，概して，非能格動詞の能動態を正しく文法的と判断することができる一方で，非対格動詞に関しては，いくつかの動詞で能動態の文法性判断に問題があることが，明らかになった。

　次に，受動態の個人結果について検証していく。表7は，受動態の個人結果をまとめたものである。能動態の結果と同様に，受動態でも非能格動詞のタイプ5と6では，下級，上級グループの85％以上が，一貫して正しい判断ができていた。それに比べて，もう一つの非能格動詞であるタイプ4では，両グループで，60％程度の参加者しか一貫して正しい判断ができていなかった。さらに，非対格動詞の受動態を正しく非文法的と判断できた参加者の割合はより低く，タイプ2に関しては，下級グループの20％，上級グループの30％しか，一貫して正しい判断ができていなかった。また，タイプ2の正答数が0問だった参加者が下級グループで8名，1問が下級グループで13名，上級グループで5名，2問が下級グループで18名，上級グループで2名と，かなりの数でいた。タイプ1とタイプ3を正しく非文法的と判断できた参加者数も比較的低く，正答数が0から2問の参加者は下級グループでどちらのタイプでも30％以上，上級グループで25％もいた。

しかし，習熟度が上がると，一貫して正しい判断ができた参加者の割合は，20%から30%程度高くなった。

表7　受動態の個人結果

タイプ	習熟度	5/5	4/5	3/5	2/5	1/5	0/5	4/5以上正答
1	下級	10/73 (13.7%)	15/73 (20.5%)	26/73 (35.6%)	12/73 (16.4%)	10/73 (13.7%)	0/73 (0%)	25/73 (34.2%)
	上級	6/20 (30.0%)	7/20 (35.0%)	2/20 (10.0%)	4/20 (20.0%)	0/20 (0%)	1/20 (5.0%)	13/20 (65.0%)
2	下級	10/73 (13.7%)	5/73 (6.8%)	19/73 (26.0%)	18/73 (24.7%)	13/73 (17.8%)	8/73 (11.0%)	15/73 (20.5%)
	上級	3/20 (15.0%)	3/20 (15.0%)	7/20 (35.0%)	2/30 (10.0%)	5/20 (25.0%)	0/20 (0%)	6/20 (30.0%)
3	下級	5/73 (6.8%)	16/73 (21.9%)	25/73 (34.2%)	20/73 (27.4%)	4/73 (5.5%)	3/73 (4.1%)	21/73 (28.7%)
	上級	4/20 (20.0%)	6/20 (30.0%)	5/20 (25.0%)	4/20 (20.0%)	1/20 (5.0%)	0/20 (0%)	10/20 (50.0%)
4	下級	20/73 (27.4%)	24/73 (32.9%)	18/73 (24.7%)	9/73 (12.3%)	1/73 (1.4%)	1/73 (1.4%)	44/73 (60.3%)
	上級	6/20 (30.0%)	7/20 (35.0%)	3/20 (15.0%)	3/20 (15.0%)	1/20 (5.0%)	0/20 (0%)	13/20 (65.0%)
5	下級	44/73 (60.3%)	18/73 (24.7%)	9/73 (12.3%)	2/73 (2.7%)	0/20 (0%)	0/73 (0%)	62/73 (85.0%)
	上級	14/20 (70.0%)	5/20 (25.0%)	1/20 (5.0%)	0/20 (0%)	0/20 (0%)	0/20 (0%)	19/20 (95.0%)
6	下級	43/73 (58.9%)	20/73 (27.4%)	8/73 (11.0%)	1/73 (1.4%)	1/73 (1.4%)	0/73 (0%)	63/73 (86.3%)
	上級	16/20 (80.0%)	2/20 (10.0%)	1/20 (5.0%)	1/20 (5.0%)	0/20 (0%)	0/20 (0%)	18/20 (90.0%)

これより，受動態の非文法性に関して，一貫して正しい判断ができた参加者の数は，動作主性の強いタイプ5とタイプ6の非能格動詞では，能動態

の場合とほぼ変わらないが，非対格動詞と動作主性の弱いタイプ4の非能格動詞では，かなり少なくなることがわかった。下級グループに至っては，タイプ1から3の非対格動詞の受動態文を非文法的と一貫して判断できた参加者が，2割から3割程度しかいなかった。つまり，特に習熟度の低い英語学習者の多くが，非対格動詞の受動態文を文法的，もしくは，「わからない」と判断していたということになる。

　この結果は，能動態の結果以上に興味深い。能動態の場合，「文法的」と判断しなかった参加者の根拠が，例えば，問題文や時制の問題などにあった可能性も考えられる。しかし，受動態の場合は，どのような状況であれ，これらの動詞に受動態構造を当てはめることはできない。それにも関わらず，多くの学習者が，「非文法的」という選択肢を，自動的に選ばなかったということである。これより，多くの英語学習者の**中間言語（interlanguage）**では，非対格動詞に受動態を適用することが可能になっていると考えられる。

　ここまでは，タイプごとの結果を検証してきた。次の6.3では，動詞別に正答数を示し，同一タイプ内の全ての動詞で同じように誤りがあったのか，それとも，タイプ内でも動詞によって参加者の文法性判断に違いがあったのか，また，具体的にどの動詞で誤りが多かったのかを検証していく。

6.3　動詞別結果

　本研究の「目的と意義」でも指摘したように，先行研究では，自動詞を非対格動詞と非能格動詞という2つのタイプに分け，それぞれのタイプにおける文法性判断タスク等の回答の平均値のみを検証しているものが多く，個々の動詞の結果までは，詳しく見ていない。したがって，本研究では，非対格動詞，非能格動詞と分類される自動詞の中でも，具体的にどの動詞で誤りが多くみられるのか，検証していくこととする。

　表8と表9は，各動詞の能動態を，「文法的」，「非文法的」，もしくは「NS」と判断した参加者の割合と人数を習熟度別グループごとにまとめたものである。表8には非対格動詞の結果を，表9には非能格動詞の結果を示している。

表8 非対格動詞の能動態の動詞別結果

タイプ		下級グループ			上級グループ		
		文法的	非文法的	NS	文法的	非文法的	NS
1	arrive	91.8% (67/73)	8.2% (6/73)	0% (0/73)	95.0% (19/20)	5.0% (1/20)	0% (0/20)
	come	94.5% (69/73)	5.5% (4/73)	0% (0/73)	100% (20/20)	0% (0/20)	0% (0/20)
	fall	76.7% (56/73)	23.3% (17/73)	0% (0/73)	85.0% (17/20)	15.0% (3/20)	0% (0/20)
	escape	45.2% (33/73)	53.4% (39/73)	1.4% (1/73)	60.0% (12/20)	40.0% (8/20)	0% (0/20)
	depart	82.2% (60/73)	16.4% (12/73)	1.4% (1/73)	95.0% (19/20)	5.0% (1/20)	0% (0/20)
2	appear	63.0% (46/73)	35.6% (26/73)	1.4% (1/73)	80.0% (16/20)	20.0% (4/20)	0% (0/20)
	disappear	58.9% (43/73)	39.7% (29/73)	1.4% (1/73)	85.0% (17/20)	15.0% (3/20)	0% (0/20)
	happen	72.6% (53/73)	26.0% (19/73)	1.4% (1/73)	90.0% (18/20)	10.0% (2/20)	0% (0/20)
	rise	78.1% (57/73)	20.5% (15/73)	1.4% (1/73)	95.0% (19/20)	5.0% (1/20)	0% (0/20)
	die	65.8% (48/73)	32.9% (24/73)	1.4% (1/73)	75.0% (15/20)	20.0% (4/20)	5.0% (1/20)
3	exist	89.0% (65/73)	9.6% (7/73)	1.4% (1/73)	95.0% (19/20)	5.0% (1/20)	0% (0/20)
	remain	83.6% (61/73)	13.7% (10/73)	2.7% (2/73)	75.0% (15/20)	15.0% (3/20)	10.0% (2/20)
	belong	54.8% (40/73)	43.8% (32/73)	1.4% (1/73)	65.0% (13/20)	30.0% (6/20)	5.0% (1/20)
	sit	84.9% (62/73)	13.7% (10/73)	1.4% (1/73)	85.0% (17/20)	15.0% (3/20)	0% (0/20)
	stand	56.2% (41/73)	43.8% (32/73)	0% (0/73)	70.0% (14/20)	30.0% (6/20)	0% (0/20)

表9 非能格動詞の能動態の動詞別結果

タイプ		下級グループ			上級グループ		
		文法的	非文法的	NS	文法的	非文法的	NS
4	cough	83.6% (61/73)	16.4% (12/73)	0% (0/73)	90.0% (18/20)	10.0% (2/20)	0% (0/20)
	sneeze	89.0% (65/73)	9.6% (7/73)	1.4% (1/73)	90.0% (18/20)	0% (0/20)	10.0% (2/20)
	sweat	90.4% (66/73)	9.6% (7/73)	0% (0/73)	85.0% (17/20)	10.0% (2/20)	5.0% (1/20)
	vomit	89.0% (65/73)	11.0% (8/73)	0% (0/73)	95.0% (19/20)	5.0% (1/20)	0% (0/20)
	shine	67.1% (49/73)	32.9% (24/73)	0% (0/73)	90.0% (18/20)	10.0% (2/20)	0% (0/20)
5	run	86.3% (63/73)	13.7% (10/73)	0% (0/73)	80.0% (16/20)	15.0% (3/20)	5.0% (1/20)
	walk	91.8% (67/73)	8.2% (6/73)	0% (0/73)	90.0% (18/20)	10.0% (2/20)	0% (0/20)
	swim	90.4% (66/73)	9.6% (7/73)	0% (0/73)	95.0% (19/20)	5.0% (1/20)	0% (0/20)
	dance	93.2% (68/73)	5.5% (4/73)	1.4% (1/73)	85.0% (17/20)	15.0% (3/20)	0% (0/20)
	jump	98.6% (72/73)	1.4% (1/73)	0% (0/73)	100% (20/20)	0% (0/20)	0% (0/20)
6	sing	93.2% (68/73)	6.8% (5/73)	0% (0/73)	95.0% (19/20)	5.0% (1/20)	0% (0/20)
	talk	87.7% (64/73)	12.3% (9/73)	0% (0/73)	90.0% (18/20)	5.0% (1/20)	5.0% (1/20)
	work	87.7% (64/73)	10.9% (8/73)	1.4% (1/73)	95.0% (19/20)	5.0% (1/20)	0% (0/20)
	chat	97.3% (71/73)	2.7% (2/73)	0% (0/73)	85.0% (17/20)	15.0% (3/20)	0% (0/20)
	play	83.6% (61/73)	16.4% (12/73)	0% (0/73)	95.0% (19/20)	5.0% (1/20)	0% (0/20)

表8, 表9をみてわかるように, 非対格動詞, 非能格動詞という枠組みのみならず, より細分化された動詞タイプの中でさえ, 動詞間の正答（選択肢「文法的」），誤答（選択肢「非文法的」）の数にかなりのばらつきがある。特に誤答が多い動詞を挙げると, *escape*（タイプ1），*appear, disappear, die*（タイプ2），*belong, stand*（タイプ3），*shine*（タイプ4）と, タイプはさまざまである。また, 誤答の数が多い動詞は, 下級グループでも上級グループでもほぼ同じであるが, 英語の習熟度が上がると, ほとんどの動詞の正答数の割合が高くなる。非対格動詞と非能格動詞という枠組みで比較すると, 下級グループの *shine* の結果を除いて, 全ての非能格動詞で各グループの8割以上の学習者が能動態を文法的と正しく判断できている一方で, 非対格動詞を文法的と判断できた下級グループの学習者は, 全体的に少なくなる。

次に, 表10, 表11で, 受動態の動詞別結果を見ていく。受動態の場合は, 能動態の場合とは逆で, 選択肢「非文法的」が正答,「文法的」が誤答となる。2つの表から, 能動態に比べて, 全体的に, 誤答数が多いことがわかる。特に, *fall, depart*（タイプ1），*appear, disappear, happen*（タイプ2），*remain, belong, stand*（タイプ3）では, 下級グループで, 受動態文を「文法的」と判断した参加者の数が,「非文法的」と判断した参加者の数よりも多かった。また, 上級グループにおいても, *disappear* で「非文法的」よりも「文法的」を選択した参加者の数の方が多く, *fall, rise, stand* では,「文法的」と「非文法的」の選択者の数がほぼ同じであった。つまり, 半数以上の学習者が受動態を文法的と判断した非対格動詞は, タイプ1からタイプ3の全てに含まれるということになる。

その一方で, 非対格動詞でも, *arrive, come, sit* などは,「文法的」を選択した参加者は比較的少なかった。また, 非能格動詞のタイプ5, 6に関しては, 全ての動詞で, 各グループの8割以上の学習者が受動態を正しく非文法的と判断していた（下級グループの *swim* の判断はほぼ8割）。タイプ4の動詞に関しては, *shine* で2つのグループの4割以上の学習者が, また, *cough* と *sneeze* で, 下級グループの3割程度の学習者が受動態を文法的と判断していた。

表 10 　非対格動詞の受動態の動詞別結果

タイプ		下級グループ			上級グループ		
		非文法的	文法的	NS	非文法的	文法的	NS
1	arrive	78.1% (57/73)	21.9% (16/73)	0% (0/73)	80.0% (16/20)	20.0% (4/20)	0% (0/20)
	come	83.6% (61/73)	16.4% (12/73)	0% (0/73)	90.0% (18/20)	10.0% (2/20)	0% (0/20)
	fall	35.6% (26/73)	64.4% (47/73)	0% (0/73)	45.0% (9/20)	50.0% (10/20)	5.0% (1/20)
	escape	65.8% (48/73)	34.2% (25/73)	0% (0/73)	75.0% (15/20)	25.0% (5/20)	0% (0/20)
	depart	41.1% (30/73)	58.9% (43/73)	0% (0/73)	70.0% (14/20)	30.0% (6/20)	0% (0/20)
2	appear	38.4% (28/73)	61.6% (45/73)	0% (0/7)	60.0% (12/20)	40.0% (8/20)	0% (0/20)
	disappear	35.6% (26/73)	64.4% (47/73)	0% (0/37)	45.0% (9/20)	55.0% (11/20)	0% (0/20)
	happen	42.5% (31/73)	56.2% (41/73)	1.4% (1/73)	60.0% (12/20)	40.0% (8/20)	0% (0/20)
	rise	69.9% (51/73)	28.8% (21/73)	1.4% (173/)	50.0% (10/20)	50.0% (10/20)	0% (0/20)
	die	54.8% (40/73)	45.2% (33/73)	0% (0/73)	70.0% (14/20)	30.0% (6/20)	0% (0/20)
3	exist	68.5% (50/73)	31.5% (23/73)	0% (0/73)	75.0% (15/20)	20.0% (4/20)	5.0% (1/20)
	remain	46.6% (34/73)	53.4% (39/73)	0% (0/73)	60.0% (12/20)	40.0% (8/20)	0% (0/20)
	belong	43.8% (32/73)	54.8% (40/73)	1.4% (1/73)	70.0% (14/20)	25.0% (5/20)	5.0% (1/20)
	sit	86.3% (63/73)	12.3% (9/73)	1.4% (1/73)	85.0% (17/20)	10.0% (2/20)	5.0% (1/20)
	stand	39.7% (29/73)	58.9% (43/73)	1.4% (1/73)	50.0% (10/20)	45.0% (9/20)	5.0% (1/20)

表11 非能格動詞の受動態の動詞別結果

タイプ		下級グループ			上級グループ		
		非文法的	文法的	NS	非文法的	文法的	NS
4	cough	72.6% (53/73)	27.4% (20/73)	0% (0/73)	85.0% (17/20)	10.0% (2/20)	5.0% (1/20)
	sneeze	67.1% (49/73)	30.1% (22/73)	2.7% (2/73)	65.0% (13/20)	25.0% (5/20)	10.0% (2/20)
	sweat	90.4% (66/73)	8.2% (6/73)	1.4% (1/73)	95.0% (19/20)	5.0% (1/20)	0% (0/20)
	vomit	80.8% (59/73)	16.4% (12/73)	2.7% (2/73)	70.0% (14/20)	10.0% (2/20)	20.0% (4/20)
	shine	57.5% (42/73)	41.1% (30/73)	1.4% (1/73)	55.0% (11/20)	45.0% (9/20)	0% (0/20)
5	run	90.4% (66/73)	8.2% (6/73)	1.4% (1/73)	90.0% (18/20)	5.0% (1/20)	5.0% (1/20)
	walk	94.5% (69/73)	5.5% (4/73)	0% (0/73)	100% (20/20)	0% (0/20)	0% (0/20)
	swim	79.5% (58/73)	19.2% (14/73)	1.4% (1/73)	90.0% (18/20)	10.0% (2/20)	0% (0/20)
	dance	91.8% (67/73)	8.2% (6/73)	0% (0/73)	95.0% (19/20)	5.0% (1/20)	0% (0/20)
	jump	86.3% (63/73)	13.7% (10/73)	0% (0/73)	90.0% (18/20)	0% (0/20)	10.0% (2/20)
6	sing	93.2% (68/73)	6.8% (5/73)	0% (0/73)	95.0% (19/20)	5.0% (1/20)	0% (0/20)
	talk	87.7% (64/73)	12.3% (9/73)	0% (0/73)	95.0% (19/20)	5.0% (1/20)	0% (0/20)
	work	87.7% (64/73)	12.3% (9/73)	0% (0/73)	95.0% (19/20)	5.0% (1/20)	0% (0/20)
	chat	82.2% (60/73)	17.8% (13/73)	0% (0/73)	80.0% (16/20)	20.0% (4/20)	0% (0/20)
	play	90.4% (66/73)	8.2% (6/73)	1.4% (1/73)	100% (20/20)	0% (0/20)	0% (0/20)

全体的な傾向として，下級グループに比べて，上級グループの各動詞の正答の割合が高くなっていることから，非対格動詞への受動態構造の適用が非文法的であるという理解は，習熟度の上昇とともに進むと考えられる。しかし，上述したように，受動態において，上級グループでも半数が *fall, disappear, rise, stand* を，4割が *appear, happen, remain* を文法的と判断していることから，英語学習者による非対格動詞の正しい構造の習得には，かなりの時間がかかるといえる。

　これより，動詞別結果からは，「非対格動詞」という一つの動詞タイプの中でも，動詞によって英語学習者の能動態，受動態の文法性判断に大きな違いがあることが明らかになった。また，学習者が受動態を文法的と判断する傾向にある非対格動詞には，完結的な事象を表す動詞タイプ1に含まれるものもあれば，非完結的な事象を表すタイプ3に含まれるものもあった。これより，動詞の完結性は英語学習者の受動態過剰般化に影響しないといえる。

7. 全体を通しての考察

　本実験では，非対格動詞と非能格動詞を，動詞の完結性と動作主性の程度により，それぞれ3つのタイプに分け，能動態と受動態における英語学習者の文法性判断を調べた。グループ結果，個人結果，動詞別結果を総合して，本研究の仮説について検証する。

　まず，英語学習者による自動詞への受動態の過剰般化は，非対格動詞の統語構造に起因すると仮定した仮説1によると，そのような誤りは，統語構造において主語の項の移動がある非対格動詞では起こる一方で，主語項の移動を伴わない非能格動詞では起こらないとしている。本研究の個人結果と動詞別結果において，一部の非能格動詞でも受動態が容認されていることが示されたことから，一見，仮説1は支持されないように思われる。しかし，今回の実験で，非能格動詞の中で学習者が最も受動態を容認する傾向にあった *shine* は，影山（1996）や Perlmutter（1978）では，非対格動詞に分類されている。また，学習者が受動態を容認する傾向にあった他の非能格動詞に関しても，すべて動作主性が弱い非能格動詞であり，Sorace（2000）によれば，

これらの動詞は，言語によっても，個人によっても，非対格動詞と非能格動詞の区分が異なる。したがって，本研究の英語学習者が，これらの動詞を無意識的に非対格動詞として扱っている可能性もある。ただし，個人結果が示すように，学習者が，これらの動詞の受動態を容認する傾向は，非対格動詞に比べて低く，それは，これらの動詞が，常に非対格動詞に分類されるわけではないためだと考えられる。さらに，動作主性の強い非能格動詞に関していえば，ほとんどの学習者は，受動態構造を非文法的と判断していた。したがって，グループ結果における全体的な平均値の差，個人結果と動詞別結果における受動態を文法的と判断した誤りの数を総合して判断すると，学習者は，非能格動詞よりも，非対格動詞で，受動態を容認する傾向にあると言える。これより，本研究の実験結果は，仮説1を支持する。ただし，動詞別結果からわかるように，全ての非対格動詞で同程度，受動態が容認されているわけではない。したがって，統語構造に加えて，何か別の要因が学習者の受動態の容認に影響していると考えられる。

　その一つの可能性として，仮説2で仮定した，完結性の影響が考えられる。仮説2によれば，学習者は，非対格動詞の中でも，完結的な事象を表す動詞にbe動詞を過剰使用すると予測される。しかし，本研究では，グループ結果においても，個人結果においても，また，動詞別結果においても，完結的な事象を表す非対格動詞と非完結的な事象を表す非対格動詞の受動態の文法性判断の結果に差はなかった。具体的には，グループ結果は，3つの非対格動詞のタイプの平均値の間に差がないことを示している。次に，個人結果は，一貫して正しい判断ができた学習者の数が完結性の異なる3つの動詞タイプ間でほとんど変わらないことを示している（厳密に言えば，ASHでcoreとなる完結的な事象を表す非対格動詞より，ASHでperipheralとなる非完結的な事象を表す非対格動詞の方が，一貫して正しい判断ができた学習者の数は少なかった）。そして，動詞別結果は，学習者の半数以上が受動態を文法的と判断した動詞が，全てのタイプに含まれていることを示している。したがって，本実験の結果は仮説2を支持せず，完結性の程度は，英語学習者のbe動詞の過剰使用に影響しないと結論づけることができる。

　非対格動詞の中でも，受動態の容認が多くみられた動詞とそうでない動詞があったことを説明する要因の可能性として，他に，主語の有生性の影響

(Otaki & Shirahata, 2017; Pae, Schanding, Kwon & Lee, 2014) や動詞の使用頻度などが考えられる。また，英語学習者は，自動詞の能動態を否定するよりも，受動態を容認する傾向にある（つまり，両方の構造を容認する学習者がいる）ことから，彼らはこれらの動詞を自他交替動詞として扱っている可能性もある（Ju, 2000; Kondo & Shirahata, 2015; Montrul, 2000; Oshita, 1997 参照）。自他交替動詞であれば，自動詞構造だけでなく，他動詞構造も可能なことから，文脈によっては，他動詞構造の目的語を主語にして，受動態にすることができる。したがって，本研究の学習者が，能動態と受動態の両方を文法的と判断したのは，彼らが非対格動詞の一部の動詞を自他交替動詞のように扱っているためとも考えられる。そして，そのように考えた場合，母語である日本語の影響についても考慮に入れる必要がある。すなわち，英語では，自動詞構造しか取らない非対格動詞が，日本語では同じ語幹に接尾辞をつけて，自動詞構造と他動詞構造の両方で使われる場合があり（例えば，*disappear* は，「消える−消す」，*fall* は，「落ちる−落とす」となる），学習者がそれを英語に転移している可能性も考えられる。

　以上，上記で挙げた可能性については，今後の研究で調査していく必要があるが，本研究の結果から言えることは，英語学習者による非対格動詞への受動態過剰般化の誤りの原因は，動詞の統語構造だけではなく，動詞と主語の関係，文脈の影響，母語の特性の転移など，多くの要因が関係している可能性が高いということである。したがって，これらの可能性について一つずつ実験で検証していくことが，非対格動詞の習得における誤りの原因を解明する手立てとなるといえる。

8. おわりに

　本研究では，これまで，多くの先行研究で報告されてきた英語学習者による自動詞への受動態過剰般化の原因を，動詞の統語構造と完結性の観点から検証し，日本語を母語とする英語学習者が，具体的にどのような動詞で，また，どの程度，誤りをするのかを明らかにした。英語学習者は，非対格動詞と一部の非能格動詞で，受動態を容認する傾向にあることが示されたが，非能格動詞として分類された動詞のいくつかは，英語学習者が無意識に非対

格動詞として扱っている可能性があり，これは，これらの動詞の分類の複雑性によるものと考えられる。本研究では，英語学習者の自動詞の誤りの原因を，統語構造と完結性の観点のみから検証し，その結果，統語構造の影響がある程度みられた一方で，完結性の影響はないと結論付けられた。しかし，同時に，統語構造だけでは説明のできない動詞間の差が明らかになり，それについては，主語の有生性の影響，文脈の影響，母語の影響，動詞の使用頻度などが可能性として考えられる。したがって，今後の研究では，これらさまざまな要因の影響を検証する必要がある。

さらに，英語教育への応用として，英語学習者の誤りが多い自動詞，他動詞，自他交替動詞の指導方法の提案も重要である。白畑（2015）は，教師による明示的な文法指導や誤り訂正は，三人称単数の -s や複数形の -s のような文法的機能の伝達が主となる項目では効果的ではないが，語彙的意味の伝達が主となる項目では効果的であると述べている。さらに，日本語と比較しながら相違を教えるべき主な文法項目として，自動詞と他動詞の区別を挙げている。近藤・白畑（2015）及び Kondo & Shirahata（2015）では，自動詞と他動詞の区別に関して大学生の英語学習者に明示的指導を行い，その効果を検証している。自動詞または自他交替動詞の誤りに関する研究は，これまでたくさん行われているが，その誤りに対する明示的な文法指導の効果を調べた研究は，数少ない。動詞の構造に関する誤りは大学生レベルでも多くみられ，また，本研究では英語習熟度上級グループの学習者でも，受動態を文法的と判断する傾向にあった。つまり，英語の習熟度が上がっても，自動詞への受動態過剰般化は，簡単には直らないといえる。主語と動詞の関係が文において最も基本的な構造であることを考えれば，動詞の体系的な説明は，英語教育において導入されるべきであり，どのような明示的文法指導が効果的であるか，そして，長期的にみたときに明示的指導が「習得」に繋がるのか，ということに関してより多くの検証が必要である。

参照文献

Baker, M. (1988). *Incorporation: A theory of grammatical function changing*. Chicago: Chicago University Press.

Balcom, P. (1997). Why is this happened? Passive morphology and unaccusativity. *Second Language Research, 13*, 1–9.
Burzio, L. (1986). *Italian syntax: A government-binding approach.* Dordrecht: Reidel.
Hirakawa, M. (1995). L2 acquisition of English unaccusative constructions. In MacLaughlin, D. & McEwen, S., (Eds.), *Proceedings of the 19th Boston University Conference on Language Development* (pp. 291–302). Sommerville, MA: Cascadilla Press,
Hirakawa, M. (2003). Knowledge of Deep versus Surface Unaccusativity in Second Language Japanese. *Second Language, 2*, 23–51.
Hirakawa, M. (2006). 'Passive' unaccusative errors in L2 English revisited. In Slabakova, R., Montrul, S. & Prevost, P. (Eds.), *Inquiries in linguistic development.* Amsterdam: John Benjamins.
Jackendoff, R. (1972). *Semantic interpretation in generative grammar.* Cambridge, MA: MIT Press.
Ju, M. K. (2000). Overpassivization errors by second language learners. *Studies in Second Language Acquisition, 22*, 85–111.
影山太郎 (1996)『動詞意味論：言語と認知の接点』東京：くろしお出版.
影山太郎 (2001)「第1章　自動詞と他動詞の交替」影山太郎 (編)『日英対照　動詞の意味と構文』(pp. 12–39).　東京：大修館書店.
Kondo, T. (2005). Overpassivization in second language acquisition. *International Review of Applied Linguistics in Language Teaching, 43*, 129–161.
Kondo, T. (2009). *Argument structure-morphosyntactic links in the second language English of adult speakers.* Unpublished doctoral dissertation, University of Essex, UK.
Kondo, T. & Shirahata, T. (2015). The effects of explicit instruction on intransitive verb structures in L2 English classrooms. *Annual Review of English Language Education in Japan, 26*, 93–108.
近藤隆子・白畑知彦 (2015)「自動詞・他動詞構造の混同軽減のための明示的指導に関する一考察：明示的指導の提示方法に焦点を当てて」『中部地区英語教育学会紀要』44, 57–64.
Levin, B. & Rappaport Hovav, M. (1995). *Unaccusativity: At the syntax-lexical semantics interface.* Cambridge, MA: MIT Press.
Matsunaga, K. (2005). Overgeneralisation in Second Language Acquisition of Transitivity Alternations. *Second Language, 4*, 75–110.
Montrul, S. (2000). Transitivity alternations in L2 acquisition. *Studies in Second Language Acquisition, 22*, 229–273.
Montrul, S. (2001). First-language-constrained variability in the second-language acquisition of argument-structure-changing morphology with causative verbs. *Second Language Research, 17*, 144–194.

Oshita, H. (1997). *"The unaccusative trap": L2 acquisition of English intransitive verbs*. Unpublished doctoral dissertation, University of Southern California, Los Angeles.

Oshita, H. (2000). What is happened may not be what appears to be happening: A corpus study of 'passive' unaccusatives in L2 English. *Second Language Research, 16*, 293–324.

Otaki, A. & Shirahata, T. (2017). The role of animacy in the acquisition of ergative verbs by Japanese learners of English. *Annual Review of English Language Education in Japan, 28*, 177–192.

Oxford University Press. (2001). *Oxford quick placement test*. Oxford: Oxford University Press.

Pae, H. K., Schanding, B., Kwon, Y. J. & Lee, Y. W. (2014). Animacy effect and language specificity: Judgment of unaccusative verbs by Korean learners of English as a foreign language. *Journal of Psycholinguistic Research, 43*, 187–207.

Perlmutter, D. (1978). Impersonal passives and the unaccusative hypothesis. *Berkeley Linguistics Society, 4*, 157–189.

白畑知彦 (2015).『英語指導における効果的な誤り訂正』東京：大修館書店.

Sorace, A. (1993). Unaccusativity and auxiliary choice in non-native grammars of Italian and French: asymmetries and predictable indeterminacy. *Journal of French Language Studies, 3*, 71–93.

Sorace, A. (2000). Gradients in auxiliary selection with intransitive verbs. *Language, 76*, 859–890.

Tenny, C. (1994). *Aspectual roles and the syntax-semantics interface*. Dorderecht: Kluwer.

Yip, V. (1995). *Interlanguage and learnability: From Chinese to English*. Amsterdam: John Benjamins.

Yusa, N. (2003). 'Passive' Unaccusatives in L2 Acquisition. *Japanese/Korean Linguistics, 11*, 246–259.

Zobl, H. (1989). Canonical typological structures and ergativity in English L2 acquisition. In S. Gass & J. Schachter (Eds.), *Linguistic perspectives on second language acquisition* (pp. 203–221). Cambridge: Cambridge University Press.

第 3 章

日本語母語話者による
短距離 wh プローブの習得

ミニマリスト・カートグラフィック・アプローチに基づく

横田秀樹　白畑知彦　須田孝司

1. はじめに

　現在，この地球上には約 7000 の言語が存在していると言われている（Lewis, 2009）が，おそらく疑問文が存在しない言語は皆無であろう。我々は他者とコミュニケーションを図ろうとする時，かなりの頻度で疑問文を使用し，相手に様々な質問を投げかける。その質問の仕方は大きく分けて 2 種類ある。1 つは相手に「はい（Yes）」か「いいえ（No）」で答えてもらう「Yes/No 疑問文」，そしてもう 1 つは「いつ」「どこで」「誰が」「何を」「どのように」行う／行ったのかについて質問する「wh 疑問文」である。本章では，後者の wh 疑問文，特に**短距離 wh 疑問文（short distance wh-questions）**の習得について，日本語を母語とする英語学習者（Japanese-speaking Learners of English：JLEs）を対象に実証的に考察を加えることにしたい[1]。

　我々が普段当たり前のように使用している wh 疑問文であるが，実はそこ

1　短距離 wh 疑問文とは，節（clause）が 1 つしかない文における wh 疑問文のことをいう（例：John ate sushi. ⇒ What did John eat?）。一方，**長距離 wh 疑問文（long distance wh-questions）**とは，従属節の中の要素が wh 語になった wh 疑問文のことをいう（例：John told Mary [that Ken ate pasta]. ⇒ What did John tell Mary [that Ken ate]?）。本章では特別に言及しない限り，「wh 疑問文」とは「短距離 wh 疑問文」を指すこととする。

にはいくつもの統語的操作が関与している。例えば，英語で相手に「何を買ったのか」聞きたい時，我々は What did you buy? という目的語 wh 疑問文を作る必要があるが，この wh 疑問文を適切に産出するためには (1) で示す操作が必要となる。

(1) a.　You bought (　　).⇒ You bought what.
　　b.　What$_i$ you bought t_i
　　c.　What$_i$ did$_j$ you t_j + buy t_i ?

　まず，(1a) の You bought (　　). の (　　) の部分が what に変わり，You bought what. となる。次に，(1b) のように what が動詞 bought の後ろの位置（つまり，bought の目的語の位置）から文頭へと移動する[2]。その後，(1c) のように過去時制を bought として表わすのではなく，did + buy として表わし，その did は主語 you の前に移動する。

　しかし，この (1c) のような操作は，Who ate my sandwiches? といった wh 語を主語とする疑問文（主語 wh 疑問文）や，John asked what Mary ate. のような動詞の補部（目的語）として wh 疑問文が使われている疑問文（間接疑問文）には適用されない。つまり，同じ wh 疑問文であっても，助動詞 do が挿入されない場合もある。

　このように，要素が様々に移動したり挿入されたりして作られる wh 疑問文であるが，英語を母語 (L1) とする幼児の多くは，生後数年間でこれらの複雑な操作を習得してしまうと言われている (Stromswold, 1990)。それでは，JLEs も，英語母語話者の幼児同様，wh 疑問文を容易に習得できるのであろうか。本研究では，大学生 JLEs を対象とし，(2) に示す英語の 3 つの wh 疑問文の習得について調査を行う。

---

[2]　本章で使用する t とは，移動した要素が元位置に残した痕跡 (trace) のことである。また，i および j は，移動した要素と t が同一人物／物であることを示すのに使用する。

(2) a.　目的語 wh 疑問文（例：What did you eat?）
　　b.　主語 wh 疑問文（例：Who ate my sandwiches?）
　　c.　間接疑問文（例：John asked what Mary ate.）

2.　研究の目的と意義

　本章では，Chomsky（1995, 2004, 2005, 2007, 2008 など）の提唱するミニマリスト・アプローチ（**Minimalist Approach**）[3] と，その枠組みに沿った形で発展してきたカートグラフィック・アプローチ（**Cartographic Approach**）[4]（Rizzi, 1997, 2001, 2004, 2006 など）の 2 つの理論的枠組みを用い，wh 疑問文における wh 移動のプローブ（**probe**：探査子）システムの習得に関する実験結果を報告する。

　本章の結論として，JLEs は，wh 語を文頭や間接疑問文の従属節頭に置いた文を容易に産出できるようになる。しかしこれは「表面的」に似通った文を産出しているに過ぎず，実際には英語母語話者とは異なる構造を長期間使い続けていることを主張する。

3.　理論的背景

3.1　英語の wh 疑問文

　まず，目的語 wh 疑問文が産出される過程を解説する。(3a) の wh 疑問文には (3b) に示すような 3 つの移動操作（①から③）が関与している。

---

[3] ミニマリスト・アプローチとは，Chomsky（1993）以降の生成文法の研究方針のひとつであり，人間言語の計算体系に関して，「経済性と最適性」の観点から余剰なものをなくし，また可能な限り最小にするというアプローチである（中野・服部・小野・西原, 2015）。

[4] カートグラフィック・アプローチとは，構造と意味を一対一の関係でとらえるために統語構造の機能範疇を階層化し，普遍的語順はその階層性を反映したものとしてとらえる試みである（原口・中村・金子, 2016）。特に本章では，機能範疇 CP に見られる階層構造が談話上の情報構造が写像されたものとしてとらえる。

(3) a. What did John buy?
   b.

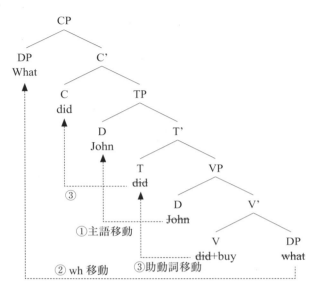

一つ目は，①「**主語移動（subject movement）**」であり，主語の John は**動詞句（Verb Phrase: VP）**内の**指定部（specifier）**の位置から，**時制辞句（Tense Phrase: TP）**の指定部の位置に移動する。二つ目は，②「**wh 移動（wh movement）**」であり，動詞句の補部（目的語位置）に産出された what は，文頭の**補文標識句（Complementizer Phrase: CP）**の指定部に移動する。三つ目は，③「**助動詞移動（aux movement）**」であり，V にあった過去時制 did が時制辞句の主要部 T の位置に移動し助動詞となり，さらに，その助動詞は T から CP の主要部 C へ移動する[5]。

このような移動操作には，プローブとゴール（**goal：目標子**）が関係していると言われている（Chomsky, 2000, 2001）。プローブとなる要素（例：T や C）は，自分に必要な**素性（feature）**を持つゴールを探し出し，自らの持つ

---

[5] 生成文法理論では，どの句（phrase, P）も，指定部，主要部，補部で構成される構造を有していると仮定する。つまり，DP（限定詞句），AP（形容詞句），NP（名詞句），VP（動詞句），TP（時制辞句），CP（補文標識句）それぞれが，指定部，主要部，補部で構成されている。

素性の要求に応じて，それぞれの指定部に，ゴールである要素を移動させる役割を果たす。例えば，(3b) の場合，主要部 T は **EPP (extended projection principle; 拡大投射原理) 素性**，つまり，人称，数の特性（φ**素性**，**ファイ素性**）を持つ主語を要求する素性，を持っている。その EPP 素性は (4a) のように，プローブである T より下位にある語の中から φ 素性を持つゴールとなるべき要素（(3b) の場合は John）を探査することになる。そして，プローブ T の EPP 素性が持つ「指定部に同じ φ 素性を持つゴールが必要である」という要求を満たすために，John は (4b) のように T の指定部に移動する。

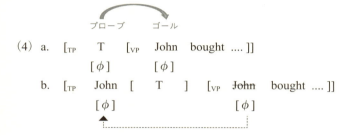

(4) a.　[TP　T　[VP　John　bought ....]]
　　　　　[φ]　　　　[φ]
　　b.　[TP　John　[　T　]　[VP　~~John~~　bought ....]]
　　　　　　　　[φ]　　　　　　　　　　[φ]

(3b) に示す主語移動①が (4b) で示す主要部 T（プローブ）によって引き起こされた移動だと仮定すると，②の wh 移動にもプローブとゴールが関係していると考えられる。例えば，C は疑問文生成に関係する **Q 素性 (Q feature)** [6] を持つプローブであると考えると，C は (5a) で示すように，その下位に位置する補部内から Q 素性を持つゴールを探し求めることになる（この場合は what がゴールとなる）。そして，C（プローブ）の持つ Q 素性は，その指定部に同じく Q 素性を持つゴールを必要とするため，ゴールである what は (5b) のように C の指定部に移動することになる。

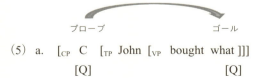

(5) a.　[CP　C　[TP　John　[VP　bought　what]]]
　　　　　　[Q]　　　　　　　　　　　　[Q]

6　Q 素性とは，その素性を含む節が疑問 (question/Q) 文であるということを示す素性である。

b. [$_{CP}$ What$_i$ [C [$_{TP}$ John [$_{VP}$ bought t_i]]]]
　　　　　　[Q]　　　[Q]

　生成文法理論の伝統的な枠組みでは，wh 語（ここでは what）は，(5b) のように Q 素性の要求に応じて C の指定部に移動すると考えていた。しかし，Rizzi（1997, 2001, 2004, 2006）のカートグラフィック・アプローチでは，**機能範疇**（**functional category**）である C を構成する要素は単一ではなく，(6) で示すようにいくつかの**投射**（**projection**）に分かれるとする**分離 CP 仮説**（**split CP hypothesis**）を提案している[7,8]。

(6)　[ForceP [TopP [FocusP　[TP [VP [V　]]]]]]
　　　　　　　CP

　本章でも，機能範疇 C をその機能的役割別に，**Force**（文のタイプや発語力を担う要素），**Topic**（主題を担う要素），そして **Focus**（焦点を担う要素）に分けて考えるアプローチを採用する。この分離 CP 仮説では，英語の wh 疑問文の生成には Force と Focus の 2 つの主要部がプローブとして関係していると考える[9]。すなわち，Focus は，「焦点化される要素をその指定部に要求する」という特徴を持つ。そして，wh 疑問文では，ゴールである wh 語は新情報を求める（つまり，話し手の知らない情報を聞こうとしている）という特性を持つため，wh 語が焦点化される。そして，Focus に wh 語を要求する wh プローブがあると考えると，目的語 wh 疑問文 (7a) What did John eat?

7　Rizzi は，CP 内の要素として，さらに Finiteness の存在も指摘しているが，Radford（2009）などが，英語のような言語における Finiteness の位置づけについて疑問視していることから，本章ではその主張に準じる形で Finiteness は扱わないことにする。

8　機能範疇とは，名詞 (N)，動詞 (V)，形容詞 (A)，前置詞 (P) のような語彙範疇以外の，C, T, v, D などの非語彙範疇を指す（原口・中村・金子, 2016）。また投射とは，主要語 (head word) を含む構成素のことである。

9　Rizzi (1997)，Radford (2009)，Haegeman (2010) は，助動詞移動を伴う wh 移動を引き起こすプローブは Focus であり，助動詞移動を伴わない wh 移動の場合は Force がプローブであると論じている。

の派生は (7b) のように説明できる。

(7) a.　What did John eat?

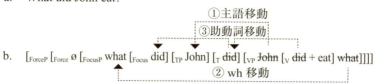
b.　[ForceP [Force ø [FocusP what [Focus did] [TP John] [T did] [VP John [V did + eat] what]]]]

　目的語 wh 疑問文 (7a) では，主語の John は T の EPP 素性により，T の指定部に移動する（①主語移動）。目的語である what は，Focus の wh プローブの要求に基づき，Focus の指定部に**牽引**（**Attract**）され移動する（② wh 移動）[10]。さらに，Focus の wh プローブは，**強い主要部**（**strong head**）として機能するため [11]，③のように V にある時制接辞（did）を V から T，T から C へと牽引し移動させ，その結果 Focus の主要部に did が挿入される（③助動詞移動）。

　次に Force であるが，その役割は，これから始まる節の先頭に置かれ，その文が平叙文か，疑問文か，命令文か，または感嘆文かといった文の種類を指定する「発語内力」を示す [12]。例えば，that や what などは，(8) に示すように，それぞれ後に続く節が平叙文（that の場合）か，疑問文（who の場合）かを決めている。

(8) a.　John said *that* Mary went to Disneyland with Koji.

10　素性照合は移動によって行われると仮定し，移動操作を誘発する素性が移動先に含まれると考えると，移動先の素性が，移動される素性を含む要素を「牽引」することになる（Chomsky, 1995 他）。
11　強い主要部とは，強素性を含む主要部で，顕在的移動（この場合，③の助動詞移動）の駆動要因となる。一方，弱い主要部とは，弱素性を含む主要部で，顕在的移動を引き起こさない（Chomsky, 1993 他）。
12　より詳しい統語構造の解説は，ラドフォード（2006）などを参照いただきたい。また発語内力（illocutionary force）という用語は，Rizzi（1997, 2001, 2004, 2006）に基づき使用する。したがって，ここでは，発語内の力は語用の問題であるとする Huddleston（1994）の議論は扱わないこととする。

b. John asked *who* Mary went to Disneyland with.

(8a) の that は Mary から始まる従属節の先頭に置かれ，その節が平叙文であることを示している。一方で (8a) の that と同じ位置に置かれている (8b) の who は，with の目的語位置から節頭に移動している。このことから，発語内力を示す Force も，その指定部に wh 語を求める wh プローブになり得るのである。しかし，(8b) の間接疑問文の場合，節頭には who が置かれているが，(7) の目的語 wh 疑問文とは異なり，この場合 wh 語に付随する助動詞移動はない。Branigan (2005) によると，Force は**弱い主要部（weak head）**を持つとされており，そのためゴールである wh 語は (9b) のように Force の指定部に移動するが，その移動に付随する T 移動，つまり do 挿入を引き起こす力はない。

(9) a. John asked who Mary went to Disneyland with.
 b. John asked [ForceP who [Force ø] Mary [T ø] [VP [V went to Disneyland with ~~who~~]]]

また，Force が T 移動を伴わない疑問文の wh プローブであると考えれば，(10) のような主語 wh 疑問文にも同様の分析が可能となる。

(10) a. Who went there?
 b. [ForceP Who [Force ø] [TP ~~who~~ [T ø] [VP ~~who~~ [V went] there]]]

(10a) の主語 wh 疑問文では，文頭に wh 語が移動しているが，(7a) のように T 移動（do 挿入）は起こらない。したがって，この文の wh プローブは Focus ではなく，弱い主要部を持つ Force であると考えられる。具体的には，(10b) のように，まず T がプローブとして働き，T の EPP 素性を満足させるため who が T の指定部に移動する。次に，Force が wh プローブとして働き，T の指定部にある who を Force の指定部に移動させるのである。

このように，英語の場合，Force は主語 wh 疑問文 (11a) と間接疑問文 (11b) に使われる wh プローブであり，一方 Focus は，それ以外の wh 疑問

文 (11c) に使われる wh プローブであると見なすことができる。すなわち、英語の wh 疑問文は、wh 移動の際に 2 種類の異なるプローブ・システム、Force と Focus を使用していることになる。

(11) a. Who went there?（主語 wh 疑問文：Force 移動）
    b. John asked who Mary went to Disneyland with.
                                             （間接疑問文：Force 移動）
    c. What did John buy? （その他（目的語 wh 疑問文など）：Focus 移動）

3.2 日本語の wh 疑問文

第二言語 (L2) 習得研究では、学習者の母語からの転移がよく議論される (cf. Ellis, 2008; 白畑・若林・村野井, 2010; White, 2003)。本研究においても、JLEs における**母語転移 (L1 transfer)** を考察するため、日本語の wh 疑問文構造について整理しておきたい。日本語では、(12) で示すように、主語（「太郎（が）」）が VP の指定部から T の指定部に移動する主語移動はある。しかし、英語などとは異なり、wh 語は文頭に移動する必要がない。つまり、wh 語の「何（を）」は、元位置にとどまったまま前方に移動する必要はない。

(12) a.　太郎が何を買ったの？

    b. [CP [TP 太郎が [VP 太郎が [V 何を　買った]] [T ∅]] [C の]]

このように、日本語の wh 語は義務的に文頭や節頭へ移動する必要はないのであるが、比較的自由な語順を持つ日本語では、(13) のような**かきまぜ (scrambling)** と呼ばれる操作によって、wh 語が文頭へ移動することも可能である[13]。(13) では、主語「太郎（が）」の代わりに、wh 語である「何（を）」

13　日本語の基本語順は、「太郎が花子を叩いた」からも分かるように、SOV である。しかし、「花子を太郎が叩いた (OSV)」と表現しても、当該文の基本的な意味は変わらない。これは、格助詞（「が」、「を」など）によって文法関係や意味役割が判明するからである。そして、かきまぜ操作が適用された後者のような文のことを「かきまぜ文 (scrambled

がTの指定部に移動していると考える。

(13)　[CP [TP 何を [VP 太郎が [V 何を　買った]][T ∅]][C の]]

　このような日本語の wh 疑問文構造について，Miyagawa (2005, 2006) は，日本語の機能範疇 T は，主語だけでなく，wh 語もかきまぜにより T の指定部に牽引すると主張している。T が主語を指定部に牽引する場合，wh 語は (12) のように元位置に残るが，T が wh 語を指定部に牽引する場合は，主語は (13) のように VP 内の元位置にとどまり，wh 語が T の指定部に移動することになる[14]。

　もしこの仮説が正しければ，日本語の wh 移動では機能範疇 T が wh プローブとして機能しており，英語とは異なり，日本語では wh 疑問文において Focus や Force を用いてはいないことになる[15]。したがって，JLEs が英語の wh 疑問文を適切に産出するためには，インプットを利用し，wh 移動を引き起こす wh プローブとして，日本語では活性化されていない Focus や Force を使用できるようになる必要がある。

　以上，理論的背景として英語と日本語のプローブ・システムを見てきたが，以下では，L1，L2 それぞれの wh 疑問文の習得に関する先行研究を概観する。

4.　先行研究

4.1　L1 としての英語 wh 疑問文の習得

　Stromswold (1990) は，1 歳 2 ヵ月から 7 歳 10 ヵ月齢の英語母語話者の子ども 14 人の自然発話を調査し，彼らがどのような wh 疑問文を産出するの

---

sentence)」と呼ぶ。

[14]　他にも，日本語では，T が wh 移動のプローブになるという証拠の一つとして，wh 構成素が文頭に移動された場合，その位置は項構造内であるという主張からも支持される (Saito, 1992 他)。

[15]　ここでは紙幅の都合上，詳細には触れないが，Force は，日本語の長距離 wh 移動のプローブとしては使われている可能性がなくはない。

か検証を行った。その結果，be 動詞の移動をともなう (14a) のような疑問文において，子ども達は be 動詞が移動していない (14b) のような文をほとんど産出することはなく，関連する全発話の 93.0％で正しく be 動詞を移動させた文を産出していたと報告している (2 歳代の子どもでさえ，90％以上の割合で正しく産出していた)。さらに，(14c) で示す間接疑問文においても，(14d) のように be 動詞を移動させてしまう誤りは 10％程度しか見られず，子ども達は L1 習得の初期段階から適切に wh 語や be 動詞を移動させた文を産出できるようになっていると報告している。

(14) a.　What is Kermit?
　　 b.　*What Kermit is?
　　 c.　He wonders what Kermit is.
　　 d.　*He wonders what is Kermit.

さらに，Stromswold (1990) は 3 歳から 6 歳まで (平均年齢は 4.6 歳) の 22 人の英語を母語とする子どもを対象に，(14a) から (14d) に示す英文を使い，文法性判断タスク (Grammaticality Judgment Task/GJT) を行った。その結果，彼らは (14a) のような英文を適切だと判断できただけでなく，(14c) のように be 動詞の移動が必要ない間接疑問文の文法性も適切に判断できたと報告している。つまり，この子ども達は，be 動詞の移動の必要性について的確に理解していたのである。

また，Guasti (2000, 2002) は，1 歳 6 ヵ月から 5 歳 1 ヵ月までの 4 人の子どもから自然発話のデータを収集し，その発話に見られる wh 疑問文と Yes/No 疑問文を分析した。その結果，これらの子ども達は，平均して 93.0％から 98.7％の割合で文法的に正しく be 動詞を移動させた文を産出していたと報告している。これは Stromswold (1990) と同様の結果である。

以上の L1 習得の結果を，第 3 節で説明した言語理論を基に考察すると，英語を母語とする子ども達は，3 歳ぐらいまでの比較的早い時期から 2 つのプローブ・システム (Focus と Force) を適切に使用できるようになっているとみなすことができよう。

4.2 L2 としての英語 wh 疑問文の習得

　Miyamoto & Okada (2004) は，カートグラフィック・アプローチを用い，JLEs を対象とした wh 疑問文の習得研究を行っている。彼らは，日本語を母語とする 61 人の大学生（中級レベル）に，(15a) に示すような照応形（each other）が含まれる wh 疑問文の文法性について判断させた。

(15) a.　*Which girls did each other's brothers like?
　　 b.　They know each other.
　　 c.　John and Mary love each other.

英語の each other は，(15b) や (15c) で示すように，統語構造上でそれより上位（つまり，基本的に左側）に先行詞となる語句が求められるため，関連する語句のない (15a) は非文法的な文となる。一方，日本語では (13) で示したように「かきまぜ」が許されるため，(15a) に対応する (16a) は文法的な文となる。

(16) a.　どちらの少女をお互いの兄は好きなの。
　　 b.　[_CP [_TP どちらの少女を _i [_VP お互いの兄は _t_i 好きな] [_T ø]] [_C の]]

日本語では，(16b) のように文頭に目的語「どちらの少女（を）」が置かれているが，この目的語はかきまぜ操作により TP の指定部に移動している。もし JLEs が (15a) を文法的だと判断するならば，彼らは，(17) のように，まず①のかきまぜ操作により which girls を TP の指定部に移動する。さらに助動詞の did が置かれていることから，②の wh 移動により Focus の指定部に which girls を移動させると考えることができる。

(17)　[_FocusP *Which girls* [_Focus did [_TP *which girls* [_VP each other's brothers like *which girls*]]]
　　　　　　　　　▲　　　　　　　　　▲
　　　　　　　　② wh 移動　　　　　　① かきまぜ

　実験の結果，61 人中 41 人（67.2%）が，(15a) のような非文法的 wh 疑問

文を文法的であると誤判断したことが明らかとなった[16]。これより Miyamoto & Okada は，大学生の JLEs は，(17) に示すように，wh 句を TP 指定部に移動させるかきまぜ操作と，FocusP への wh 移動の「2 段階のプロセス」を利用し，こういった非文法的な文を適切だと判断しているのだと主張している。つまり，初級レベルの JLEs は，Focus と T の両方を wh プローブとして利用している。助動詞 do/does/did が現れる場合は Focus を，助動詞 do/does/did が現れない場合は，本来の Force ではなく，日本語で使用する T を使っている可能性がある。

　以上の L1 と L2 習得の先行研究の結果をまとめると，英語を L1 として習得する子どもは，習得の早い段階から英語の 2 つの wh プローブ（Focus と Force）を使用できるようになるが，JLEs の場合は Force の使用は困難であり，Focus と T を wh プローブとして利用している可能性が考えられる。

5. 本研究の予測

　ここまでに考察した英語と日本語の wh 疑問文の構造の違いを考慮すると，JLEs が wh 疑問文を習得するには，wh 要素を牽引し移動を引き起こすプローブとして，日本語では活性化されていない Focus と Force という 2 種類のプローブが利用できるようになる必要がある。本研究では，これまでの英語を対象言語とした L1 習得研究と JLEs の L2 習得研究を基に，以下のような 2 つの予測を立てる。

予測 I：もし L2 が L1 習得と類似した過程をたどって習得されるのであれば，JLEs も英語母語話者の子どもと同様に，習得の初期段階から 2 種類の wh プローブ・システム（Focus と Force）を使用できるはずである。

もし予測 I が正しければ，JLEs は習得の初期段階から，主語 wh 疑問文と

16　Miyamoto & Okada (2004) による。ここでの wh 照応形に関する議論は，直接本章には関係しないため詳細には触れない。

間接疑問文では (18a) や (18b) のように Force プローブを活用し，それ以外の wh 疑問文（例：目的語 wh 疑問文）では，(18c) のように Focus プローブを活用し文法的に適切な文を産出し，かつ文の文法性も正しく判断することができると考えられる。

(18 (=11)) a. Who went there?
　　　　　（主語 wh 疑問文：Force プローブを利用）[17]
　　　　　[ForceP Who [Force ø] [TP who [T ø] [VP who went there]]]

　　　b. John asked who Mary went to Disneyland with.
　　　　　（間接疑問文：Force プローブを利用）
　　　　　[ForceP who [Force ø] [TP Mary [T ø] [VP Mary went to Disneyland with who]]]

　　　c. What did John buy?
　　　　　（その他（目的語 wh 疑問文など）：Focus プローブを利用）
　　　　　[ForceP [Force ø] [FocusP What [Focus did] [TP John [T did] [VP John buy what]]]]

一方，予測 II は次のようになる。

予測 II：もし L2 習得の初期段階で L1（日本語）からの転移が起こるとすると，特に初級レベルの JLEs は T を wh プローブとして利用するはずである。

したがって，初級 JLEs が T を wh プローブとして利用しているようであれば，(19) のような文を発話すると考えられる。

(19)　JLEs が T をプローブとして利用している場合
　　a.　Who went there?（主語 wh 疑問文）

17　主語 wh 疑問文の場合，T プローブを利用している可能性もあるが，この件に関しては後述する。

[TP Who [T ø] [VP ~~who~~ went there]]

b. John asked who Mary went to Disneyland with. (間接疑問文)
   [TP who [T ø] [VP Mary went to Disneyland with ~~who~~]]

c. *John asked that who Mary went to Disneyland with. (間接疑問文)
   [ForceP [Force that] [TP who [T ø] [VP Mary went to Disneyland with ~~who~~]]]

d. *What John bought? (その他 (目的語 wh 疑問文など))
   [TP What [T ø] [VP John bought ~~what~~]]

主語 wh 疑問文 (19a) の場合，T の指定部に who が移動しており，Force がプローブとして機能していないが，表面的には文法的な文になる。一方，(19b) の間接疑問文の場合は，かきまぜ操作により T の指定部に who が移動しており，この文も表面上は文法的に適切な文と同じになる。一方，間接疑問文の場合は，(19c) のように T の指定部に who が移動し，その上位にある Force の主要部に that が置かれる文も産出されると予測できる[18]。さらに，目的語 wh 疑問文など助動詞 (do) の挿入が必要な文では，JLEs は依然として Force が利用できていないため，(19d) のように助動詞が使われない非文法的な文を産出する可能性がある。このように，予測 II を基にすると，JLEs が T プローブを利用している場合，主語 wh 疑問文と間接疑問文を「表面上」適切に作り出すと考えられる。

　本研究では，予測 I と予測 II のどちらがより妥当性のある仮説なのかを検証するため，初級レベルの JLEs を対象として 2 種類の実験を行った。1 つ

18　WH + *that* 構造は，本来，標準的な英語では，同じ投射 XP 内の指定部と主要部の両方に語彙項目を置くことを禁止する Doubly Filled COMP Filter などの制約によって，非文法的な文とされる (Chomsky & Lasnik 1977, p. 446)。しかしながら，Belfast English のような非標準的な英語には見られるようだ (Henry, 1995)。さらに，話しことばの中でも，時々観察されることが報告されている (Radford, 1988, 2010; Seppänen & Trotta, 2000; Zwicky, 2002 など)。

目は，与えられた課題に対し英文を書く**誘出タスク（Elicited Production Task/EPT）**であり，2つ目は，英文の文法性について適切かどうか判断する**文法容認性判断タスク（Acceptability Judgment Task/AJT）**である。

6. 実験1（誘出タスク）

6.1 参加者

　実験1のEPTへの参加者は，日本語を母語として日本の大学で学ぶ大学1年生（18歳〜20歳）40人であった。彼らの英語のレベルは，Oxford Quick Placement Test/OQPT（Oxford University Press, 2001）によって，Association of Language Testers in Europe/ALTE レベル初級（28人，平均18.79，SD2.39）および低中級（12人，平均25.33，SD1.97）と評価された。しかし，この2つのグループの英語習熟度レベルに統計的有意差が認められなかったため，本研究では単一のグループとして扱うことにした。同時に，日本の小学校，高校，大学に勤務している10人の英語母語話者（34歳〜60歳）にも統制群（control group）として実験に参加してもらった。

6.2 実験手続き

　EPTは記述形式のテストであり，2回に分けて行われた。これを「実験1A」と「実験1B」と呼ぶことにする。実験1Aでは，(20)に示す主語wh疑問文，whereなどの付加詞wh疑問文，そして目的語wh疑問文を引き出すためのもので，各タイプ3文のテスト文と，9文の錯乱文で構成されていた。

(20) 　実験1Aの問題文例（wh疑問文）
　　　 タイプ1: 主語wh疑問文（3文）
　　　　a. 例：Who lives in Tokyo?
　　　 タイプ2: 付加詞wh疑問文（3文）
　　　　b. 例：Where will Tom go?
　　　 タイプ3: 目的語wh疑問文（3文）
　　　　c. 例：What does Tom like?

参加者には，(21) に示す刺激文として，英語で書かれた平叙文を示し，「その刺激文の太字で示された語句が答えとなる wh 疑問文を作りなさい」という指示を与えた．また，wh 疑問文を作る際は，カッコ内の wh 語を使うという条件も加えられた．(21) の場合，正答は主語 wh 疑問文の Who played tennis? である．

(21) ［括弧内の wh 疑問詞を用いて，次の文の太字の語を問う疑問文を作りなさい］
John played tennis.（who）

次に，実験 1B は，間接疑問文を引き出すためのものである．(22) のように主語 wh 疑問文，付加詞 wh 疑問文，そして目的語 wh 疑問文が各 3 文ずつと，9 文の錯乱文が用意された．

(22) 実験 1B の問題文例（間接疑問文）
タイプ 4: 間接主語 wh 疑問文（3 文）
　a. 例：Does he know who helped her?
タイプ 5: 間接付加詞 wh 疑問文（3 文）
　b. 例：Does he know where Mary will go?
タイプ 6: 間接目的語 wh 疑問文（3 文）
　c. 例：Does he know what his wife bought?

実験 1B では，A と B の会話が (23) で示すように刺激文として提示された．参加者は，B の文が返答となるように，A の文を Yes/No 疑問文に書き直すよう指示された．また，Yes/No 疑問文を作る際は，カッコ内の wh 語を使用して置き換えるという条件も加えられた．

(23) ［B が返答となるように，括弧内の wh 語を用いて，次の A の文中の太字の語を問う疑問文を作りなさい］
　A：Mary knows that **Tom** likes football.（who）
　B：No, she doesn't.

実験 1B の場合，間接疑問文内の構造だけでなく，主節の構造も疑問文に変える必要がある。したがって (23) に対する正答は，Does she know who likes football? となる。ここでも，適切な Yes/No 疑問文を作った参加者の人数だけではなく，誤った英文についてもその人数を分析の対象とした。

6.3 結果と考察

実験 1A と実験 1B では，40 人のうち 5 人が，ほとんどの課題文に解答しなかったり，または解答しても不完全な文（例：Where go?）であったりしたため，分析対象から除外し，残りの 35 人のデータを分析対象とした。また，本実験では，形態的な誤り（例：does を do とする誤り）があっても実験に直接関係する誤りとはせず，語順や助動詞の正誤のみを正答の判断基準とした。

6.3.1 実験 1A の結果

3 つのタイプの英文について，3 文のうち 3 文とも適切な英文を書くことのできた参加者の人数と誤りの例，およびその人数を表 1 から表 3 に示す（ここでは複数の JLEs が産出した英文のみを例示する。そのため表内の JLEs の総数が一致しない場合がある）。表 1 はタイプ 1：主語 wh 疑問文，表 2 はタイプ 2：付加詞 wh 疑問文，そして表 3 はタイプ 3：目的語 wh 疑問文の産出例と産出人数が載っている。なお，NSC とは「統制群の英語母語話者」の略記である。

表 1　タイプ 1：主節主語 wh 疑問文の産出例と産出人数

タイプ 1（産出例）	JLEs (n/35)	NSC (n/10)
(24a) *Who* lives in Tokyo?	21 (60.0%)	10 (100%)
(24b) **Who* does live in Tokyo?	14 (40.0%)	0 (0.0%)

主語 wh 疑問文の正答例の 1 つは，(24a) の Who lives in Tokyo? である。NSC は 10 人中 10 人が適切な英文を産出したが，JLEs は 21 人 (60.0%) であった。そして，14 人 (40.0%) は助動詞 DO (do/does/did) が必要ないにもかかわらず，(24b) で示すように wh 語と動詞の間に助動詞を挿入した英文

を産出した．正答である (24a) を産出することのできた JLEs は (25) のように T または Force を wh プローブとして利用している可能性がある．そして，残りの 14 人は助動詞 DO を産出していることから，(26) のように Focus を wh プローブとして利用している JLEs もいることが推測される．

(25) a. Force を利用している場合

　　　　[ForceP Who [Force ∅] [TP who [T ∅] [VP who lives in Tokyo]]]（= 24a）

　　b. T を利用している場合

　　　　[TP Who [T ∅] [VP who lives in Tokyo]]（= 24a）

(26) 　 Focus を利用している場合

　　　　[FocusP Who [Focus does] [TP who [T does] [VP who live in Tokyo]]]（= 24b）

表 2　タイプ 2：主節付加詞 wh 疑問文の産出例と産出人数

タイプ 2（産出例）	JLEs (n/35)	NSC (n/10)
(27a) *Where* will Tom go?	23 (65.7%)	10 (100%)
(27b) **Where* Tom will go?	4 (11.4%)	0 (0.0%)
(27c) **Where* will go Tom?	6 (17.1%)	0 (0.0%)

　次に，表 2 の付加詞 wh 疑問文の結果に移るが，正答例の 1 つは，(27a) の Where will Tom go? である．そして，NSC は 10 人中 10 人が，JLEs は 35 人中 23 人 (65.7%) が適切な文を産出した．また，JLEs の 4 人 (11.4%) は助動詞倒置のない文 (27b)，そして 6 人 (17.1%) は wh 語と主語の間に助動詞と動詞の両方が挿入された文 (27c) を書いた．

　すなわち，35 人中 29 人の JLEs が，(27a), (27c) のように，助動詞が元位置から前方に移動している文を産出することから，彼らは (28) で示すように，Focus を wh プローブとして利用していると考えられる．加えて，付加詞の場合でも助動詞倒置のない文を産出する JLEs もいたことから，(29) のように T または Force のどちらかを wh プローブとして利用している

JLEs もいると思われる。

(28) Focus を利用している場合
  a. [FocusP Where [Focus will] [TP Tom [T ~~will~~] [VP ~~Tom~~ go ~~where~~]]] (=27a)
  b. [FocusP Where [Focus will go] [TP Tom [T ~~will go~~] [VP ~~Tom~~ go ~~where~~]]] (=27c)

(29) a. Force を利用している場合
   [ForceP Where [Force ø] [TP Tom [T will] [VP ~~Tom~~ go ~~where~~]]] (=27b)
  b. T を利用している場合
   [TP Where [TP Tom [T will] [VP ~~Tom~~ go ~~where~~]]] (=27b)

表3　タイプ3：主節目的語 wh 疑問文の産出例と産出人数

タイプ3（産出例）	JLEs (n/35)	NSC (n/10)
(30a) *What* does Tom like?	24 (68.6%)	10 (100%)
(30b) **What* does like Tom?	3 (8.6%)	0 (0.0%)
(30c) **What* Tom likes?	4 (11.4%)	0 (0.0%)
(30d) **What* likes Tom?	4 (11.4%)	0 (0.0%)

　さらに表3の目的語 wh 疑問文の結果を考察したい。正答例の1つは，(30a) の What does Tom like? である。NSC は10人中10人が，JLEs は24人 (68.6%) が適切な文を産出した。また，JLEs のうち3人 (8.6%) が wh 語と主語の間に助動詞と動詞が挿入された文 (30b) を，4人 (11.4%) が助動詞のない文 (30c) を，そして4人 (11.4%) が wh 語と主語の間に動詞が挿入された文 (30d) を産出した。これらのデータから分かるように，JLEs は，(30a) や (30b) のように助動詞が元位置から前方へ移動している文を産出しているため，(31) で示すように Focus を wh プローブとして利用していると考えられる。また (30c) や (30d) のように助動詞倒置のない文も産出すること

から，(32) や (33) のように Force または T を利用している可能性も考えられる。

(31) Focus を利用している場合
    a. [$_{FocusP}$ What [$_{Focus}$ does] [$_{TP}$ Tom [$_T$ does] [$_{VP}$ ~~Tom~~ like ~~what~~]]]   (=30a)

    b. [$_{FocusP}$ What [$_{Focus}$ does like] [$_{TP}$ Tom [$_T$ ~~does like~~] [$_{VP}$ ~~Tom like what~~]]]   (=30b)

(32) Force を利用している場合
    a. [$_{ForceP}$ What [$_{Force}$ ø] [$_{TP}$ Tom [$_T$ ø] [$_{VP}$ ~~Tom~~ likes ~~what~~]]]   (=30c)

    b. [$_{ForceP}$ What [$_{Force}$ ø] [$_{TP}$ [$_T$ likes] [$_{VP}$ Tom ~~likes what~~]]]   (=30d)

(33) T を利用している場合
    a. [$_{TP}$ What [$_T$ ø] [$_{VP}$ Tom likes ~~what~~]]   (=30c)

    b. [$_{TP}$ What [$_T$ likes] [$_{VP}$ Tom ~~likes what~~]]   (=30d)

以上，本実験の多くの参加者が，助動詞の移動を伴う英文 (24b, 27a, 27c, 30a, 30b) を産出したことから，JLEs は wh 疑問文を作り出す際に，少なくとも Focus を wh プローブとして利用していると考えられる。また，助動詞移動を伴わない構造 (24a, 27b, 30c, 30d) も同時に産出してはいるが，(25)(29)(32)(33) で示したように，JLEs が T を wh プローブとして利用しているのか，それとも Force を利用しているのか，これだけの証拠では判断できない。そこで，実験 1B の間接疑問文の産出データを基に，Force 利用の可能性を検討してみる。もし wh プローブとして Force が利用されているのであれば，that を Force の主要部に置き，wh 語をその指定部に置く (34) のような「wh 語 + that」の英文が産出されるはずである。

(34)　*Does he know who that Mary went to Disneyland with?
　　　　…[ForceP who [Force that] [TP Mary [T ø] [VP Mary went to Disneyland
　　　　with who]]]

6.3.2　実験 1B の結果

　JLEs による間接疑問文の産出例のうち 3 文のうち 3 文とも適切な文を産出した参加者の人数，そして誤り例とその人数を表 4 から表 6 に示す（ここでも複数の JLEs が産出した誤りの文のみを示す）。すなわち，表 4 にはタイプ 4：間接主語 wh 疑問文，表 5 にはタイプ 5：間接付加詞 wh 疑問文，そして表 6 にはタイプ 6：間接目的語 wh 疑問文の産出例と産出人数を載せた。

表 4　タイプ 4：間接主語 wh 疑問文の産出例と産出人数

タイプ 4（産出例）	JLEs (n/35)	NSC (n/10)
(35a)　Does he know (/*that) _who_ helped her?	30 (85.7%)	10 (100%)
(35b) *Does he know (/that) _who_ did help her?	5 (14.3%)	0 (0.0%)

表 5　タイプ 5：間接付加詞 wh 疑問文の産出例と産出人数

タイプ 5（産出例）	JLEs (n/35)	NSC (n/10)
(36a)　Does he know (/*that) _where_ Mary will go?	24 (68.6%)	10 (100%)
(36b) *Does he know (/that) _where_ will Mary go?	7 (20.0%)	0 (0.0%)
(36c) *Does he know (/that) _where_ will go Mary?	2 (5.7%)	0 (0.0%)

表 6　タイプ 6：間接目的語 wh 疑問文の産出例と産出人数

タイプ 6（産出例）	JLEs (n/35)	NSC (n/10)
(37a)　Did she say (*that) _what_ his wife bought?	22 (62.9%)	10 (100%)
(37b) *Did she say (that) _what_ bought his wife?	2 (5.7%)	0 (0.0%)
(37c) *Did she say (that) _what_ did his wife buy?	11 (31.4%)	0 (0.0%)

　表 4 から表 6 の間接疑問文の誘出タスクの結果，JLEs は (35a)(36a)(37a) のように that を wh 語の前に置く非文法的な文を産出することが明らかになった。したがって，彼らは (38a) のように T を wh プローブとして利用し

ていると考えられる。さらに，(35b)(36b)(36c)(37c)ではthatを使う以外に，助動詞の移動も見られることから，(38b)で示すようにFocusをwhプローブとして利用しているとも推測される。

(38) a.　Tを利用している場合

　　　…[ForceP [Force that] [TP who [T ø] [VP ~~who~~ helped her]]]　　　(=35a)

　　b.　Focusを利用している場合

　　　…[ForceP [Force that] [FocusP who [Focus did] [TP ~~who~~ [T ~~did~~] [VP ~~who~~ help her]]]]

　　　　　　　　　　　　　　　　　　　　　　　　　　　　　　　　　(=35b)

しかしながら，JLEsは(38)のようにthatが使われている文と共に，Does he know who helped her?のようなthatを省略した「that-less構造」も産出している。また，同一のJLEsであっても，thatを伴う文と，that-less構造の両者を産出する学習者もいた。そのようなthat-less構造の場合，wh移動のために(39a)のようにTプローブを利用しているのか，(39b)のようにForceプローブを利用しているのか判別しにくい。

(39) a.　… [ForceP [Force ø] [TP who [T ø] [VP ~~who~~ helped her]]]

　　b.　… [ForceP who [Force ø] [TP ~~who~~ [T ø] [VP ~~who~~ helped her]]]

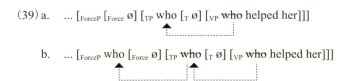

そのため，「wh語 + that」の産出に絞り，参加者別にデータを分析してみると，35人中19人 (54.3%) のJLEsが(40)のような「that + wh語」の語順の英文を産出していることが判明した。一方で，(34)のような「wh語 + that」の語順の英文は35人中一人も産出していないことが分かった。つまり，JLEsにとって，Forceの主要部は，thatが置かれるが，wh語をその指定部に移動させるwhプローブではない。つまり，彼らはForceをwhプローブとして利用していないと言える。

(40)　* Did he know that who Mary went to Disneyland with?
　　　　... [ForceP [Force *that*][TP who [T ø][VP Mary went to Disneyland with ~~who~~]]]

　実験1の結果をまとめると，本実験に参加した JLEs は，Force を wh プローブとしては利用せず，Focus または T のどちらかを wh プローブとして使用していると考えられる。
　次の分析として，以下では実験参加者別にデータを分析した結果を載せる。まず表7に，JLEs が身につけていると思われる構造とその人数を示す。なお，ここでは，wh プローブを特定するための十分な証拠が揃っている学習者のみを分析対象としているため，参加者数は31人になっている。

表7　JLEs によって利用された wh プローブのタイプ

wh プローブのタイプ	人数
① T を全6タイプ (41) に利用	8
② Focus を全6タイプ (42) に利用	3
③ T を全6タイプ (41) に，Focus を全6タイプ (42) に利用	1
④ T を全6タイプ (41) に，Focus を全ての間接 wh 疑問文 (42d, e, f) に利用	1
⑤ T を全6タイプ (41) に，Focus を全ての主節 wh 疑問文 (42a, b, c) に利用	1
⑥ T を全6タイプ (41) に，Focus を主節付加詞・目的語 wh 疑問文 (42b, c) に利用	1
⑦ Focus を全ての主節 wh 疑問文 (42a, b, c) に，T を間接疑問文に利用	7
⑧ Focus を全ての付加詞・目的語 wh 疑問文 (42b, c, e, f) に，T をそれ以外の wh 疑問文に利用	1
⑨ Focus を主節付加詞・目的語 wh 疑問文 (42b, c) に，T をそれ以外の wh 疑問文に利用	4
⑩ Focus を主節目的語 wh 疑問文 (42c) に，T をそれ以外の wh 疑問文に利用	1
⑪ T を間接主語 wh 疑問文 (41 d) に，Focus をそれ以外の wh 疑問文に利用	1
⑫ T を間接付加詞 wh 疑問文 (41 e) に，Focus をそれ以外の疑問文に利用	2

(41) T を利用している場合
    a.   Who went there?（主節主語 wh 疑問文）
    b. *Where Tom went?（主節付加詞 wh 疑問文）
    c. *What Tom likes?（主節目的語 wh 疑問文）
    d. Does he know（*that）who helped her?（間接主語 wh 疑問文）
    e. Does he know（*that）where Mary will go?（間接付加詞 wh 疑問文）
    f. Does he know（*that）what his wife bought?（間接目的語 wh 疑問文）

(42) Focus を利用している場合
    a. *Who did go there?（主節主語 wh 疑問文）
    b. Where did Tom go?（主節付加詞 wh 疑問文）
    c. What does Tom like?（主節目的語 wh 疑問文）
    d. *Does he know（that）who did help her?（間接主語 wh 疑問文）
    e. *Does he know（that）where will Mary go?（間接付加詞 wh 疑問文）
    f. *Does he know（that）what did his wife buy?（間接目的語 wh 疑問文）

表7において注目すべきことは，②の3人を除く28人のJLEs（90.3％）が，全6タイプの少なくともどれか1つ，またはすべてのタイプの wh 疑問文において，T を wh プローブとして利用していたことである。日本語では，かきまぜ操作により，T が wh プローブとして使われるが，英語では T が wh プローブとして使われることはない。したがって，初級レベルの JLEs は，日本語からの転移により T をプローブとして使用していると考えられる。

7. 実験2（文法容認性判断タスク）

実験1では，wh 疑問文の産出実験を行い，初級レベルの JLEs は目的語 wh 疑問文や付加詞 wh 疑問文生成の際のみならず，主語 wh 疑問文生成の際にも T と Focus を wh プローブとして利用し wh 疑問文を産出していることが明らかになった。実験2では，JLEs の wh 疑問文に対する理解度（comprehension）の面から，実験1と同様の結果を支持できるかどうかを調査する。その際，文法容認性判断タスク（AJT）を利用し，JLEs による間接

wh疑問文の文法性の理解度を調査する。上述した予測IIから，JLEsがTをwhプローブとして利用しているのであれば，(43a)で示す「that + wh語」の語順の文は容認する。一方，Forceをwhプローブとして利用しているのであれば，(43b)で示す「wh語 + that」の語順の文は容認しないということが予測される。

(43) a.　*Did John say that *where* Mary will go?（Tを利用）

　　　　… [ForceP ø [Force that] [TP *where* [TP Mary [T will] [VP ~~Mary go where~~]]]]

　　b.　*Did John say *where* that Mary will go?（Forceを利用）

　　　　… [ForceP *where* [Force that] [TP Mary [T will] [VP ~~Mary go where~~]]]]

7.1　実験2への参加者

　実験2への参加者は，実験1の参加者とは別の大学1年生（18歳〜20歳）36人である。英語のレベルはOQPTを用い，ALTEレベルで分類すれば，初級18人（平均18.61，SD 3.36）と低中級18人（平均29.65，SD 1.97）と評価された。しかし，両群のスコアに有意差はなかったため，本研究では同一のグループ（36人）として扱うこととした。また，日本在住の12人の英語母語話者（NSC）（24歳〜60歳）にも統制群として参加してもらった。

7.2　実験手続き

　(44)にある6タイプ（各3文）の英文と，18の錯乱文を使ってAJTを行った。なお，実験参加者が理解しにくいと思われる英単語には，あらかじめ日本語訳を与えておいた。

(44) a.　**タイプ1 [that + 目的語 WH + DO なし]**
　　　　（Tプローブを使用している場合）
　　　　例：*She asked me that what John said.
　　　　…[ForceP ø [Force that] [TP what [TP John [T ø] [VP ~~John said what~~]]]]

b. タイプ2 [that + 目的語 WH + DO あり]
   （Focus プローブを使用している場合）

   例：*I don't know that who did he invite.

   …[ForceP ø [Force that] [FocusP who [Focus did] [TP he [T did] [VP he invite who]]]]]

c. タイプ3 [that-less 目的語 WH + DO なし]
   （T または Force プローブを使用している場合）

   例：*Can you tell me what Mary said?

   …[ForceP ø [Force ø] [TP what [TP Mary [T ø] [VP Mary said what]]]] (T プローブ)

   …[ForceP what [Force ø] [TP Mary [T ø] [VP Mary said what]]]] (Force プローブ)

d. タイプ4 [主語 WH + that]
   （Force プローブを使用している場合）

   例：*I wonder who that did steal the jewels.

   …[ForceP who [Force that] [TP who [T did] [VP who steal the jewels]]]

e. タイプ5 [目的語 WH + that]
   （Force プローブを使用している場合）

   例：*I wonder which students that they arrested.

   …[ForceP which students [Force that] [TP they [T ø] [VP they arrested which students]]]]

f. タイプ6 [付加詞 WH + that]（Force プローブを使用している場合）

   例：*I don't know where that John went.

   …[ForceP where [Force that] [TP John [T ø] [VP John went where]]]

実験2では，参加者に (45) のように5ポイント・スケール，および「分か

らない(= not sure)」で,判断してもらった[19]。AJT は筆記で行われ,参加者にはおよそ 20 分の時間が与えられた。

(45) とても悪い　　悪い　　判断できない　　良い　　とても良い

7.3　結果と考察

表 8 から表 13 に,実験 2 の結果を示す。JLEs と NSC の欄には,それぞれの文に対する各グループの判断の平均値が記載されている。

表 8　タイプ 1：[that + 目的語 WH + DO なし]
（T プローブを使用している場合）

テスト文	JLEs	NSC
(46a) *I can't remember that who starred in the film.	1.00	-0.92
(46b) *She asked me that what John said.	1.06	-1.25
(46c) *I wonder that where Mary stayed.	0.71	-1.58
平均値	**0.94**	**-1.25**

JLEs の判断は平均して「+ 0.94」であり,タイプ 1 の英文は文法的に誤っている文であるにもかかわらず,彼らはこれらの英文を適切であると判断していることがわかる。したがって,初級レベルの JLEs は,T を wh プローブとして利用していると考えられる。

---

[19]「not sure =〈分からない〉」は,文の容認性とは別に,単語や文そのものの意味が分からない時に選ぶよう指示した。これを選んだ学習者は,他の要因を含め問題があったため,結果的に分析対象から外すことにした。

表9 タイプ2:[that+ 目的語 WH + DO あり]
(Focus プローブを使用している場合)

テスト文	JLEs	NSC
(47a) *I wonder that *what* did make her angry.	0.09	-1.00
(47b) *I don't know that *who* did he invite.	-0.14	-2.00
(47c) *They don't know that *where* did John go.	-0.17	-1.92
平均値	**-0.09**	**-1.64**

タイプ2の場合は，JLEsの平均値が0に近い(-0.09)ことから，タイプ1とは異なり，特定の傾向を導き出すことは難しい。本実験参加者のJLEsは習熟度が初級レベルであるため，依然としてFocusの値が適切に習得されていない者もいる可能性がある。

表10 タイプ3:[that-less 目的語 WH + DO なし]
(T または Force プローブを使用している場合)

テスト文	JLEs	NSC
(48a) I don't know *who* wrote this letter.	0.79	2.00
(48b) Can you tell me *what* Mary said?	1.46	2.00
(48c) Do you know *where* John went?	0.69	2.00
平均値	**1.21**	**2.00**

一方，タイプ3においては，JLEsは平均して「+1.21」という比較的高い許容率を示した。このタイプではthatが存在しないため，この結果だけからではJLEsが(39)のようにForceまたはTのどちらを利用しているかは明確ではないが，p.91の実験1Bの結果の考察から，Forceをwhプローブとして利用せずTを利用していると考えられる。

次に，Forceを使う場合に産出される可能性のある「wh語+that」の構造を持つ文(タイプ4からタイプ6)の判断について検証したい。英語では「wh語+that」の構造は許容されないため，NSCはマイナス(「悪い」「とても悪い」)で判断するはずである。

表11　タイプ4：[主語 WH + that] (Force プローブを使用している場合)

テスト文	JLEs	NSC
(49a) *I don't know *who* that can help you.	-0.39	-1.33
(49b) *I wonder *who* that did steal the jewels.	-0.37	-1.83
(49c) *Do you know *who* that sent the flowers?	-0.08	-1.33
平均値	**-0.28**	**-1.50**

表12　タイプ5：[目的語 WH + that] (Force プローブを使用している場合)

テスト文	JLEs	NSC
(50a) *She asked me *which poem* that I liked best.	0.63[20]	-0.50
(50b) *I wonder *which students* that they arrested.	-0.47	-0.67
(50c) *I wonder *what dress* that did Mary wear.	-0.35	-1.50
平均値	**-0.06**	**-0.89**

表13　タイプ6：[付加詞 WH + that] (Force プローブを使用している場合)

テスト文	JLEs	NSC
(51a) *I don't know *what* that she said.	-0.32	-1.42
(51b) *I don't know *where* that John went.	-0.36	-1.00
(51c) *I'm not sure *where* that did John go.	-0.63	-1.83
平均値	**-0.44**	**-1.42**

　表11から表13のNSCの平均値ではどれも「-1」に近い値を示しており，彼らは「wh語 + that」の構造を持つ文を一貫して受け入れていないことがわかる。一方，JLEsの場合は，表11から表13の9文の内，8文においてマイナスのスコアを示している。もし彼らが表8のように「that + wh語」の構造を許容しているとすれば，(49)から(51)の英文においてもプラスの判断になるはずである。これらの英文に対してJLEsがマイナスの判断をし

20　(50a) *She asked me which poem that I liked best. のみが「0.63」と許容性が高い理由は，JLEsがこの文を「which poem（どの詩）を先行詞とする関係節」と見なしている可能性が考えられる。さらに，which poem が無生物（inanimate）であることが要因になっている可能性もある。しかし，これ以上の議論は本論から外れるため，ここでは詳細に触れないでおく。

たということから，JLEs にとって Force は wh プローブではないと考えられる。

表 8 から表 13 の AJT における JLEs の平均値をまとめると，図 1 のようになる。この図を見ると，T プローブを利用しているタイプ 1 と 3 はプラスの値を示し，それ以外のタイプではマイナスの値を示していることがわかる。したがって，本実験に参加した初級レベルの JLEs は，T を wh プローブとして利用しているが，Focus や Force は wh プローブとして利用していないと考えることができる。

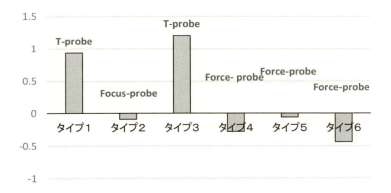

図 1　wh 間接疑問文の許容性判断平均スコア

8. まとめ

本研究では，JLEs が wh 移動について，関係するプローブ・システムをどのように利用しているのか調査を行った。実験に先立ち，以下のような 2 つの予測を立てた。

予測 I：もし L2 が L1 習得と類似した過程をたどって習得されるのであれば，JLEs も英語母語話者の子どもと同様に，習得の初期段階から 2 種類の wh プローブ・システム（Focus と Force）を使用できるはずである。

予測Ⅱ：もしL2習得の初期段階でL1（日本語）からの転移が起こるとすると，特に初級レベルのJLEsはTをwhプローブとして利用するはずである。

　実験1の産出データから，多くの初級JLEsがTをwhプローブとして利用していることが分かった。また助動詞の移動も観察されたことから，Tと共に彼らはFocusもwhプローブとして利用している可能性が示唆された。実験2のAJTの結果からは，初級JLEsは「that + wh語 + DO あり」や「wh語 + that」の構造を持つ英文を許容しないことが明らかになった。この結果により，彼らはForceをwhプローブとして利用していないということが分かった。両実験の結果から，習熟度の低い学習者の場合，Focusの利用に比較的困難を感じながらも，初級JLEsはForceではなく，TとFocusをwhプローブとして利用していると考えられ，これは予測Ⅱを支持している。同時に，Focusをプローブとするwh移動は助動詞移動を伴うことから，困難を感じながらも早い段階で習得できるJLEsもいると考えられる。

　JLEsを含め，L2学習者はwh疑問文を作る際，wh語を文頭や節頭に置かなければならないことは習得の比較的早い段階から知るようになる（Pienemann, Johnston, & Brindley, 1988）。しかし，少なくともJLEsにとってそれは「表面的」に理解しているだけだということである。よって，その際に産出された英文の構造は，英語の母語話者が産出する構造とは本質的に異なっている[21]。

　JLEsが，本章で見たような文法的に誤った英文を産出する要因として，彼らにとって英語のプローブ・システムを適切に習得することが難しいということや，日本語からの転移の影響はすぐにはなくならないということが挙げられる。特に，JLEsは，英語でのForceの使用に困難を感じていると思われる。英語のForceと日本語のTは，whプローブとしてそれぞれの指定部にwh語を要求するが，(52)のように助動詞やbe動詞の主要部への移動

---

[21] Hawkins & Hattori (2006, p. 28) も，次のように目標言語に似たデータの解釈には注意が必要であることを指摘している。'caution is required in interpreting apparent target-like L2 performance as evidence for the acquisition of underlying properties of grammar assumed to be present in the grammar of native speakers'

は伴わないため，JLEs は，Force または T のどちらが英語の wh プローブであるかを特定することに困難を感じるのではないだろうか。

(52) a. Force を利用している場合

[ForceP Who [Force ø] [TP ~~who~~ [T ø] [VP ~~who~~ lives in Tokyo]]] （= 25a）

b. T を利用している場合

[TP Who [T ø] [VP ~~who~~ lives in Tokyo]] （= 25b）

したがって，JLEs が wh 疑問文を習得する場合，wh 語が主語より上の位置に移動することを表面的に理解していたとしても，それがどのプローブによって牽引されているか，つまり，wh 語がどの位置に着地すべきかを習得することは，特に初級レベルの JLEs にとっては容易ではないと考えられる。

本研究では，ミニマリスト・アプローチにおけるプローブ・システムの概念と，カートグラフィック・アプローチの分離 CP 仮説を取り入れることで，初級レベルの JLEs は，L1 から L2 へのプローブ・システムの変更が依然として困難な状態にいることを明らかにした。このことから，L2 学習者は，L2 のインプットに明確な証拠，または L1 との大きな違いが見つけられない場合，L1 の値を L2 においても使い続け，L2 の値に再設定するにはかなりの時間を必要とすると言える[22]。今後の課題として，習熟度の高い JLEs を対象に実験を行い，Focus や Force の習得が最終的には可能であるの

---

[22] Wh 移動のために T プローブと Focus プローブのみを利用している学習者が，L2 としての英語の Force プローブを利用できるようになるためには，おそらく，wh の長距離移動に関係する言語インプット（例：What do you think that John bought yesterday?）を十分に受ける必要があると考える。なぜなら，T と Focus プローブを利用しているだけでは，wh 語は短距離移動され TP 指定部や Focus 指定部の位置で凍結（frozen）されることになるからである。それらの位置にある wh 語は，Phase Impenetrability Condition（Chomsky, 1998, 1999, 2001）により，それより上位にある節へ取り出せないため，wh 語の長距離移動が許されないのである。つまり，学習者は言語インプットから長距離移動の wh 疑問文が可能であることを学習すれば，同時に補文内の wh 語を一度 Force 指定部に移動する必要があることも知ることになるはずである。もちろん，この仮説も検証の必要があることは言うまでもない。

かどうか，調査する必要がある。

参照文献

Branigan, P. (2005). *The Phase Theoretic Basis for Subject-Aux Inversion*. Ms, Memorial University.
Chomsky, N. (1992). A minimalist program for linguistic theory. In Hale and Keyser (Eds.), pp. 1–52 (reprinted as chapter 3 of Chomsky 1995).
Chomsky, N. (1995). *The Minimalist program*. Cambridge Mass.: MIT Press.
Chomsky, N. (1998). *Minimalist inquiries: The framework*. MIT Occasional Papers in Linguistics 15.
Chomsky, N. (1999). *Derivation by phase*. MIT Occasional Papers in Linguistics 18.
Chomsky, N. (2004). Beyond explanatory adequacy. In A. Belletti (Ed.), *Structures and beyond: The cartography of syntactic structures* (pp. 104–131). Oxford: Oxford University Press.
Chomsky, N. (2005). Three factors in language design. *Linguistic Inquiry*, 36, 1–22.
Chomsky, N. (2007). Approaching UG from below. In U. Sauerland & M. Gaertner (Eds.), *Interfaces + Recursion = Language? Chomsky's minimalism and the view from syntax-semantics* (pp. 1–30). Amsterdam: Mouton de Gruyter.
Chomsky, N. (2008). On Phases. In R. Freidin, C. Otero & M. L. Zubizarreta (Eds.), *Foundational issues in linguistic theory: Essays in honor of Jean-Roger Vergnaud* (pp. 133–166). Cambridge, Mass.: MIT Press.
Chomsky, N. & Lasnik, H. (1977). Filters and control. *Linguistic Inquiry*, 8, 425–504.
Ellis, R. (2008). *The study of second language acquisition* (2nd edition). Oxford: Oxford University Press.
Guasti, M. T. (2000). An excursion into interrogatives in Early English and Italian. In. M.-A. Friedmann & L. Rizzi (Eds.), *The acquisition of syntax* (pp. 105–128). London: Longman.
Guasti, M. T. (2002). *Language acquisition*. Cambridge, Mass.: MIT Press.
原口庄輔・中村捷・金子義明. (編). (2016). 『増補版 チョムスキー理論辞典』東京：研究社.
Haegeman, L. (2010). *Main clause phenomena and the left periphery*, draft manuscript, University of Ghent.
Hawkins, R. & Hattori. H. (2006). Interpretation of multiple wh-questions by Japanese speakers: A missing uninterpretable account. *Second Language Research*, 22, 269–301.
Henry, A. (1995). *Belfast English and Standard English: Dialect variation and parameter-setting*. Oxford: Oxford University Press.

Huddleston, R. (1994). The contrast between interrogatives and questions. *Journal of Linguistics*, *30*, 411–439.

Lewis, M. P. (Ed.). (2009). *Ethnologue: Languages of the world* (16th edition). Dallas: SIL International.

Miyagawa, S. (2005). On the EPP. *MIT Working Papers in Linguistics*, *49*, 201–236.

Miyagawa, S. (2006). Moving to the edge. *Proceedings of the 2006 KALS-KASELL International Conference on English and Linguistics*, 3–18.

Miyamoto, Y. & Okada, K. (2004). On invisible scrambling in the grammar of Japanese intermediate EFL learners. *Eigo Kenkyu*, 59, 35–52.

中野弘三・服部義弘・小野隆啓・西原哲雄 (監修). (2015). 『最新英語学・言語学用語辞典』東京：開拓社.

Pienemann, M., Johnston, M. & Brindley, G. (1988). Constructing an acquisition-based procedure for second language assessment. *Studies in Second Language Acquisition*, *10*, 217–243.

Radford, A. (1988). *Transformational grammar: A first course*. Cambridge: Cambridge University Press.

ラドフォード・アンドリュー. (2006). 『入門 ミニマリスト統語論 (外池滋生監訳)』東京：研究社.

Radford, A. (2009). *Analysing English sentences*. Cambridge: Cambridge University Press.

Radford, A. (2010). Whoops! On the syntax of wh-clauses in live radio and TV broadcasts. Talk presented at conference on *Generative Grammar in the 21st Century*, University of Essex.

Rizzi, L. (1997). The fine structure of the left periphery. In L. Haegeman (Ed.), *Elements of grammar* (pp. 281–337). Dordrecht: Kluwer.

Rizzi, L. (2001). On the position "Int(errogative)" in the left periphery of the clause. In G. Cinque & G. Salvi (Eds.), *Current issues in Italian syntax* (pp. 287–296). Amsterdam: Elsevier.

Rizzi, L. (2004). Locality and left periphery. In A. Belletti (Ed.), *Structures and beyond: The cartography of syntactic structures*, vol.3 (pp. 223–251). Oxford: Oxford University Press.

Rizzi, L. (2006). On the form of chains: Criterial positions and ECP effects. In L. Cheng & N. Corver (Eds.), *Wh-movement: Moving on* (pp. 97–133). Cambridge Mass.: MIT Press.

Saito, M. (1992). Long distance scrambling in Japanese. *Journal of East Asian Linguistics*, 1, 69–118.

Seppänen, A. & Trotta, J. (2000). The *wh+that* pattern in present-day English. In J. M. Kirk (Ed.), *Corpora galore: Analyses and techniques in describing English* (pp.161–175). Amsterdam: Rodopi.

白畑知彦・若林茂則・村野井仁. (2010). 『詳説第二言語習得研究：理論から研究法まで』東京：研究社.

Stromswold, K. J. (1990). *Learnability and the acquisition of auxiliaries*, unpublished Ph.D. dissertation, MIT.

White, L. (1992). Subjacency violations and empty categories in second language acquisition. In H. Goodluck & M. Rochemont (Eds.), *Island constraints: Theory, acquisition, and processing* (pp. 445–464). Dordrecht: Kluwer.

White, L. (2003). *Second language acquisition and universal grammar*. Cambridge: Cambridge University Press.

White, L. & Juffs, A. (1998). Constraints on wh-movement in two different contexts of non-native language acquisition: competence and processing. In S. Flynn, G. Martohardjono & W. O'Neil (Eds.), *The Generative study of second language acquisition* (pp. 111–129). Mahwah, NJ: Lawrence Erlbaum Associates.

Yokota, H. (2011). *Acquisition of wh-questions by Japanese learners of English: A minimalist-cartographic approach to the acquisition of probes, goals and spellout in interrogative wh-chains*. Unpublished Ph.D. dissertation, University of Essex.

Zwicky, A. (2002). I wonder what kind of construction that this kind of example illustrates. In D. Beaver, L.D. Casillas Martínez, B.Z. Clark & S. Kaufmann (Eds.), *The construction of meaning* (pp. 219–248). Stanford: CSLI Publications.

第4章

第二言語知識の波及
英語再帰代名詞の同一指示における局所条件の習得

松村昌紀

1. はじめに

　第二言語の照応特性に関する学習者の知識とその習得過程の研究には長い歴史がある。とりわけ再帰代名詞の同一指示は学習可能性の観点から研究者の強い関心を集めてきた。英語では再帰代名詞の指示対象がいわゆる「局所的」(local) な要素に限られる。母語にそうした制約に従わない語彙項目が存在する学習者にとって，この特性は習得可能なのだろうか。可能であるなら，学習者は何を手がかりにその理解に至るのだろうか。本章はこの問題に関連する研究を概観した後，その習得に関与する間接的な証拠の役割について議論し，それを通して第二言語習得の創発的な性格を示唆する。

2. 再帰代名詞の同一指示に関する理論

　代名詞や再帰代名詞と他の要素がどのようなとき同一指示的 (coreferential) に解釈され，どのようなときにその可能性が排除されるかということ，すなわち照応関係 (anaphoric relations) が成立するための条件はさまざまな理論的立場から考察されてきた。ここでは関連する提案を大きく構造的分析と意味・機能的分析に分けて，それぞれの主張を見てみる。

2.1　構造的分析

　Ross (1969), Langacker (1969), Reinhart (1976) らによって 1960 年代から精力的に行われてきたのが，照応の現象を文要素の構造的な関係に基づいて説明する試みである。[1]　1980 年代にそれまでの提案が統率・束縛理論 (the theory of government and binding) のもとに統合された (Chomsky, 1981) 後も，さまざまな照応事例を矛盾なく扱うことのできる説明理論の探求が続けられてきた (Chomsky, 1995; Huang, 1983 など)。照応のうち再帰代名詞の同一指示に限れば，その要点は「再帰代名詞の先行詞はそれ自身と主語を含む最小の領域の中で決定される」とまとめることができ，そうした領域は統率範疇 (governing category) と呼ばれている。補文 (埋め込み節) をともなう (1) のような文では，その補文が (時制を備えた定形節かそうでないかを問わず) 再帰代名詞にとっての統率範疇を構成するため，指標によって示されているような同一指示の可否が生まれることになる。

(1) a.　 Fred$_i$ knows that Steve$_j$ likes himself$_{*i/j}$.
　　b.　 Nancy$_i$ wants Emilia$_j$ to talk about herself$_{*i/j}$.

　ところが，世界のさまざまな言語における照応の中には上の説明が適合しないものもある。それらの1つが日本語の語彙項目「自分」の指示特性で，(2a) および (2b) をそれぞれ (1a), (1b) に対応するものと見なせば，それぞれに含まれる「自分」は補文主語のみならず主節主語の位置に現れている要素をも指示対象とすることができる。このような照応は一般に「**長距離束縛**」(long-distance binding) と呼ばれ，日本語のほか韓国語や中国語などにも見られる。

(2) a.　 隆$_i$は明$_j$が自分$_{i/j}$を気に入っていることを知っている。
　　b.　 香$_i$は渚$_j$に自分$_{i/j}$のことを話してほしがっている。

---

[1] 照応は文の境界を跨いだ要素関係にも関わるが，本章が扱うのは文内の照応関係である。

Wexler and Manzini (1987) は世界の諸言語で異なる照応の可能性を,それぞれにおける統率範疇の異なりとして捉えた。その提案によれば,(1) と (2) の照応可能性の違いは日本語が英語より「広い」統率範疇を持つことに起因する。しかし,1990 年代には生成文法において統率や指標という概念が廃止されたことから,言語ごとに異なる統率範疇という理論モデルはその根拠を失い,その後長距離束縛の説明は論理形式（Logical Form）における要素の移動という考え方を基礎としたものへと移行していった。「自分」の別の特性として知られている**主語指向性**（subject-orientedness）——すなわちその先行詞が基本的に主語要素に限られること——が同時に説明可能になることもその利点であるとされた。そうした説明の 1 つである Katada (1991) では,「自分」が LF において補文の動詞句に付加（adjoin）され,さらに上位節の同様の位置へと順次繰り上がる際,各段階でそれが含まれる節の主語と同一指示的な解釈を受けることで長距離束縛が実現されると考えられている。動詞句の付加位置にある要素と文中の主語以外の要素の間で同一指示に必要な構造的関係が成立すること（前者が後者に構成素統御されること）はないため,それらの間で照応関係が成立することはない。

2.2　意味・機能的分析

照応の可否を決定する要因を文の構造的関係に求めようとする試みの一方で,さまざまな言語の照応現象を包括的に説明するためには文の意味や談話機能を考慮することが不可欠であるとする主張も多くなされてきた。神崎 (1999) では「話題」（topic）という概念を核にして,日本語と英語における代名詞照応の包括的な説明が試みられている。van Hoek (1997) は英語の代名詞や再帰代名詞のさまざまな同一指示を認知文法（cognitive grammar）における「参照点」（reference point）の概念を基盤として議論しており,Iida (1996) による「自分」の照応可能性に関する詳細な分析でも参照点とそれに関連する「パースペクティブ」（perspective）の概念が重要な役割を担っている。

澤田 (1975, 1993) および Matsumura (1994, 2007) は長距離束縛を許す日本語の語彙項目「自分」の指示可能性を,文処理における**視点**（viewpoint / point of view）に関連づけて説明している。ここでは Matsumura (1994, 2007) に基づいて,その概要を (3) に示す。

(3) a. 「自分」は文に登場する任意の人物「にとって」の，あるいはその人物「から見た」自己．言い換えれば（隆にとっての一人称は隆であるという意味での）一人称を表象するための指標である。
　　b. したがって，「自分」の先行詞になり得るのは潜在的にその視点で事態を「見る」（より一般化して言えば「処理する」）資格を持つ文の要素[2]に限られる。

例えば上掲の (2a) では，「隆から見た『自分』とは隆自身であり，一方で明にとっての『自分』とは明のことである」というように，文中で言及されている人物の視点（登場人物視点）で「自分」の処理がなされ，その結果として隆と明のいずれもが文脈に応じてそれと同一指示的に解釈され得る (Matsumura, 1994, pp. 32–33)。その視点を採用することが可能な文要素であれば，指示対象となる要素の位置は構造的に定義された統率範疇の内外を問わない。

久野 (1973) などで議論されている「共感」(empathy) の概念と，ここで定義された視点とは同じものではない。前者は複数の指示可能性のいずれかが支配的になるケースをその偏りによって説明するためのものであり，その可能性自体を問題にしたものではない。澤田 (1975, 1993) および Matsumura (1994, 2007) が提起したのは，その指示の複数の可能性が「自分」という語彙項目に固有の，一種の文処理上の方略から導かれるということである。

視点の概念とのより強い関連は共感よりむしろ「発話・思考主体指示」(logophoricity) との間に見出すことができる。しかし，ここでもまた，両者は同じものというわけではない。発話・思考主体指示とは主節主語の発話や思考の内容を述べた補文中に現れる照応形とその主節主語との間に成立する同一指示関係のことで，アフリカの言語エヴェ (Ewe) にそうした用法の存在が報告された (Clements, 1975) 後，Sells (1987) や Culy (1997) らによって探究が深められてきた。日本語の「自分」も多くの場合発話や思考主体を指して用いられ，実際に上掲 (2) の埋め込み節はいずれも主節主語の思考内

---

2 そうした要素には人のほか，感情移入された生物や擬人化された物などが含まれる。久野 (1973, 1978) の有意識条件 (the Awareness Condition) も，「自分」の指示対象を「見る」主体とするここでの説明に包摂可能であると考えられる。

容を表現したものとなっている。しかし，次の (4) に登場する舞は補文の内容を受動的に聞いただけであり，発話・思考主体指示の概念によって「舞」と「自分」の同一指示を説明することはできない。

(4) 　　舞$_i$は茜が自分$_i$を責めていることを人づてに聞いた。

一方，(3) に即して考えれば，「聞く」という行為の主体として，舞にはその視点を想定することができ，それによって「自分」との間の同一指示関係が説明される。さらなる精緻化の余地はあるとしても，視点の概念は多くの照応現象に適用可能で，有効な説明装置となる可能性を秘めている。[3]

3. 第二言語としての英語の再帰代名詞に関わる局所条件の習得

3.1 学習可能性

さまざまな言語の再帰代名詞の中に長距離束縛を許容するものと，それより狭い範囲にその先行詞が限定されるものがあるという事実からは，第二言語習得の文脈で**学習可能性**（learnability）に関わる興味深い研究課題が浮かび上がる。上で述べたとおり，補文中にある英語の再帰代名詞 *x-self* の先行詞が同じ補文中の要素に限られる。以降はこれを英語再帰代名詞の同一指示における**局所条件**（the locality requirement）と呼ぶことにする。一方，日本語では同じ条件下で補文の主語とともに上位節の主語もまた「自分」の指示対象になり得た。したがって，日本語の文法は英語のものよりも多くの文を，文法的なものとして産出することになる。このようなとき，より「大きな」文法によっては許容されるが「小さい文法」によっては排除される文の

---

[3] Nishigauchi (2014) は「自分」の特性を，発話・思考主体指示の概念を統語的分析の中に組み込むことで説明しようとしている。そこでは，近年の生成文法理論におけるカートグラフィー（cartography）の考え方に沿って視点に関連する機能範疇の存在（Speas, 2004 を参照）が仮定され，発話・思考主体的な照応を可能にする条件が「評価」，「証拠性」，「受益」などに関連する視点投射（POV projection）の多層構造として定式化されている。長距離束縛はそれらの投射の指定部に存在する *pro* が先行詞となるべき上位節の項によるコントロールを受けたときに顕現することになり，注2で言及した有意識条件もこのような分析によって説明可能になると Nishigauchi は述べている。

非文法性を学習者が認識し，目標言語の文法へと到達するためには，それらの文が容認されないことについての情報，すなわち**否定証拠**（negative evidence）の入手が不可欠となる。なぜなら，実際の用例に出会わないことはそれらの文の非文法性の証明にならないからである。学習者はそれらの用例に将来出会う可能性に備えて母語の文法を維持しようとするかもしれない。

3.2 先行研究
3.2.1 局所条件の獲得

第二言語における再帰代名詞の習得を扱った研究の嚆矢は Finer and Broselow（1986）で，韓国語を母語とする英語学習者が *x-self* の同一指示における局所条件に従うかどうかが調査されている。韓国語には日本語同様，長距離束縛を許す語彙項目が存在する。行われた実験で，学習者は（1a）のような定形の補文を持つ文では概ね局所条件に従っていたが，補文が（1b）のように非定形節である場合には長距離束縛を許容することが比較的多かった（局所条件の遵守率は前者で 92 パーセント，後者で 58 パーセント）。参加者に日本語話者を加えて行われた Finer（1991）の実験では，非定形補文をともなう文の判断における正答率の高さが際立っている（長距離束縛の許容率は日本語話者で 12 パーセント，韓国語話者ではわずかに 7 パーセント）が，定形補文を持つ文での正答率はやはりそれらを上回っており，ここでも補文タイプの効果が確認された。

Hirakawa（1990）は日本語を母語とする英語学習者を学習年数によって 4 つのグループに分け，英語への全般的な習熟度と判断傾向の間にどのような関連があるかを明らかにしようとした。行われた実験のうち（1）と同構造の文を扱った部分について見てみると，結果が示していたのは，Finer らの研究と同様，補文のタイプによって局所条件の遵守率に違いがあること（定形補文を持つ文全体で 76.95 パーセント，非定形補文を持つ文では 55.14 パーセント），そして学習者の習熟度を反映するとされていたグループの間で判断傾向に統計上有意な差は認められないということだった。

Hirakawa（1990）の否定的な結果の一方で，その後のいくつかの研究では，学習者の習熟度の向上にともなって英語再帰代名詞の同一指示における局所条件が獲得されていくことが示唆されている。例えば，Tomita（1992）に

3. 第二言語としての英語の再帰代名詞に関わる局所条件の習得 | 111

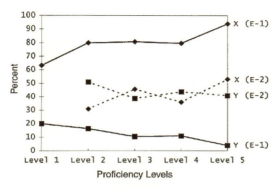

図1 Akiyama (2002) の実験での学習者の判断における「レベル」の効果

出典:"Japanese adult learners' development of the locality condition on English reflexives" by Y. Akiyama, 2002, *Studies in Second Language Acquisition, 24*, p. 42. Copyright© 2002 by Cambridge University Press. 許可を得て転載。

よって特に定形補文をともなう文で判断の改善が報告されたことなどを受けて, Matsumura (1994) は日本語話者である実験参加者を独自に開発したクローズ・テストの結果によって習熟度の異なる2つのグループに分け, 両者の間で照応判断の傾向を比較した。その結果, 定形および非定形補文を持つ文の両方についてグループ間で局所条件の遵守率に統計的に有意な差が見られた。学習初期段階での長距離束縛の許容とその後の判断の改善はMacLaughlin (1998) でも報告されている。

Akiyama (2002) では, 英語学習経験の累積とともに学習者の判断が改善していく様子がさらに詳細に報告されている。図1は Akiyama の論文中のFigure 2 を転載したものである。学習者の習熟レベルは前出の Hirakawa (1990) と同様, 学習年数を根拠にしたもので, 5つの段階に分けられている。図1で「E-1」および「E-2」は刺激文のタイプを表し, 前者が定形補文, 後者が非定形補文を含む文を意味している。[4]「X」は局所的な束縛のみを許容する英語タイプの文法, 「Y」は局所とともに長距離の束縛をも許すタイプの文法を学習者が持っていることを示す。図1からは, 定形補文

---

4 レベル1の学習者はE2タイプの文に対する回答を求められていない。これは不定詞補文構造がそれらの学習者にとって未知のものであると判断されたためである。

を含む文に対する学習者の判断が学習経験の増加にしたがって目標言語の特性を反映したものへと変化していくことと，その一方で不定詞補文をともなう文に関してはそうした改善が見られないことが読み取れる。

　習熟度の向上にともなう判断の改善に関して Akiyama (2002) で Matsumura (1994) とは異なる結果が得られた理由は明らかではないが，後者で定形補文を持つ文に関して判断の顕著な改善が見られる習熟レベル最上位の学習者群で，非定形補文を含む文についても下位群に対するスコアの上昇が認められることは注目に値するかもしれない。Akiyama の弱点の 1 つは (Hirakawa, 1990 と同様) 学習年数を学習者の習熟度の指標としていることであり，実験参加者の習熟度を確認するためのテストのスコアによって上位群と下位群に分けた Matsumura の実験で非定形補文をともなう文についても判断の改善が見られたことをふまえると，定形補文を持つ文に比べれば獲得の時期は遅れるものの，学習者は習熟度の向上とともにそれらの文でも局所条件に従うようになっていく可能性は十分ありそうである。

3.2.2　指導の波及効果

　第二言語における再帰代名詞はその特性に関する指導の波及効果という観点からも研究されてきた。波及効果とは相互に関連のある目標言語の特性の 1 つを学習者が理解することで別の特性の獲得が促されることを言う。関連する議論は古くから存在し，その歴史を目的格関係代名詞に関する指導が主格関係代名詞の使用における正確さをも高めることを示した Gass (1982) や Eckman, Bell, and Nelson (1988) に辿ることができる。Benati and Lee (2008) 所収のいくつかの実証研究や White and Demil (2013)，White (2015) では，主に明示的指導と理解型の活動で構成される処理指導 (processing instruction) と呼ばれる方法 (VanPatten, 2004 などを参照) で第二言語の 1 つの特性を指導したとき，その理解が別の特性の習得につながるかどうかが調査されており，結果は研究ごとにさまざまである。[5]

---

[5] 指導の効果としての知識の波及を扱ったものではないが，1980 年代，当時の普遍文法で措定されていたパラメーター値の連鎖 (cluster) に関する研究 (Hilles, 1986 など) でも，1 つの特性の習得が別の特性の習得とリンクする可能性が問題にされていた (White, 1989 にそれらの研究の簡潔なまとめがある)。

本章が扱っている照応をテーマとして指導の波及効果の問題に踏み込んだのが White (1995) である。彼女はカナダで英語を学んでいるフランス語話者と日本語話者を対象に，単節文中の *x-self* が主語指向性を持たないことに関する明示的指導と積極的な用例の提示が同形式の局所条件に対する理解を誘発するかどうかを調査した。White は長距離束縛を論理形式における要素の移動と関連づけており，その前提のもとでは先に述べたとおり目的語先行詞の許容と局所条件の存在は連動する。指導は週3回，それぞれ20分ずつ，4週にわたって行われた。実験の結果は期待を裏切るもので，受けた指導のタイプや参加者の母語にかかわらず，事後テストで学習者に局所条件の理解に至ったことの兆候は見られなかった。

　関連して，第二言語としての日本語習得に関するもので本論とは研究対象が異なるが，White, Hirakawa, and Kawasaki (1996) は日本語学習者に対して語彙項目「自分」が長距離束縛を許容することを教え，その理解が主語指向性の習得につながるかどうかを確かめている。しかし，実験参加者の多くは事前テストの段階でそもそも「自分」の主語指向性をよく理解しているようだったことに加え，指導された特性である長距離束縛自体が事後テストで遵守されないケースも少なからずあり，学習者個人として見た場合それを強く拒絶する者さえ存在した。統制群の日本語話者に局所的な主語を「自分」の先行詞として認めない回答が見られたことなども含めて実験結果には不可解な面もあり，研究課題の解明には至っていない。

3.2.3　先行研究のまとめと残された課題

　照応現象は現在も第二言語習得研究の重要なテーマの1つであり，近年にも学習可能性上の関心を超えてそのさまざまな側面が Kano (2011, 2017 など) や Ishino (2012)，さらに Felser とその共同研究者 (例えば Felser & Cunnings, 2012) らによって研究されている。再帰代名詞の特性が代名詞の振る舞いとの関連で議論されるようになっていることも現代的な照応研究の特徴で，例えば Shirahata, Yoshimura, and Sawasaki (2013) では両者の相対的な習得の難しさが実験データに基づいて論じられている。そうした中にあって古典的なテーマともいえる局所条件の習得には，今なお未解明のまま残されている課題が存在する。これまでの研究が示してきたのは次のようなことだった。

1. **局所条件からの逸脱**
   第二言語として英語を学ぶ学習者は，習得の初期段階で必ずしも再帰代名詞の同一指示における局所条件に従わない。
2. **補文タイプによる判断傾向の相違**
   学習者の判断傾向は再帰代名詞が含まれる補文のタイプによって異なり，補文が定形節である場合には局所条件が守られやすく，非定形の不定詞補文を持つ文では長距離束縛の許容率が高くなる。
3. **局所条件の漸次的獲得**
   学習者の全般的な習熟度の向上にともない，英語再帰代名詞の照応における局所条件は補文が定形節である場合には確実に，それが不定詞節である場合にはおそらくいくらか遅れて，次第に理解されていく。
4. **特性の波及的習得の難しさ**
   照応における局所条件と主語指向性のうち一方の特性について指導したとき，他方の理解が促されることは現時点では確認されていない。

項目1から3まではいずれも第二言語習得のプロセスと学習者の知識に関して明らかにされてきた事実であるが，それらに対して十分な説明がなされてきたとは言いがたい。1の逸脱は学習者の母語に存在し，長距離束縛を許容する項目の特性の影響で生じていると考えられそうだが，日本語に関しては形態的に英語の *x-self* に類似し，局所条件に従うとされる「*x* 自身」（「彼自身」や「彼女自身」，「あなた自身」など）という形式が存在する。そうした中でなぜ日本語話者が（少なくとも習得の初期段階で）目標言語の照応において長距離束縛を許容しがちなのか，議論が尽くされてきたわけでは決してない。

　2の補文タイプによる判断傾向の違いは，かつては学習者が母語と目標言語の中間的な性格の統率範疇を持つことから生じるとされていた（Finer & Broselow, 1986 など）。しかしながら，1990年代に長距離束縛が関連要素の移動という観点から説明されるようになると，そうした説明の根拠は失われることとなった。Matsumura (2007) は van Hoek (1997) の分析でも重要な役割を担った参照点の概念を軸に，補文タイプによる学習者の判断の相違を描かれている事態の事実性の違いに帰すことができると主張しているが，その実験結果

はテスト項目の少なさなどから限定的なものであり，追認の必要がある。

　3に示した局所条件の漸次的獲得も，かつては学習者が統率範疇を母語のものから目標言語のものへ変更していくプロセスとして理解されていた。しかし，否定証拠によることなく実質的にどのようなメカニズムでそうした変化がもたらされるのかということは今日までほとんど議論されてこなかった。唯一の例外と言えるのが，目標言語で再帰代名詞を含まないある種の文を処理する経験が「間接的な肯定証拠」(indirect positive evidence) として機能する可能性を指摘した Matsumura (1994) で，その主張は学習者の知識の波及の問題（上記の項目4）にも関連している。本章これ以降では，学習者の発達がこの Matsumura (1994) の予測に従うかどうかを，新たな実験を通して探っていく。確かめようとしているのは，英語再帰代名詞の同一指示における局所条件の理解が，英語で採用されている文処理方略への一種の意識づけ (consciousness-raising) によって促されるかどうかということである。そのことが示されれば，第二言語の入力とその出力としての知識が一対一の対応をなさないという意味で，第二言語知識の創発的 (emergent) な性格の一端が明らかにされることになる。

4. 仮説

　第二言語としての英語の全般的習熟度の向上にともなって英語再帰代名詞の同一指示における局所条件が理解されていくという事実を，Matsumura (1994) は学習者の母語である日本語の「自分」と英語の *x-self* が要求する処理方略の違いに関連づけて論じている。2.2節で説明したとおり，「自分」の長距離束縛を導いているのは登場人物視点での文処理だと考えることができる。一方，*x-self* はそこに性，数，人称が形態的に顕在化している（生成文法の表現では「φ素性を持つ」）ことから，必然的に話者または聞き手（厳密には書き手，読み手も含み，以下では「処理者」と表現する）にとっての「彼」や「彼女」という位置づけがなされ，そのような関係性において理解されることになる。図2はこれらの処理メカニズムを図式化したもので，矢印の起点がそれぞれにおける視点の所在である。

a. 日本語の「自分」の処理における登場人物視点

b. 英語再帰代名詞の処理における処理者視点

図2　登場人物視点と処理者視点

　先にもふれたように，日本語には「自分」とは別に局所条件に従うとされる照応形「x 自身」が存在する。形態の相同性から，日本語でもその処理は英語の x-self と同様，処理者の視点で行われていると考えるのが自然だろう。それにもかかわらず習得の初期段階で日本語を母語とする学習者が英語再帰代名詞の長距離束縛を許容するという事実は，その際に学習者が「自分」の処理に用いている登場人物視点を優先的に採用していることを示唆している。しばしば指摘されるように，日本語の「彼」，「彼女」，および「彼自身」，「彼女自身」といった表現が人称代名詞として用いられるようになったのは近代以降であり，現在もそれらの口語での使用は極めて限定的である（日本国語大辞典第二版編集委員会・小学館国語辞典編集部，2001；山口，2006 などを参照）。その一方で「自分」は口語，文語の両方で文脈を問わず広範に用いられている。そのような状況を勘案すれば，第二言語の再帰代名詞の処理にあたって日本語話者が少なくともその習得初期段階で依存するのが「自分」の処理に用いてきた「なじみ深い」方略であったとしても不思議ではないと思われる。

以上をふまえ，Matsumura (1994) は「自分」の処理のために採用してきた登場人物視点から脱却し，目標言語である英語の再帰代名詞を一貫して処理者視点で扱えるようになることで，日本語母語話者はその同一指示における局所条件の遵守に至るのではないかと推論した。同研究ではさらに，そのようなシナリオのもとでは，再帰代名詞が現れていない (5) のような文も，それらに含まれている *she* や *her* の三人称形式が学習者を処理者視点での照応理解へと方向づけることで，再帰代名詞の局所条件の理解を促すための間接的な「証拠」として機能する可能性が示唆されている (Matsumura, 1994, pp. 35–36)。

(5) a. Jane thinks that she is a superwoman.
    b. Ann loves her job.

本章これ以降はこの予測を受けて行われた実験の報告である。

5. 研究方法

5.1 参加者

実験に参加したのは立命館大学の 2017 年度産業社会学部 1 年次在籍者のうち，2 つのスペイン語クラスに所属していた計 52 名の学生たちで，それらのクラスの一方が実験群に，もう一方が統制群に，無作為に割り当てられた。すべての参加者の母語は日本語で，テストと処遇はそれぞれのクラスの授業時間内に行われている。実験への参加は任意だったが，内容と研究倫理上の確認事項に関する説明を受けて全員が協力を表明し，参加同意書を提出した。実験への協力に対してそれらの参加者には少額の謝礼が支払われている。

実験に付随して実施された質問紙調査の中で，事前，事後のテストに含まれる刺激文と同じ構造を持った英文の日本語への翻訳を求めたところ，不定詞補文を含む項目に対する回答のない参加者が実験群に 1 名存在した。当該の学習者は習熟度別に構成された学部の英語科目の履修状況からも他の参加者より習熟レベルが著しく低いと判断されたため，分析対象から外すことにした。一方で，いわゆる天井効果 (the ceiling effect) を回避するため，参

加者全員が学部共通プログラムの一環として受検していた TOEIC-IP で得点が 560 点以上だった者（実験群で 1 人，統制群で 4 人）の回答も，データ分析において考慮しないことにした。習熟度以外の側面では，以下で述べる 3 回の処遇の一部でも受け取ることができなかった実験群学習者 7 名を分析対象外としている。1 年以上の英語圏滞在経験を持つ者はなく，英語再帰代名詞の局所条件について指導を受けたことのある者も存在しなかったため，学習経験という観点から除外された学習者はいない。結果的に実験群 16 名，統制群 27 名の学習者のデータが分析対象となった。

　実験には 20 名の英語母語話者も参加している。これはその回答によってテスト項目の妥当性を確認するためであり，同時に学習者群との間で回答傾向を比較するためである。それらの協力者の出身国はカナダ，オーストラリア，イギリス，アメリカのいずれかで，年齢は 30 代から 60 代にわたっている。英語再帰代名詞の照応に関する言語学的な知識を持つ者はいなかった。それらの英語母語話者への協力依頼と回答の提出を含むやり取りはすべて電子メールによって行われた。

5.2　実験材料

真偽判定テスト　実験は間に処遇を挟んだ事前・事後テスト形式で実施された。照応に関する学習者の知識を引き出す方法としては真偽判定（truth-value judgement）テストが用いられている。照応の問題を扱った初期の第二言語習得研究では，2 枚の絵のうち刺激文の内容に合致すると思うほうを学習者に選ばせたり（Finer, 1990; Finer & Broselow, 1986 など），照応形の指示対象となり得る人物の名前を選択肢の中から選ばせたり（Hirakawa, 1990; Matsumura, 1994 など）して学習者の知識を探ろうとしていた。しかしその後，そうしたテストで得られるのは学習者が最も優勢（dominant）と感じるか，頭に優先的に浮かんだオプション（preference）にすぎず，その回答によっては学習者が潜在的に許容する可能性すべてを把握できないという問題が指摘されるようになった（Lakshmanan & Teranishi, 1994; Thomas, 1995; White, Bruhn-Garavito, Kawasaki, Pater, & Prévost, 1996 など）。[6]　この問題を

6　絵であれ人名であれ，複数の解釈オプションを同時に提示するのではなく，刺激文に現れている人物個々に照応の可能性を問えばいくらかの改善は期待できるが，学習者が潜在

解消する方法としてその後の多くの研究（Akiyama, 2002; Matsumura, 2007; Thomas, 1995 など）で採用されてきたのが，今回の実験でも用いることにした真偽判定テストである。それは母語獲得途上にある幼児の照応に関する知識を明らかにするために Crain and McKee (1986) が開発した手法で，絵や文章によって一定の文脈を示し，続いて示される刺激文の内容がそれに照らして正しいかどうかを回答者に判定させるというものである。この手法は今日においても学習者にメタ言語的な思考を強いることなく，照応に関する知識を引き出すために有効な手法であると考えられている。

　今回の実験では，刺激文を導くための文脈が文章で提示されている。過去の研究結果から，補文が時制を持つ定形節か，あるいは非定形の不定詞節かによって学習者の判断傾向が異なることが知られているため，刺激文には両タイプの文が含められた。1つの刺激文は異なる文脈（と人名）を与えられて2つの実験項目に用いられており，参加者はそれらの一方に事前テストで，もう一方に事後テストで回答している（どのテストでどちらに回答したかは学習者によって異なる）。すべての実験項目は長距離束縛を許容する学習者から刺激文を「偽」とする回答が得られるように作られていた。異なる文脈が与えられた同一刺激文の例を (6) に示す。

(6)　a.　【文脈】Roger is an old man and has been living alone for many years since his wife's death. He is physically weak now, and can't do daily tasks well. He has a brother, Ivan, who lives in the neighborhood. Roger says to Ivan, "Will you come and help me regularly, at least once every 3 days?"
　　　　【刺激文】Roger wants Ivan to take care of himself.

　　b.　【文脈】Ann broke both of her arms in a car accident, and has been in the hospital for weeks. One of the nurses, Clara, was especially kind and supportive to Ann. But this morning, Ann was told that Clara would

---

的には許容している選択肢を第一印象が「出し抜く」可能性はなお残る。言語学的な訓練を受けていない学習者にはそもそも文法性あるいは容認性判断のようなメタ認知的課題に対応することが困難であるとも言われている。

move to a different section. Ann was shocked. She likes Clara, and it will now be difficult for Ann to ask another person for help.
【刺激文】Ann wants Clara to take care of herself.

　事前テストと事後テストはそれぞれ定形補文を持つ実験項目4つ，非定形補文をともなう実験項目4つに，10の錯乱項目を加えた計18項目で構成されている。錯乱項目はすべて実験項目とは逆に期待される回答が「真」となるように作られ，事前，事後テスト用の問題セットはそれぞれ2種類の異なる項目順で準備された。

　英語母語話者用には，学習者用に準備された16個の実験項目すべてに錯乱項目から4つを選んで加え，計20項目をランダムな順序で配置したテスト・マテリアル(1種類)を作成した。錯乱項目の数を4に留めたのは全体の項目数を学習者群の参加者が1度のテストで提示される数と同等にするためである。それらは実際には錯乱項目として機能するためというよりは，参加者がそれらに「真」と回答していることを確認し，データの信頼性を担保するために含められたものだった。

　処遇　事前テストと事後テストの間に3回，研究協力者1名と本章著者が実験群に対して処遇としての介入的指導を行った。1回目の処遇では，導入として英語におけるいくつかの照応の事例(「付録」1)を示した後，英語の代名詞 *he*, *she* と日本語の「彼」，「彼女」の用例を対比しながら，それらが必ずしも置き換え可能ではないことを説明し(「付録」2)，言語間の相違を参加者に意識させている。2回目の処遇前半では，日本語において「自分」を用いるのが自然な箇所で，英語では代名詞としての *he* や *she* が現れることを見た(「付録」3)。後半では，束縛変項(bound variable)としての用例を含め，対応する日本語と英語の文における代名詞の指示対象の異なりに注目させている(「付録」4)。3回目の処遇では，そうした日英語代名詞の用いられ方の違いが，文中で言及される人物が英語では常に処理者のパースペクティブで，その人物にとっての三人称として処理されることの結果であると考えられることを説明し(「付録」5)，最後にそのような処理方略の結果として英語の文章には(言及される人物を常に三人称の「彼」「彼女」と

して表現していく必要があるため）対応する日本語の文章と比べて圧倒的に多くの代名詞が現れることを，村上春樹の小説作品『1Q84』（新潮社，2009年）の一節と，Jay Rubin による当該箇所の英語翻訳（*IQ84: Book 3*, Vintage, 2012 年）の対比によって例示した。[7]「自分」が長距離束縛を許容すること，および *x-self* の同一指示における局所条件には処遇期間を通してふれられていない。

5.3 手順

実験群と統制群の学習者に対して実験期間の第 1 週目に事前テストが，第 4 週目に事後テストがそれぞれ実施された。実験群に対する処遇は第 2，第 3，第 4 週目に，それぞれ 90 分の授業時間のうち 20 分を使って行われている。事後テストは最終回の処遇直後に行われた。実験群が処遇を受けている期間，統制群の学習者は通常のスペイン語授業に参加していた。事前，事後テスト用の真偽判定マテリアルは 2 度のテスト機会，2 種類の項目セット，2 とおりの項目順に関してカウンターバランスを取って各群の学習者に配布され，学習者はそれぞれのペースで問題に回答している。電子メールで個別に協力を要請した英語母語話者からは概ね 1 週間以内に回答が届けられた。

6. 結果

表 1 は実験群と統制群の学習者，および対照群としての英語母語話者の回答傾向を示している。事前，事後のテストで 8 個ずつ用意された実験項目では，局所条件の遵守を意味する「偽」との回答に 1 点が与えられ，「真」とする回答は 0 点として処理された。したがって平均行の数字は 4 点を満点とする得点である。実験項目の信頼性は対照群の英語母語話者全員がすべての実験項目で再帰代名詞の局所条件を遵守していることによって確認されたものとし，以下では学習者のデータのみを分析対象とする。

---

[7] 提示したテクストは日本語原典で 10 行ほどの長さであるが，その中での代名詞の出現は原典の 3 回に対し，翻訳では 28 回に及んでいる。

表1 実験群，統制群，および英語母語話者の真偽判断テスト結果

		定形補文		非定形補文	
		事前テスト	事後テスト	事前テスト	事後テスト
実験群 (n=16)	合計	32	40	23	25
	平均	1.88	2.35	1.35	1.47
	標準偏差	1.11	2.35	1.00	1.18
統制群 (n=27)	合計	47	45	34	28
	平均	1.74	1.67	1.25	1.04
	標準偏差	1.43	1.33	1.13	0.90
英語母語話者群 (n=20)	合計	80	80	80	80
	平均	4.00	4.00	4.00	4.00
	標準偏差	0.00	0.00	0.00	0.00

　データの解析にはソフトウェア R の lme4 および lme パッケージ（バージョン 3.3.0）を用い，混合効果のロジスティック回帰分析によるモデル適合を行った。推定には最尤法を用いている。選択されたモデルにおける固定効果はグループ（実験群対統制群），補文タイプ（定形補文対非定形補文），テストのタイミング（事前テスト対事後テスト），およびそれらの交互作用であり，変量効果は学習者および個々の実験項目における文脈である。学習者ごとの変動のばらつきを推定するため，モデルには学習者とグループの要因からなるランダム切片を設定した。表2に分析の結果を示す。

　データに補文タイプの主効果が認められる（予測値 =0.81, SE=0.25, z=3.29, p < .001）ことから，過去の研究と同様，今回の実験でも定形補文中では非定形補文中より再帰代名詞の局所条件が守られやすかったことがわかる。テストのタイミング（処遇の前後）およびグループ（実験群と統制群）の主効果は確認されなかったが，両者の交互作用には一定の傾向が認められた（予測値 =0.63, SE=0.36, z=1.75, p=.080）。グループごとの処遇前後のテスト・スコアを視覚化したのが図3である。

表2 混合効果モデリング分析結果

変数	固定効果				ランダム効果	
					学習者	文脈
	推定値	標準誤差	z値	p値	SD	SD
切片	-0.47	0.20	-2.41	0.016150*	0.97	0.33
テスト	0.10	0.18	0.57	0.567450		
グループ	0.53	0.36	1.50	0.133750		
補文タイプ	0.81	0.25	3.29	0.000996***		
テスト×グループ	0.63	0.36	1.75	0.080227		
テスト×補文タイプ	0.30	0.36	0.83	4.044809		
群×補文タイプ	0.11	0.36	0.30	0.767771		
テスト×群×補文タイプ	0.15	0.71	0.21	0.833567		

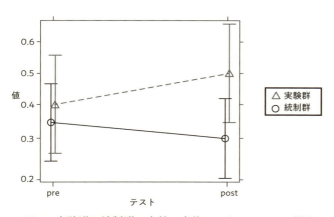

図3 実験群と統制群の事前,事後テストでのスコア推移

7. 考察

7.1 実験結果に影響を与えた可能性のある要因

　過去の研究と同様,今回の実験でも学習者の判断傾向には補文のタイプによる違いが認められた。ただし,先行研究と比較すると今回の結果では両タイプとも局所条件の遵守率の低さが際立っており,定形補文を持つ文に対し

てさえもその遵守率は事後テストでの実験群を除いて 50 パーセント未満にとどまった。これは今回の実験参加者の英語習熟レベルが過去の研究におけるより低かったためだと考えられる。参考のために分析から除外された TOEIC-IP スコアが 560 点を超える学習者の回答を確認してみると，特に定形補文を伴う文に関しては事前テストの段階ですでに正しい判断の割合が 50 パーセントを超えており，習熟度が正答率に影響を与えていることがうかがえる。

　設定されていた研究課題に関しては，今回の実験で処遇における指導内容が間接的な手がかりとして学習者の局所条件の理解を促すことの明確な証明には至らなかった。しかし，事後テストにおける実験群と統制群のスコア差，さらにテストとグループの交互作用に一定の傾向が認められる（$p=.080$）ことなど，結果のいくつかの側面では処遇が一定の効果を持ったことが示唆されている。処遇の決定的な効果が顕れなかった理由として第一に考えられるのはサンプルの小ささである。最終的に分析対象とすることのできた学習者の数は実験群で 16，統制群で 27 であり，両群の参加者数に偏りも生じている。第二の可能性は処遇の不徹底である。実験群に対する処遇に費やされた時間は 1 回あたり 20 分，3 週間の合計で 60 分にすぎず，学習者がその内容を理解したかどうかの確認も行われていない。言い換えると，今回そのような条件下でも統計的に一定の傾向が見られたことからは，将来の研究においてこれらの側面を改善することによって，より明確な結果が得られるかもしれない。

　今回の実験結果に影響を与えた第三の要因として，真偽判定テストの項目による学習者の判断傾向の異なりを挙げることができる。[8]　実験項目を個別に見ていくと，同じ補文タイプを持つ文（定形，非定形補文に関してそれぞれ 4 つ）のうちにも局所条件が守られやすいものとそうでないものが存在することがわかる。便宜上，事前テストにおける回答を，実験群と統制群を区別せずに見たとき，定形補文への反応を求める項目の中で比較的高い割合で局所条件が守られていた（64.0％）のが以下の（7a）で，（7b）は反対にその割合が低かった項目（28.0％）である。同様に，（8a）は刺激文に非定形補文

---

[8]　混合効果モデリングによる分析では個々の項目の特性が考慮されるため，そうした条件下では必然的に統計上の有意差が得られにくくなる。

が含まれていた項目のうち高い割合で局所性が守られた項目（48.0%），(8b) は守られにくかったもの (13.0%) である。

(7) a. 【文脈】Eva and Rosa are close friends, but Eva has secretly loved Rosa's boyfriend, Martin, for a long time. Yesterday, she could not hold back her emotion, and confessed her love to Martin. Martin was surprised, but said he was happy. He invited Eva on a date. Eva accepted, of course. But she is afraid because she knows that Rosa has a hot temper. Eva said to herself, "If Rosa knew about this, she might stab me to death!"
【刺激文】Eva fears that Rosa may kill herself.

b. 【文脈】Amy and Karen are members of the tennis team at their high school. They played doubles last week, and lost in the first round. Since then, Karen never talks to Amy. It is clear to Amy that Karen is angry about the errors she made in the game.
【刺激文】Amy thinks that Karen is blaming herself.

(8) a. 【文脈】Akira studies in a British university on a study-abroad program. He became friends with Jack, and was invited to a home party. Akira has not yet learned much English, so he says to Jack, "Please give my name and some basic information about me to the guests at the party. I don't think I can do it by myself."
【刺激文】Akira wants Jack to introduce himself.

b. 【文脈】Ben has loved reading books since he was a little child. His dream is to become a novelist himself. But his father is strongly against the idea because he thinks it will not provide a stable income. Ben hopes his father will realize that he is serious and will never give up his dream.
【刺激文】Ben wants his father to understand himself.

(7) と (8) で各組のテスト項目を比較して気づくのは，それぞれの a で文脈中の鍵になる情報が直接話法の形で，主節主語の心理叙述や発話として述べられていることである。(7a) では刺激文中の補文で用いられている動詞 kill に関連した文脈中の動詞 stab の目的語として me という一人称代名詞が用いられており (she might stab me to death!)，(8a) でも刺激文の補文動詞 introduce に関連する表現 give my name and some basic information of me に一人称代名詞の my や me が現れている。局所条件が守られにくかった (7b) と (13b) にこのようなことは当てはまらない。こうした文脈内の表現による方向づけの効果として刺激文の主節主語が一人称の「私」として認識された場合，それと英語再帰代名詞に含まれる三人称形態 (himself 中の him-, herself 中の her-) との対比が際立ち，両者が結びつけられにくくなるのかもしれない。すでに見たとおり対照群の英語母語話者は全員すべての実験項目で局所条件を遵守しており，学習者の判断がこのような要因の影響を受けるとすれば，それを過渡的な第二言語知識の不安定さの表れと理解することができるだろう。

7.2　母語の役割

　日本語話者が英語再帰代名詞の長距離束縛を許容する理由を，本論はその母語で広範に採用されている登場人物視点による文処理であると考えてきた。それに対して Felser and Cunnings (2012) は Felser, Sato, and Bertenshaw (2009) の実験結果にも言及しながら，第二言語学習者が英語再帰代名詞の同一指示において非局所的な先行詞を選ぶ傾向があるのは，その母語の特質とは無関係な談話ベースの文処理の結果であるとして，母語の関与の可能性を退けている。日本語話者と，その再帰代名詞が長距離束縛を許さないドイツ語を母語とする学習者の照応判断過程を視線計測によって分析したところ，最終的に局所的な先行詞の選択へと至る途上で非局所的な先行詞を考慮する傾向が両者に共通して見られたというのがその主張の主な根拠である。

　Felser らの主張は今回の研究における理論化と対立し，相容れないように思われる。しかし，Felser and Cunnings (2012) が見ているのは，習熟度の高い学習者が最終的な判断に至る前の視線の滞留が示す一時的な「迷い」がどのような母語を持つ学習者にも共通して発生するという過程的な現象であ

る。それに対して本論は初級学習者が実際に非局所的な先行詞を許容するという結果的な事実を扱っており、その論点は Felser らの実験結果によって棄却されるものではない。もしもドイツ語を母語とする初級英語学習者の長距離束縛の許容率が実際に日本語話者のものより低いようであれば、そこに日本語話者に固有の要因が介在していると考える必要があるだろう。仮に両者の許容率が同程度であったとしても、その段階を脱して局所的な先行詞を選ぶことができるようになるまでの期間の長さになど違いが見られる可能性もある（英語の習得で繋辞［copula］脱落の期間がフランス語やスペイン語話者に比べて繋辞を持たないアラビア語の話者で長くなることを指摘した Zobl, 1982 などを参照）。さらに、言語を複雑なシステム（complex systems）として見るならば、ドイツ語話者の母語の体系も、（今回日本語に関してそうしたように）その全体を学習者のふるまいとの関連で検討してみる必要があるかもしれない。これらは今後の研究によって明らかにされるべき事項である。

7.3　本研究の理論的意義

今回行われた実験の結果は処遇の効果を必ずしも明確に示すものではなかったが、統計的傾向としてその可能性は示唆されていた。目標言語で用いられる処理方略が理解されるにしたがい、関連する再帰代名詞の特性が直接的な証拠なしに習得されていく可能性をさらに探っていくことには、言語知識の**創発的**（emergent）な性格を明らかにするうえでも大きな意味がある。近年の第二言語習得への用法基盤的な（usage-based）アプローチにおいて、創発という言葉は学習者が入手した個々の用例から一定のパターンを抽出し、一般化のプロセスを経て抽象的な構造スキーマを作り出すことを指して用いられてきた（Ellis & Larsen-Freeman, 2009 など）。根底にあるのは言語知識の形成が事例に基づく統計的学習（statistical learning）の結果であるとする習得観である。しかし、創発とは本来、自然科学の領域で入力情報を超えた知識や行動の発現を意味する用語であり、事例の蓄積とスキーマ形成より以上のことを含んだ概念である。本章で考察してきたのも目標形式の特性を学習者に指し示す直接的な入力が存在しない中で習得が進行する可能性であり、そのようなプロセスは「統計的学習」、「事例からのパターン抽出」、

「トークンあるいはタイプ頻度の効果」といった概念化の射程を超えるものである。ここでの議論が今後の第二言語習得研究の視野の拡大につながり，習得のさまざまな側面がさらに解明されていくことが期待される。

　本章の議論は言語知識と言語処理の関係性を考え直してみるための契機ともなるにちがいない。今回の研究で英語の再帰代名詞 x-self の局所性を学習者が理解するための鍵と見なされたのは，英語の人称代名詞が常に処理者の視点で扱われ，登場人物視点が採用されることはないことの学習者による理解だった。そのような理論モデルでは，言語の文法に関する知識と心理言語的処理の境界はもはや明瞭なものではない。言語知識と言語処理の不可分性に対する認識は，効率優先の処理機構（the efficiency-driven prossesor）が要素の連鎖を作り出していくプロセスの帰結として文構造やそれらに関連して働く制約を捉える O'Grady (2015) などにもうかがえるが，本章で扱ってきた「視点」の概念は実体を持った文要素の連結ではなく，言語処理における事象認知のあり方に関連したものである。今後の第二言語習得研究では，さまざまな次元で作用する潜在的要因の役割を明らかにしていくことが重要になるだろう。

8. まとめと展望

　1990年代以降，第二言語習得研究の主流となってきた，いわゆるインターアクション研究では，ターゲット項目の明示的または暗黙的指導の効果や，種々の訂正的フィードバックの役割などが活発に議論されてきた。しかし，普遍文法理論がこの分野にもたらした洞察の1つとして知られているように，私たちが有する言語知識には個々の形式の指導を受けたり，対象項目への意識的な注意が払われたりした結果として身についたとは考えられない特質が含まれている。照応に関する知識もそうしたものの1つであると考えられ，本章ではその発現に処理方略の移行という観点から光を当ててきた。そうすることで私たちの視野は習得を促す間接的な手がかりの存在にまで広がり，学習者の発達における経験の役割に関する包括的な議論を展開する道が開かれた。十分な数の参加者の確保，処遇の徹底などの面で手続きを改善したうえで仮説の検証に改めて取り組むとともに，処遇の効果がその終

了直後のみならず長期にわたって認められるかどうかを確かめることは重要な意味を持つことになるだろう。

　最後に，本論はどのような意味でも，指導を通して英語再帰代名詞の照応特性を学習者に理解させることを推奨するものではない。局所条件が学習者の全般的習熟度の向上にともなって次第に理解されていくことは多くの研究で確認されており，実践上はそれよりも真に支援が必要とされる事項の指導に時間を割くべきだろう。それでも，今回の議論から言語指導に関する全般的な教訓を導くことはできる。それは第二言語の学習を教えられたことと学ばれることの1対1の対応としてではなく，知識がある種の間接的な手がかりも利用しながら創発的に顕在化していく複雑なプロセスとして理解することの重要性である。このことはプログラムの構築から具体的な指導計画の策定と実践，テストと評価の実施に至るまで，言語教育のすべての局面で意識されているべきであり，学習者に対してはそのような見通しのもとに豊かな言語経験の機会を提供していくことが考えられなければならない。

本章で報告した研究におけるデータ分析では，横山友里さん，大庭真人さん，田村祐さんからの惜しみない援助を受けた。横山さんには研究協力者として，実験実施時のサポートや準備段階の原稿に対する助言という形でも本研究を支えていただいた。ここに記してお礼を申し上げる。

資　料

1. 次の対比などを示した。

　　Near Dan, he saw a snake.
　　Near the car that Dan was repairing, he saw a snake.

　　In John's picture of Mary, she found a scratch.
　　In John's picture of Mary, she looks sick.

2. 次のようなやり取りを提示した。

　　田中先生はご在宅ですか。── ?いいえ，彼は外出中です。
　　昨日ジョン・スミスに会ったよ。── ?え，誰ですか，彼は。

3. 次のような対比を扱っている。

淳はよく自分の息子といっしょに旅行をした。
Atsushi used to travel with his son.

早紀は自分に話しかけた（独り言を言った）。
Saki talked to herself.

それで，自分はどうなの？
So, what would you do? / what do you think?

自分がしたことじゃないか。
You did it! / That's what you did! / It's your fault.

自分でもよくわからないんです。
I have no (clear) idea. / I don' know.

4. 次の各文における代名詞の解釈を考えさせ，解釈の違いを認識させた。

- 彼のいとこはジョンを嫌っている。
- His cousin hates John.

＞ジョンを嫌っているのはジョンとは違う人のいとこ？それともジョンのいとこ？

- 誰もが彼の名前を書いた。
- Everyone wrote his name.

＞みんなで共謀して，たとえば「宏」のように同じ人の名前を書いたの？それともそれぞれの人がその人自身の名前を書いたの？

- 私はそれぞれの先生に，彼の研究室で話を聞いた。
- I interviewed each professor in his office.

＞何人かの先生に，誰か別の人の研究室に来てもらって話を聞いたの？それとも話を聞きたい先生1人ひとりを研究室に訪ねて行ったの？

- 今日彼女が遅れてくると、誰が言っているの？
- Who is saying that she would be late today?

＞言っている人 ≠ 遅れて来る人（「あの子今日遅れてくるそうですよ」って誰かが言っている）？あるいは言っている人 = 遅れて来る人（遅れそうな人みずからが「私今日遅れます！」と言ってきた）？

参照文献

Akiyama, Y. (2002). Japanese adult learners' development of the locality condition on English reflexives. *Studies in Second Language Acquisition, 24,* 27–54.

Benati, A. G., & Lee, J. F. (2008). *Grammar acquisition and processing instruction: Secondary and cumulative effects.* Bristol: Multilingual Matters.

Chomsky, N. (1981). *Lectures on government and binding.* Dordrecht: Foris Publications.

Chomsky, N. (1995). *The minimalist program.* Cambridge, MA: MIT Press.

Clements, G. N. (1975). The logophoric pronoun in Ewe: Its role in discourse. *Journal of West African Languages, 2,* 141–177.

Crain, S., & McKee, C. (1986). Acquisition of structural restrictions on anaphora. *Proceedings of NELS, 16,* 94–110.

Culy, C. (1997). Logophoric pronouns and point of view. *Linguistics, 35,* 845–859.

Eckman, F. R., Bell, L., & Nelson, D. (1988). On the generalization of relative clause instruction in the acquisition of English as a second language. *Applied Linguistics, 9,* 1–20.

Ellis, N. C., & Larsen-Freeman, D. (2009). Constructing a second language: Analyses and computational simulations of the emergence of linguistic constructions from usage. *Language Learning, 59* (Supplement 1), 90–125.

Felser, C., & Cunnings, I. (2012). Processing reflexives in a second language: The timing of structural and discourse-level constraints. *Applied Psycholinguistics, 33,* 571–603.

Felser, C., Sato, M., & Bertenshaw, N. (2009). The on-line application of Binding Principle A in English as a second language. *Bilingualism: Language and Cognition, 12,* 485–502.

Finer, D. (1991). Binding parameters in second language acquisition. In L. Eubank (Ed.), *Point counterpoint: Universal Grammar in the second language* (pp. 351–374). Amsterdam: John Benjamins.

Finer, D., & Broselow, E. (1986). Second language acquisition of reflexive-binding. *Proceedings of NELS, 16,* 154–168.

Gass, S. M. (1982). From theory to practice. In M. Hines & W. E. Rutherford (Eds.), *On TESOL '81: Selected papers of the Fifteenth Annual Conference of Teachers of English to Speakers of Other Languages* (pp. 129–139). Washington, D.C.: TESOL.

Hilles, S. (1986). Interlanguage and the pro-drop parameter. *Second Language Research, 2,* 33–52.

Hirakawa, M. (1990). A study of the L2 acquisition of English reflexives. *Second Language Research, 6,* 60–85.

Huang, J. (1983). A note on the binding theory. *Linguistic Inquiry, 14,* 554–561.

Iida, M. (1996). *Context and binding in Japanese.* Stanford: CSLI Publications.

Ishino, N. (2012). Syntactic feature transfer and reflexive binding in interlanguage. *English Linguistics, 29,* 1–37.

Kano, A. (2011). L2 learners' interpretation of reflexives in direct picture noun agent structures. 『活水女子大学活水論文集』. *54,* 21–30.

Kano, A. (2017). Asymmetry between Binding Theory Conditions A and C. *Proceedings of PacSLRF 2016,* 105–107.

神崎高明 (1994). 『日英語代名詞の研究』. 東京:研究社.

Katada, F. (1991). The LF representation of anaphors. *Linguistic Inquiry, 22,* 287–313.

久野暲 (1973). 『日本文法研究』. 東京:大修館書店.

久野暲 (1978). 『談話の文法』. 東京:大修館書店.

Lakshmanan, U., & Teranishi, K. (1994). Preferences versus grammaticality judgements: Some methodological issues concerning the Governing Category Parameter in SLA. In S. Gass, A. Cohen, & E. Tarone (Eds.), *Research methodology in second language acquisition.* Hillsdale, NJ: Lawrence Erlbaum Associates.

Langacker, R. W. (1969). On pronominalization and the chain of command. In D. A. Reibel & S. A. Schane (Eds.), *Modern studies in English* (pp. 160–186). NJ: Prentice Hall.

MacLaughlin, D. (1998). The acquisition of the morphosyntax of English reflexives by non-native speakers. In M-L Beck (Ed.), *Morphology and its interfaces in second language knowledge* (pp. 195–226). Amsterdam: John Benjamins.

Matsumura, M. (1994). Japanese learners' acquisition of the locality requirement of English reflexives: Evidence for retreat from overgeneralization. *Studies in Second Language Acquisition, 16,* 19–42.

Matsumura, M. (2007). Semantics behind the structure, and how it affects the learner: A new perspective on second language reflexives. *International Review of Applied Linguistics in Language Teaching, 45,* 321–352.

日本国語大辞典第二版編集委員会・小学館国語辞典編集部 (2001). 『日本国語大辞典第二版』. 東京:小学館.

Nishigauchi, T. (2014). Reflexive binding: Awareness and empathy from a syntactic point of view. *Journal of East Asian Linguistics, 23,* 157–206.

O'Grady, W. (2015). An Emergentist approach to syntax. In B. Heine & H. Narrog (Eds.), *The Oxford handbook of linguistic analysis* (2nd edition) (pp. 257–283). Oxford University Press.

Reinhart, T. (1976). *The syntactic domain of anaphora.* Ph.D. thesis, MIT.

Ross, J. R. (1969). On the cyclic nature of English pronominalization, In D. A. Reibel & S. A. Schane (Eds.), *Modern studies in English* (pp. 187–200). NJ: Prentice Hall.

澤田治美 (1975). 「日本語の代名詞化・再帰代名詞化の条件について ── 特に話者の視点とその移動を中心として (上)(下)」『英語教育』23 (12), 61–65; 23 (23), 57–61.

澤田治美 (1993). 『視点と主観性 ── 日英語助動詞の分析』. 東京:ひつじ書房.

Sells, P. (1987). Aspects of logophoricity. *Linguistic Inquiry, 18,* 445–480.
Shirahata, T., Yoshimura, N., & Sawasaki, K. (2013). Locality and disjointness in adult second language acquisition. In C. Hamann & E. Ruigendijk (Eds.), *Language acquisition and development: Proceedings of GALA 2013* (pp. 460–475). New Castle: Cambridge Scholars Publishing.
Speas, M. (2004). Evidentiality, logophoricity and the syntactic representation of pragmatic features. *Lingua, 114,* 255–276.
Thomas, M. (1995). Acquisition of the Japanese reflexive *zibun* and movement of anaphors in Logical Form. *Second Language Research, 11,* 206–234.
Tomita, Y. (1992). A study of Japanese learners' acquisition process of English reflexives in the framework of UG-based SLA theory. *JACET Bulletin, 23,* 137–156.
van Hoek, K. (1997). *Anaphora and conceptual structure.* Chicago: The University of Chicago Press.
VanPatten, B. (2004). Input processing in second language acquisition. In B. VanPatten & J. Williams (Eds.), *Processing instruction: Theory, research, and commentary* (pp. 5–31). Mahwah, NJ: Erlbaum.
Wexler, K., & Manzini, R. (1987). Parameters and learnability in Binding Theory. In T. Roeper & E. Williams (Eds.), *Parameter setting* (pp. 41–76). Dordrecht: Reidel.
White, J. (2015). Primary and secondary effects of processing instruction on Spanish clitic pronouns. *International Review of Applied Linguistics in Language Teaching, 53,* 151–179.
White, J. P., & DeMil, A. J. (2013). Primary and secondary effects of PI. *International Journal of Language Studies, 7,* 59–88.
White, L. (1989). *Universal Grammar and second language acquisition.* Amsterdam: John Benjamins.
White, L. (1995). Input, triggers and second language acquisition: Can binding be taught? In F. R. Eckman, D. Highland, P. W. Lee, J. Milcham, & R. Rutkowski Weber (Eds.), *Second language acquisition theory and pedagogy* (pp. 63–78). Mahwah, NJ: Lawrence Erlbaum Associates.
White, L., Bruhn-Garavito, J., Kawasaki, T., Pater, J., & Prévost, P. (1997). The researcher gave the subject a test about himself: Problems of ambiguity and preference in the investigation of reflexive binding. *Language Learning, 47,* 145–172.
White, L., Hirakawa, M., & Kawasaki, T. (1996). Effects of instruction on second language acquisition of Japanese long-distance reflexive *zibun. Canadian Journal of Linguistics, 41,* 235–254.
山口仲美 (2006).『日本語の歴史』. 東京：岩波書店 (岩波新書).
Zobl, H. (1982). A direction for contrastive analysis: The comparative study of developmental sequences. *TESOL Quarterly, 16,* 169–183.

第 5 章

第二言語における定型言語の産出と処理

奥脇奈津美

1. はじめに

コーパス研究[1]により,日常的に使用される話し言葉や書き言葉には,繰り返し現れる語の連なりが広く存在することが明らかになっている(Erman & Warren, 2002; Foster, 2001)。反復して現れる語の連なりは**定型言語**(formulaic language)と呼ばれ(Read & Nation, 2004; Weinert, 1995; Wray & Perkins, 2000),心理言語学,コーパス言語学,第一言語獲得,第二言語習得,ディスコース分析,フレイジオロジー[2]など,言語学の諸分野において,近年,関心が高まっている。具体的には,**イディオム**(idioms)(例:push the envelope「限界に挑む」),**コロケーション**(collocations)(例:hard luck「不運」),句動詞(phrasal verbs)(例:look into「〜を調べる」),二項表現(binominals)(例:black and white「白黒」),定型口語表現(speech formulae)(例:How is it going?「調子はどうですか」),談話標識(discourse markers)(例:first of all「まず第一に」)など,その種類は多岐にわたる[3]。

---

[1] コーパスとは,コンピュータで解析できる形で実際に使用された言語を大量に集めたデータベースのことである。言語の分析や研究に使用される。たとえば,ある語がどのような語と頻繁に共起するのかを調べたい場合,コーパスを検索することで,その頻度を算出することができる。

[2] フレーズについての研究のことであり,コーパスを使用することが多い。フレイジオロジーでは,定型言語を「フレーズ」とよぶ。

[3] 本章では,特定の研究に言及するときにはその研究で使用されている用語(イディオム,コロケーション)を使うことにするが,それらは「定型言語」と同義である。

136 | 第5章　第二言語における定型言語の産出と処理

　定型言語は，**メンタルレキシコン**[4]内で独立した**語彙項目**として貯蔵され，ひとつのまとまった単位で処理されると考えられている（Wray, 2002）。語彙項目には個々の要素の音韻，意味，形態，統語に関する情報が含まれるが，これらの情報が適切に関係付けられて，形態素や語と同様に，定型言語もそこに貯蔵されていると考えられる。母語話者のメンタルレキシコンにはこのような定型言語が膨大に含まれ，それが流暢な言語運用を可能にしている。第二言語使用者にとっても，定型言語を習得するということは，独立した語彙項目としてメンタルレキシコンに貯蔵し，処理することである。

　本章では，第二言語使用者がどのように定型言語を運用するのかを考察し，第二言語の発達に伴ってその運用が向上するのかどうかをみる。さらに，言語理解の際，どのように定型言語を処理するのか，**反応時間**や処理の正確性の観点から考察する。

2. 研究の目的と意義

2.1 用語の定義

　主にコーパスの用例ベースの研究を通して，実際の言語運用には定型言語が高い頻度でみられることが明らかになってきたが，その定義や判別基準に関しては研究ごとに明確に示す必要がある。Wray（2002）によると，研究者によって，またその研究分野によって，定型言語はさまざまな用語で呼ばれており，これまでの研究で，50個以上の異なる呼び名が存在したという[5]。そこで，Wrayは，それらを包括する用語として「定型連語（formulaic sequences）[6]」を提案し，(1)のような定義を与えた。

---

[4] 言語の知覚や産出においては，特定の語彙を抽出する際，脳内に記憶されている語彙情報に基づいた検索や照合が行われると仮定されている。脳内に記憶されたこのような語彙情報の集合体をメンタルレキシコン（心内辞書）という。

[5] たとえば，チャンク（chunk），決まり文句（clichés），コロケーション（collocations），慣用化された形式（conventionalized forms），固定表現（fixed expressions），イディオム（idioms），語彙化したフレーズ（lexicalized phrases）などである。Wray（2002, p. 9）にはこれまでに使用された用語が列挙されているので参照されるとよい。

[6] 「定型連語」は「定型言語」とほぼ同義であるが，最近の研究では，より一般的な「定型言語」を使うことが多い。

(1) （定型連語とは，）連続的，または非連続的な語もしくは他の要素の連続体のことであり，あらかじめ組み上げられた連なった語，あるいはそのようにみえる連語のことである。つまり，文法的に産出され，分析されるというより，ひとかたまりとして記憶に貯蔵され，使用するときにかたまりとして抽出されるものである。

この定義によると，定型連語は，文法的に構築されたというより，言語使用者のメンタルレキシコンにひとかたまりの語としてリストされているものと考えられる。(1)の定義は，多様な種類の定型連語を組み入れられるよう，意図的に包括的なものになっており，Wray (2002) の後，多くの研究が (1) の定義を引用するようになった。しかし，そのような包括的な定義では，具体的に何が定型連語であって何がそうではないかという判断をすることが難しくなるという側面もある。

　定型言語という概念を支えているのは，ある意味を表す際に，ある語とある語の組み合わせが特に適合する関係性にあり，通常，その組み合わせによって最も適切にその意味が表現されるという感覚であると Weinert (2010) は述べている。たとえば，「強い雨」のことを英語では strong rain ではなく heavy rain というが，これは rain と heavy との組み合わせが，rain と strong よりも特に適合するということである。このような「組み合わせの相性」のようなものが言語にあることについては，多くの研究者が直観的に認識していることであろう。一方，定型言語の基準についてのコンセンサスが完全に得られているとは言い難いのも事実である。理論的立場によって，その解釈が異なるからである。

　コーパス言語学では，コーパスに現れる定型言語[7]を抽出・記述するために，その抽出基準として，**固定性** (fixedness)（複語がどの程度そのままの形で使用されるのか），**非構成性** (non-compositionality)（語単位の解釈ではなく，あらかじめ決まった意味でどの程度解釈されるのか），または**出現頻度**などを尺度として用いる。たとえば，(2a) の see stars は，能動態で，ゼロ限定詞（無冠詞）を伴う名詞句で，複数形であるという場合にのみ，比喩的

7　コーパス言語学では，複語ユニット (multiword units) という用語が一般的である。

な意味(「目から火が出る」)になるが(イディオム),(2b)や(2c)のように,受動態になったり限定詞を伴ったりする場合は,比喩的な意味の可能性はなくなり,字義的意味となる(非イディオム)。

(2) a. I see stars.
    b. A lot of stars are seen at night.
    c. I see a lot of stars in the sky.

また,(3a)のような語の連なりの意味は,構成する個々の語(take, a, book)の典型的な意味[8]の総計から「構成的(compositional)」に成っているが,(3b)のようなコロケーションは,その典型的な意味の総計から成っていないという点で「非構成的(non-compositional)」である。

(3) a. take a book(本を手に取る)
    b. take a step(措置を講じる)

このように,コーパスを用いた定型言語研究は,出現頻度や言語機能に加え,語の連なりの固定性や非構成性などの言語的な形式に着目して,言語の定型性について研究している。

　一方,心理言語学や言語習得研究においては,定型言語がどのように言語使用者の知識として内在し,メンタルレキシコンに貯蔵され,処理されるのかということを興味の対象としている。イディオムと非イディオムの処理の速さを比べることでメンタルレキシコンにおける貯蔵のされ方を考察したり,出現頻度がその処理にどのように影響するのかを検証したり,第二言語熟達度がどのように影響するかどうかを調べる研究もある。

　本章では,定型言語は言語使用者が内在的にもつ言語知識にあると考え,それがメンタルレキシコンにどのような形で貯蔵されているのかということに着目する。よって,(1)の定義を引き継ぎながら,メンタルレキシコン内

8　ここでいう「典型的な意味」とは,テキスト(コーパス)の中でより高い頻度で使用される意味のことである。

のその位置づけをより明瞭にするため，(4) のように定型言語を定義する。

(4) 定型言語は，独立した語彙項目として言語使用者のメンタルレキシコンに貯蔵されている語の連なりのことであり，記憶，検索，照合，抽出，想起の際の単位として言語処理や言語産出に関わるものである。

この定義によると，定型言語は，言語運用に繰り返しみられる語の連なりというよりは，言語使用者に内在する知識に直接関係し，メンタルレキシコン内に語彙項目としてリストされ，その項目の検索や照合の際の単位となるものである。つまり言語使用者に内在する知識に由来すると考える。本章では，定型言語を (4) のように捉え，第二言語使用者がどのようにそれを知識として内在させ，処理し，言語運用を行うのかを考察する。

2.2 第二言語における定型言語研究の重要性

母語話者は，話し言葉や書き言葉において多くの定型言語を使用する。Erman & Warren (2000) は，複数のコーパスを用いた調査によって，英語の母語話者の書き言葉の 52.3％，話し言葉の 58.6％が定型言語であると算出している。また，Howarth (1998) は社会科学分野のアカデミック・コーパスにみられる高頻度の動詞の使用法を調査し，コロケーションやイディオムのような定型言語の割合がその 31％〜40％を占めていると示した。算出方法によって具体的な割合は多少左右されるものの，これらの研究は，言語運用の多くの部分が繰り返し現れる定型言語からなることを示している。言語運用にみられる実際の話し言葉や書き言葉は，「あらかじめ構成された語の並び」(ready-made surface structures, Wray, 2002, p. 13) に依拠する部分が大きいということである。

母語話者だけでなく，第二言語使用者にとっても定型言語は重要な役割を担う。Martinez & Schmitt (2012, p. 300) は，第二言語使用者が定型言語を習得する意義として以下の 4 点を挙げている。

1. 言語運用に定型言語が広く見られる。
2. 言語の意味と機能は定型言語によって表現される。

3. 定型言語は処理が速い。
4. 第二言語使用者による言語産出の全体的な印象は，定型言語を使用することで向上する。

言語機能とは，発話行為（「断言する」，「謝罪する」，「要求する」，「忠告する」など）を含む，言語が果たす機能のことであるが，定型言語はそのような言語機能を果たす際に用いられる表現として使用される。そして，それを適切に使いこなすことが，熟達した第二言語使用者としての重要な要素であるということである。さらに，言語処理においても負荷が低く，処理速度自体を速める利点があることも挙げられている。

1990年代以降，第二言語の語彙研究の重要性が認識されるようになったが（Nation, 1990, 2001; Schmitt & McCarthy, 1997）[9]，その多くは，語の基本単位を1語と考える研究が中心であった。その後，より自然に，効率的に第二言語を使用するためには，言語処理単位としての定型言語の習得が不可欠であると指摘されるようになった（Sinclair, 1991; Wray, 2002; Schmitt(Ed.), 2004）。そして，定型言語を習得することで，言語理解が容易になり，言語産出時の負荷が軽減され，適切で流暢な言語使用につながると考えられるようになったのである。このような形で第二言語運用に寄与する定型言語はどのようにメンタルレキシコン内に貯蔵されているのだろうか。第二言語習得において興味深い問題である。

2.3 研究の目的

ひとかたまりの語として定型言語がメンタルレキシコンに貯蔵されているという考え方は，言語の捉え方にも深く関わる問題である。統語による制約を受けながら要素を組み合わせて文や句を生成するという言語の側面を考えるならば，定型言語は，そのような生成過程を省略して存在する言語の在り方を示すからである。本章では，言語に関する後者の側面に着目して第二言語の定型言語について考察する。次節では定型言語の産出と処理に関するこ

9　語彙知識の広さと深さ（Nation, 2001; Qian, 1998; Read, 1993; Wesche & Paribakht, 1996），メンタルレキシコンと連想語彙（Meara, 2009），テキストの語彙出現頻度とカバー率（Nation, 2006）など，語彙の研究は多岐に渡っている。

れまでの第二言語研究について概観し，議論すべき点について整理する。そして，筆者が行った産出と処理に関する調査を報告し，第二言語における定型言語の習得とその発達について検討する。

3. 先行研究の概略
3.1 これまでの研究の流れ

定型言語という概念自体は新しいものではなく，言語運用におけるその役割の重要性は以前から認識されていた。Pawley & Syder (1983) は，母語話者の言語知識には定型化された多くの語の連なりが含まれており，母語話者は，それらを容易に使いこなすことで流暢な言語産出を行っているとした。そして，いわゆる「母語話者らしさ」は定型言語に由来すると強調し，母語知識におけるその重要性を指摘した。彼らの記述的研究は初期の定型言語研究としてその後多くの論文で引用されるようになった。近年では，コンピュータ技術の発達によって，コーパスに繰り返し現れる用例を効率的に探索することが可能になり，その出現頻度を客観的に算出することで，言語運用における使用割合の高さが明らかになった。

初期のコーパス研究である Sinclair (1987, 1991) は，言語分析における解釈の方法について，その後の指針となる知見を提示した。Sinclair は，言語を分析する方法には「イディオム原則（idiom principle）」と「自由選択原則（open choice principle）」の2通りあるとし，ある語がイディオムとして現れた場合，まずはイディオムとしての解釈が逐語的な解釈よりも優先されると提案している。つまり，イディオムとしての全体的処理が可能であれば優先的にそのように解釈し（イディオム原則），その後，逐語的解釈が行われるということである（自由選択原則）。意味上の想起の単位は「語」ではなく，それより大きい（超語彙的な）単位であると考えるのであるが，言語分析に2通りの解釈方法があるというのは，コーパス言語学が与える知見のひとつである。

心理言語学的なアプローチによる定型言語の探求も試みられている。たとえば，1970年代から広く研究されているイディオムが挙げられる（Cacciari & Tabossi, 1988; Swinney & Culter, 1979; Tabossi, Fanari, & Wolf, 2009）。イ

ディオムとは，それを構成する個々の語の意味には由来しない全体的な意味をもつ，2 語以上からなる語の連なりのことであるが（Swinney & Cutler, 1979），イディオム（例：beat around the bush）には比喩的な意味（「遠回しに言う」）と字義的な意味（「茂みの周りを叩く」）の 2 通りの解釈があることに注目し，いかにして比喩的な意味が特定されるのかという問題，また，処理の過程での字義的な意味が果たす役割などが扱われてきた。最近では，研究方法が進展し，反応速度や眼球運動などを測定して言語処理の過程を探るようになっている（Arnon & Snider, 2010; Columbus, 2010）。

　第二言語の定型言語についても，2000 年以降広く研究されるようになっている。特に，学習者コーパスを利用したものが多く，産出された書き言葉に着目してその中の定型言語の出現頻度や種類の使用傾向を明らかにする研究や，アカデミックライティングにおける定型言語の使用の発達を探究するものがある（Granger, 1998; Howarth, 1998; Hyland, 2008, Li & Schmitt, 2009）。また，反応速度や眼球運動を測定して定型言語の処理について検証する研究も多い（Durrant & Schmitt, 2010; Jiang & Nekrasova, 2007; Siyanova-Chanturia, Concklin, & van Heuven, 2011）。これらの研究で明らかになったのは，第二言語では定型言語の使用割合が母語話者よりも低く，種類も少なく，発達のペースも遅いということである。第二言語における定型言語使用の難しさがうかがえる。

3.2　第二言語の書き言葉にみられる定型言語

　Fillmore（1979）は，3 か月に渡ってスペイン語を母語とする 5 歳から 7 歳までの 5 人の子どもの英語習得を観察した初期の第二言語習得研究である。子どもの自然な言語習得にどのような社会的プロセスが関わるのか，主にその個人差について明らかにすることが主な目的であったのであるが，そのなかで，定型言語の発達についても詳細な観察が行われている。Fillmore は，子どもたちがアメリカに移住した後，Wait a minute や Lemme see などの表現をすぐさま頻繁に使うようになったと報告し，これらの定型言語を即座に学習して記憶することができたのは，他の子どもとの社会的活動に必要であったからであると述べている（p. 219）。さらには，子どもは，これらの定型言語をかたまりとして最初に記憶したあと，それを構成する要素へと分析

するようになり，それを手掛かりにして言語の構造を理解するようになるのだと述べている（p. 212）。このように，Fillmore は，初期段階ではそのままの形で記憶される定型言語が，その後の発達段階において，構成要素に分析され，それが文法発達を促進する役割を果たすと考えた。

　一方，Krashen & Scarcella (1978) は，文法発達に定型言語が果たす役割について異なる立場をとる。定型言語の習得が，学習者の社会的関係性を構築するうえで役に立ち言語習得への重要な入力になるという点では Fillmore と同様の考えをもつが，定型言語それ自体が文法習得を促す役割を果たすとは考えなかった。むしろ，定型言語は，言語習得には付随的な役割しか果たさないという立場をとった。

　これらの初期的研究の後，定型言語が研究対象として取り上げられることは少なくなったが，近年，コーパス研究が進展するなかで再び注目されるようになっている。Granger (1998) は，コーパスを利用して第二言語のライティングを調べた研究である。定型言語の使用割合の高さが「母語話者らしさ」の大きな指標となる（Pawley & Syder, 1983）という見解のもと，非母語話者の定型言語使用が母語話者よりも少ないだろうと予想し，非母語話者（フランス語を母語とする英語学習者）の学習者コーパス（ICLE: International Corpus of Learner English）と英語母語話者コーパス[10]の書き言葉を比較した。強調の副詞と形容詞のコロケーション（例：perfectly natural）における副詞の使用を調べたところ，母語話者に比べて，非母語話者は，使用する副詞のタイプや頻度が少なく，同じ副詞を繰り返して使用する傾向があることがわかった。このことから，Granger は，母語話者が多様な定型言語を高い頻度で使用するのに対し，非母語話者は数少ない使い慣れたものを繰り返し使用する傾向があると結論づけた。

　Li & Schmitt (2009) は，英語圏の大学院で学ぶ中国人英語学習者の定型言語使用について，MAコースの10か月間に渡って調査した縦断的研究である。コース課題として書いた9つのエッセイから学習者コーパスを作成し，そこから3名の母語話者が定型言語を抽出し，使用リストを作成した。そ

---

[10] Granger が利用した母語話者コーパスは，LOCNESS (Louvain Corpus of Native English Essays)，International Corpus of English (ICE) の学生によるエッセイ，the LOB corpus の3種類である。

の後，使用の適切さについて，別の5人の母語話者が基準に基づいて評価した。その結果，定型言語の使用はコース開始時と比較すると37%増加したことがわかった。さらに，新たに使用できるようになったものは50%増加し，適切に使用したケースが40%から90%に増加した。一方，同じものを繰り返して使う傾向がみられ，使用頻度自体は上がっているものの，そもそもの使用率は母語話者には遠く及ばないことがわかった。このように，Li & Schmitt は，使用率や使用の適切さは段階的に上がっていくものの，熟達度が高くなっても，母語話者のようには定型言語を使うことができるようにはならないことを示した。第二言語において定型言語を習得して流暢に運用できるようになることは，非常に困難であるという示唆である。

　定型言語は，第二言語理解（リーディング）にも関係するようである。Martinez & Murphy（2011）は，ポルトガル語を母語とする101人のブラジル人英語学習者に，2000語レベルの高頻度語で構成された2種類のテキストを読ませ，理解度を測定した。語数や節数もほぼ等しく，全く同じ語を用いて作成された2つのテキストであるが，一方のテキストのみ，by and large や come across のような定型言語を含んでいた。それぞれの理解度を測定（正誤問題と理解度スケールを使用した自己評価）したところ，定型言語を含むテキストを読んだ場合，正誤問題の正解率は有意に低かったが，自己評価による理解度は逆に高かった。この結果から，Martinez & Murphy は，実際には定型言語を含むとテキストの内容理解が難しくなり，理解を阻害する要因になるが，定型言語自体が高頻度語から構成されるために，読み手は理解できた気になってしまい，テキストの理解度を過剰評価してしまう可能性があると指摘した。

　これらの研究から，第二言語における定型言語の習得は，熟達度に応じて一定程度まで発達するものの，そのペースは遅く，運用においては，母語話者と比べると使用割合が少なく，使用アイテムも限られ，決まったものを繰り返し多用する傾向にあることが明らかになった。

　このように，定型言語は，第二言語のなかでも難しい項目の一つであると考えられ，これを適切に高い頻度で使用できないことが「非母語話者らしい」言語使用につながると考えられる。あらかじめかたまりとしてメンタルレキシコンに貯蔵し，それをそのまま取り出して効率よく処理するという一

見容易にみえるプロセスが，第二言語使用者にとって簡単なことではないということである。

3.3 第二言語における定型言語の処理

　定型言語を処理する時間は，そうでない語の連なりを処理する時間よりも短いことが知られている (Arnon & Snider, 2010; Conklin & Schmitt, 2008; Durrant & Schmitt, 2010; Jiang & Nekrasova, 2007; Tremblay, Derwing, Libben, & Wesbury, 2011)。これは，定型言語がひとつのかたまりとして大きい単位でメンタルレキシコンに貯蔵され，かたまりで記憶されているため，個々の語を統語的または語彙的なプロセスを経て取り出すよりも，より容易に，迅速に，正確な処理が可能であるという仮説に基づく考えである。

　これまでの研究では，母語話者のイディオム処理を検証したものが多いが，これは，イディオムが字義的な解釈と比喩的な解釈の両方をもつことを利用したものである。たとえば，kick the bucket というイディオムには，「バケツを蹴る」という字義的解釈と「他界する」という比喩的解釈が可能であるが，このことを利用して，文脈が特に与えられない場合，どちらの解釈がより速く活性化されるかということを問うのである。母語話者の処理について調べた結果では，字義的な意味を算出する方が比喩的な意味の解釈よりも時間がかかるという報告がある (Swinney & Cutler, 1979)。Swinney & Cutler は，イディオムはメンタルレキシコンに語彙項目としてリストされており，母語話者がイディオムを処理する際，はじめは字義的意味の算出と比喩的意味の抽出の両方が同時に開始されるが，意味の算出は抽出より時間を要するため，字義的意味の処理の方がより時間が必要になると説明している。一方，非母語話者においては，比喩的な解釈よりも字義的な解釈のほうが速いという研究報告がある (Cieslicka, 2006)。

　Underwood, Schmitt, & Galpin (2004) は，眼球運動測定法を用いてテキストに現れるイディオムの知覚について調べた。パッセージに埋め込んだイディオムについて，最後の語（例：met the deadline by the skin of his teeth）の注視頻度と注視時間について測定し，それを非イディオムのなかの同じ語（例：the dentist looked at his teeth）と比較した。これは，最初の数語をみてそれがイディオムであると知覚すれば，最後にどの語がくるかを予測するこ

とができるため，最後の語を注視する必要が少なくなるという仮説を検証したものである。Underwoodらは，イディオムの場合には母語話者の注視頻度と注視時間が少なくなることを示し，これが定型言語の処理プロセスの優位性[11]を示す証拠であるとした。さらに，熟達度が高い第二言語使用者も最後の語の注視回数が減るので，第二言語の発達によって母語話者のような処理の優位性がみられるようになるということも示した。

　Jiang & Nekrasova (2007) は，母語話者と第二言語使用者が，定型言語と非定型言語（定型的でない語の連なり）をどのように処理するのか，反応時間と正確性を測定した。これも，定型言語がひとかたまりとして処理されているならば統語的処理が不要であり，その結果処理速度が上がるという仮説を検証したものである。参加者は，コンピュータ上に提示された語の連なりが文法的であるかどうかについて，できるだけ速く正確に判断するように求められた。英語母語話者と上級レベルの第二言語使用者各20名（アメリカの大学院生，平均在米年数4年，CEFR[12]: C1 レベル相当以上）が実験に参加し，コーパスから抽出した26個の定型言語（例：on the other hand），音節数と頻度が同様である語で置き換えた26個の非定型言語（例：on the other bed），26個の非文法的な語の連なり（例：other bed the on）について，それぞれの反応時間を測定した。その結果，母語話者と第二言語使用者ともに，非定型言語よりも定型言語をより速く正確に処理した。この実験では文法性を判断するタスクを課しているため，参加者は語の連なりが英語として正しいかどうかについて統語的な分析を行うと考えられるが，定型言語はメンタルレキシコンにそのまま貯蔵され語彙項目としてリストされているため，統語的分析は行われずに文法的であるという判断がなされ，結果として反応が速くなったのだとJiang & Nekrasovaは説明した。

　これらの研究が示すのは，定型言語の処理の速度が非定型言語よりも速いということである。これは，定型言語がメンタルレキシコンのなかでひとつのまとまった単位として貯蔵されており，そのままの形で取り出して処理す

11　処理の優位性とは，定型言語の処理が，音節数や語の頻度が等しい語の連なりより，速く正確であるということである。

12　ヨーロッパ言語共通参照枠（CEFR: Common European Framework of Reference for Languages）のこと。外国語の運用能力を同一の基準で測る国際標準。

ることができるからであると考えられる。したがって，個々の語彙を順番に処理する必要のある非定型言語よりも，定型言語の処理は速くなるのである。

上記のような処理プロセスは**二重経路モデル**（Van Lancker Sidtis, 2012）と呼ばれ，語の連なりの処理について2つの経路を想定するものである。一つ目は，メンタルレキシコンに貯蔵されている定型言語処理に使用される経路で，その経路を通じて直接アクセスしてそのまま取り出すことが可能になる。二つ目は，あまり使用されない語の連なりの処理に使用される経路で，並んでいる構成素の意味に個々にアクセスしてそれぞれの意味を計算する経路のことである。このように，定型言語は，それをひとかたまりとして処理することができる経路を使用してアクセスされるため，そうでない語の連なりを処理するよりも速さが勝るという説明が成り立つのである[13]。

3.4 まとめ

母語話者は，定型言語を多用することで，流暢で正しい言語産出，理解を行っている。第二言語使用者も特に熟達度が高くなると速い処理が可能になるようであるが，一貫してそのように言えるかどうかについてはまだ研究の余地があろう。一方，言語運用においては高い頻度で使用できず，使用できるレパートリーが小さく，使えるものを多用する傾向があるようである。実際，第二言語使用者はどの程度定型言語を使用するのだろうか。使用頻度は第二言語の発達に伴って増えていくのだろうか。次節では，筆者がこれまでに行った研究を紹介し，定型言語について産出と処理の両面から探っていく。

---

[13] ただし，処理における優位性がメンタルレキシコンにおける表象に起因するのかどうかについては，異なる意見も提示されている。処理速度が速いことが，メンタルレキシコンに定型言語がひとかたまりとして貯蔵されていることの証拠にはならず，むしろ，処理の優位性はその頻度の高さ自体に起因すると考える研究者もいる（Siyanova-Chanturia, 2015; Snider & Arnon, 2012）。

4. 定型言語の第二言語研究

　これまでの議論に基づき，本節では，第二言語における定型言語運用とその処理に関して行った調査を報告する。第二言語使用者の言語運用に定型言語がどの程度みられるのか，第二言語の熟達とともにその使用が増えるのか，第二言語使用者による定型言語の処理はそうでない語の連なりよりも速いのかという問題について，これまでに筆者が行った調査である。

4.1　定型言語の産出 [14]
4.1.1　研究の目的

　学習者の英作文コーパスを利用して第二言語における定型言語使用を詳細に調べた研究として Ohlrogge（2009）がある。Ohlrogge は，中級レベルの第二言語使用者が英語熟達度テストの一部として書いた 170 セットの英作文を調べた。複数の英語教師が協議しながら使用された定型言語のタイプ分けを行い，使用数がどの程度英作文の評価と関連するのかをみた。本研究では，Ohlrogge で提案されたタイプのうちの 5 つに注目した [15]（表 1）。

表 1　定型言語のタイプ（Ohlrogge, 2009 に基づく）

	タイプ	例
1	コロケーション	high hopes, heavy fines
2	イディオム	to cut a long story short
3	句動詞	grow up, take off
4	立場表明フレーズ	in my opinion, I strongly believe
5	転換語	on the other hand, first of all

　Ohlrogge（2009, p. 380）ではこの 5 つについて以下のように説明している。コロケーションとは，「偶然やランダムな確率よりも高い頻度で共起するペアの語」であり，イディオムは，「しばしば比喩的な，もしくは完全には意味の透明性がない，ひとつの意味をもつ定型言語」のことである。「意

---

[14]　4.1 節は，Okuwaki（2015）を基に加筆修正した。
[15]　その他のタイプは，指示文の文言からのコピー表現や自己紹介に関わる表現など，そのライティング課題で特有に使用されるものなので本章では扱わなかった。

味の透明性(semantically transparent)がない」とは，字義から意味を推測できないことである。句動詞は「基本的な動詞に不変化詞が組み合わさったもの」であり，立場表明フレーズは，「書き手の観点や意見を示す表現」で，「一般的には文頭に現れ，通常，論説型・議論型ライティングで使用される」と説明されている。そして，転換語は，「テキストの部分と部分の関係を表す定型言語」のことである。

　Ohlrogge (2009) は，分析の結果，ライティング評価と定型言語の使用数には関連性があり，高い評価を受けた英作文にはより多くの定型言語が使用されていたと明らかにした。特に，コロケーションやイディオム，立場表明フレーズの使用数とライティング評価のあいだに強い関連性がみられたとし，定型言語を一定数使用することがライティングの評価につながることを示した。

　この研究に基づいて，Okuwaki (2015) では，日本人の英語学習者が第二言語のライティングで使用する定型言語について調査し，その使用とライティング評価に関連性があるのかどうかを調べた。これに加えて，定型言語の運用が第二言語では難しいとするこれまでの研究結果を検証するため，第二言語熟達度と使用数の関連性を調査し，第二言語が発達するのに伴って定型言語の運用も増えていくのかどうかを調べた。研究課題は以下の3つであった。

研究課題
1. 第二言語使用者はライティングで定型言語をどの程度使用するのか
2. 定型言語の使用頻度とライティング評価は関連するのか。
3. 定型言語の使用頻度は，第二言語熟達度および語彙知識(広さ・深さ)と関連するのか。

課題1では，第二言語における定型言語の使用について詳細に調査し，記述的データを得ることを目的とする。課題2については，Ohlrogge (2009) の結果と同様，高い評価を受けるライティングにはより多くの定型言語が使用されるだろうと予測する。課題3については，熟達度や語彙知識が豊富になるのに伴って定型言語の知識が広がっていくとすると，その運用も向上

していくだろうと予測される。逆に，先行研究が示すように，定型言語の習得ペースは遅く，上級レベルの第二言語使用者でも使用割合や使用範囲が限られるということならば（Granger, 1998; Li & Schmitt, 2009），本研究でも熟達に沿った運用の向上はみられないことが予想される。

4.1.2　参加者と調査方法

　71名の日本人大学生の英語学習者が参加した。年齢は18歳から25歳（平均20.2歳）の英語を専攻する大学生であった。熟達度はTOEICテストで測定した（表2）。71名のうち4名についてはTOEICスコアが得られなかったため，熟達度は67名のスコアによるものである。

表2　Okuwaki (2015) の参加者について（平均）

年齢	英語学習年数	TOEICスコア
20.20歳	9.09年	671.2点
（18歳～25歳）	（6年～16年）	（435点～880点）

　71名の参加者に2種類のエッセイ（記述型・論述型）[16]を書いてもらい，計142セットのエッセイデータを得た。題材はIELTSのサンプルテストを利用した。参加者は，指示文を読んだ後，辞書を使用せずに30分間で200語から250語の英作文を書くように指示された。参加者が書いたライティングの長さを平均すると，1人当たり約185語であった（表3）。

16　記述型エッセイでは，イギリス人のある一日のテレビとラジオのそれぞれの視聴率を表したグラフについて，その特徴を抜き出して要約し，両者を比較することが課題であった。論述型エッセイでは，核による抑止力についての議論や原子力発電が安価でクリーンであるという議論に関して，核技術による利益が不利益に勝るのかどうかを論じることが課題であった。

表 3 　 Okuwaki (2015) のエッセイデータ (使用語数)

	最高	最低	平均	標準偏差
記述型	364	99	184.0	41.873
論述型	249	83	185.5	36.489

はじめに，日本の大学で英語教育の経験のある英語母語話者 2 名の協力を得て，英作文にスコアをつける作業を行った。ESL Composition Profile (Jacobs et al., 1981) に基づき，5 つの観点（内容 30 点，構成 20 点，語彙 20 点，言語使用 25 点，表記法 5 点）について評価した（最高 100 点〜最低 34 点）。評価の信頼性を保証するため，2 名の評価者のスコアが離れすぎているエッセイ（8 点以上の差）については分析対象から除外した。その結果，ライティング評価に関する分析の対象になったものは，記述型が 48 セット，論述型が 57 セットになり，採点結果の**評定者間信頼性**（inter-rater reliability）を確認したところ，高い相関があった（$r = 0.72$）。

次に，学習者が使用した定型言語を精査した。Ohlrogge (2009) の基準にしたがって，ライティング評価を行った 2 名の英語母語話者が，エッセイから定型言語を抽出して種類ごとに分類した。2 名の判断が一致したもののみを分析対象とした。

参加者の熟達度は TOEIC テストによる測定で，語彙知識（広さと深さ）については 2 種類の語彙テストを使用して測定した。語彙知識の広さの測定には，日本人英語学習者の受容語彙サイズを測定するために開発された**望月テスト**[17]（望月, 1998）を使用し，語彙知識の深さの測定には，**語彙関連テスト**[18]（WAT: Word-Association Test, Read, 1993）を使用した。望月テストは，対象語（日本語）の意味について選択肢（英語）から選ぶという形式であり，

---

[17] 1000 語から 7000 語までレベル分けされたテストである。各レベルは 30 問から構成され，計 210 問からなっている。対象語として 2 問が一度に与えられ（例：問 1 　顕微鏡，問 2 　望遠鏡），それぞれに合う英単語を 6 つの選択肢（例：cube, kilometer, license, microscope, studio, telescope）から 1 つずつ選ぶように求められる。

[18] たとえば，対象語 sudden に対し，シンタグマティックに関連する 4 語（beautiful, quick, surprising, thirsty）とパラディグマティックに関連する 4 語（change, doctor, noise, school）が選択肢として与えられ，そこから 4 語を選ぶように求められる。全部で 40 問ある。

このテストで 1000 語から 7000 語までの語彙サイズが測定できるとされている。語彙関連テストは，1 つの対象語について 8 つの語が選択肢として与えられるが，参加者は 8 語の選択肢から関連する 4 語を選ぶように指示される。最終的に分析対象となった参加者の人数は表 4 の通りである。

表 4　分析対象となった参加者の人数

全参加者	熟達度	ライティング評価		語彙知識	
		記述型	論述型	広さ	深さ
71	67	48	57	71	71

4.1.3　結果

　Okuwaki (2015) は，まず，参加者全員 (71 名) の記述型エッセイと論述型エッセイのそれぞれについて，使用された定型言語について比較した。ライティングの型における使用の違いを明らかにすること自体が目的ではなかったが，使用を詳細に探るために両者の相違をみた。ライティングのために与えられた時間と求められる語数は等しかったが，記述型より論述型で多くの定型言語が使用された (平均 2.97 回と 6.14 回) (表 5) (z=-6.451, $p <$ .001)[19]。

表 5　ライティング型と定型言語使用数 (個)

	平均使用数 (標準偏差)	最低	最高
記述型	2.97 (1.919)	0	10
論述型	6.14 (2.789)	2	15

　次に，Okuwaki (2015) は，どの種類の定型言語が多く使用されたのかをみた (表 6)。

19　ここではウィルコクソンの符号付順位和検定を利用した。この検定は，同一対象の 2 種類のデータを比較するノンパラメトリック検定であり，2 つのエッセイでの使用数の差をみた。

表 6　定型言語使用数とその割合

	コロケーション	イディオム	句動詞	立場表明	転換語
記述型	63 (29.6%)	3 (1.4%)	1 (0.5%)	40 (19.0%)	104 (49.3%)
論述型	206 (47.3%)	12 (2.5%)	12 (2.6%)	128 (29.4%)	79 (18.1%)

使用が多かったのは，コロケーション，立場表明フレーズ，転換語であったが，どちらのライティング型でも，イディオムや句動詞の使用はほとんどみられなかった。記述型では転換語（例：at first, according to, on the other hand）が多く使用されたが，この型ではプロセスを踏んで物事を説明するというディスコースが求められるため，それに役立つものであったからだろうと思われる。一方，論述型では立場表明フレーズ（例：in my view, I disagree with, I strongly believe）がよく使用されたが，この型では自分の立場を表明しながら議論を進めることが求められるため，必要に応じてそれを表す言語を使用したのだと考えられる。型に関係なく使用頻度が高かったのはコロケーション（例：serious problem, generate electricity, terrible accident）で，それはこれまでの研究でも同様の結果が示されている（Khodaday & Shamsaee, 2012; Ohlrogge, 2009）。

では，先行研究が示すように，定型言語を多く使用した方がライティング評価につながったのだろうか。表 7 は，分析の対象になった記述型 48 セット，論述型 57 セットのそれぞれについて，定型言語の平均使用数と評価の平均スコアを示したものである。それぞれの型について評価スコアと使用数の関連を計算したところ，記述型には中程度の関連があることがわかり（$r=.0.31, p < .05$），論述型にも中程度の関連性があることがわかった（$r=.0.47, p < .001$）[20]。これは，高い評価を受けたライティングにはより多くの定型言語が使われる傾向があり，低い評価を受けたライティングには定型言語が少なくなる傾向があったことを示している。

20　ここでは，スピアマンの順位相関係数を利用した。

表7　定型言語使用数とライティング評価スコア（平均）

	記述型	論述型
セット数	48	57
使用数	2.92 個	6.21 個
評価スコア	75.6 点/100 点	76.8 点/100 点

さらに，ライティング評価を基にエッセイを2つのレベルに分け（表8），評価によって定型言語の使用数に違いがあるかを検証した[21]。その結果，記述型では，評価の高低による使用数の違いに有意差はみられなかったが（U=202.5, p=.074），論述型では有意差があった（U=226.0, p= .004）。このことから，論述型においては，評価が高いエッセイにはより多くの定型言語が使用されていたということがわかった（表8）。

表8　ライティング評価の高低と定型言語使用数

型	評価	エッセイ数	平均使用数
記述型	高	23	3.30
	低	25	2.56
論述型	高	27	7.33
	低	30	5.22

次に，第二言語熟達度や語彙知識の広さ・深さと定型言語使用数の関連性も検証したが，どれにも相関がないことが明らかになった。このことから，熟達度が高い人の方が，定型言語を多く使用できるというわけではなく，また，語彙知識の大きさや質が向上しても使用数が増えるようになるわけではないことがわかった。

熟達度と使用数の関係をさらに詳細に探るため，第二言語熟達度，語彙知識の広さ，語彙知識の深さの3要素に関して，参加者[22]を2レベルに分けて定型言語の使用数に影響があるかどうかをみた（表9）[23]。その結果，どの要

21　ここでは，ノンパラメトリック検定であるマン・ホイットニーのU検定を使用した。
22　全体の参加者は71名であったが，そのうちの4名はTOEICスコアをもっていなかったため，熟達度に関するデータとして対象になるのは67名である。
23　ここでは，ノンパラメトリック検定であるマン・ホイットニーのU検定を使用した。

素においても,レベルによる使用数の違いはなかった(熟達度:U=496.5, *p*=.438, 語彙知識の広さと深さ:U=498.0, *p*=.130, U=479.5, *p*=.084)。このことから,熟達度や語彙知識が向上しても,定型言語を使用できるようになるというわけではないということが確認された。

表9 定型言語使用数と熟達度・語彙知識

		人数	使用数
熟達度	上級レベル	36	9.61
	中級レベル	31	8.26
語彙広さ	上級レベル	36	9.74
	中級レベル	31	8.21
語彙深さ	上級レベル	36	9.97
	中級レベル	31	7.97

4.1.4 考察

　研究課題1に関しては,定型言語にはよく使用されるものとほとんど使用されないものがあり,ライティングの型も使用数や種類に影響することがわかった。研究課題2に関しては,先行研究で示されたように,定型言語を多く使用することが高いライティング評価につながることがわかった。一方,研究課題3については,第二言語が熟達すれば定型言語の使用も並んで増えていくというものではなく,語彙知識の広さや深さが増せばそれに伴って使用が増えるというわけでもないということが判明した。この結果は,定型言語の運用が第二言語では難しいとするこれまでの研究結果と一致するものであり,第二言語の定型言語の発達に特徴的なことであるといえるだろう。

　Okuwaki (2015) では,第二言語に関する要素(熟達度,ライティング力,語彙知識の広さと深さ)の関連性を調べ,熟達度とライティング評価(記述型と論述型それぞれ)のあいだに中程度の関連性,熟達度と語彙知識(広さおよび深さ)の間にも関連性があることを確認している[24]。つまり,熟達度が

24　これまでの多くの研究でも両者には関連があると示されている(Read, 2004; Staeher, 2009; Vermeer, 2001)。

高くなると，ライティング力や語彙知識も向上するということであるが，これは，熟達度が上がっても向上がみられない定型言語とは対照的なことである。

これに加えて，第二言語に関する要素間の関係をさらに分析するために，参加者を熟達度で2グループに分けて分散分析を行ってみることにした。分散分析の結果，熟達度のレベルによって，ライティングの力に相違があることがわかり[25]，さらに，語彙知識にも差があることもわかった[26]。このように，第二言語の熟達度が上がるとライティングの力も上がり，語彙知識も豊富になることを確認したが，注目すべきなのは，定型言語の運用にはそのような向上がみられなかったことである。なぜ，このような対照がみられるのであろうか。

Okuwaki (2015) は，参加者の第二言語熟達度の程度が関係するのではないかと述べている。先行研究でも，定型言語の運用は上級レベルになっても容易ではなく，母語話者のような運用を実現するのは困難であることがわかっており (Ellis, 2001; Lennon, 1996; Moon, 1992)，さらに，熟達度に応じて段階的な発達はみられるものの，その速度はかなり遅いということが指摘されている (Howarth, 1998; Kupier, Columbus, & Schmitt, 2009; Nesselhauf, 2003, 2005)。定型言語を十分に運用するためには，かなり高い第二言語の熟達が前提となるのではないだろうか。本研究では，参加者を熟達度の異なる2つのグループに分けたが，上級レベルの熟達の程度が，定型言語の十分な運用を可能にするほど高くはなかったのではないか。

同様の見解は，ヘブライ語話者による英語の書き言葉について調査した Laufer & Waldman (2011) においても提示されている。Laufer & Waldman は，学習者コーパスを利用して，熟達度が異なる3つの第二言語使用者グループのコロケーション（動詞＋名詞）使用を調べ，母語話者のコーパスと比較

---

[25] 独立変数をエッセイ型（記述・論述）と熟達度（上級・中級），ライティング評価を従属変数とする対応のない2要因の分散分析を行ったところ，エッセイ型の主効果（$F(1, 101) = 1.60$, $n.s.$）は有意でなかったが，熟達度の主効果（$F(1,101) = 17.27$, $p < .001$）が有意であり，交互作用は認められなかった。

[26] 独立変数を熟達度（上級・中級），従属変数を語彙テストのスコア（広さと深さ）とする対応のない1要因の分散分析を行ったところ，熟達度の主効果が有意であった（広さ：$F(1,65) = 41.889$, $p < .001$；深さ：$F(1,65) = 6.047$, $p < .01$）。

した。第二言語使用者は，母語話者に比べてコロケーションの使用が圧倒的に少ないことがわかったが，最も熟達度の高いグループにのみ，使用の増加がみられることも明らかになった。ただし，正確性については，熟達度が高くなっても向上がみられなかった。これは，コロケーションの十分な使用には高い第二言語発達が必要であることを示唆し，さらに適切に運用することは，上級レベルの使用者にとっても難しい課題であるということを示している。

　Okuwaki (2015) は，熟達度の問題に加えて，アカデミックライティング経験も関係していると考えている。語彙の偶発的学習の可能性を調べた Webb, Newton, & Chang (2012) によると，語への遭遇が一定の回数以上あってはじめて語彙の偶発的学習が可能になるということであるが，換言すれば，非意図的に語彙を習得することは容易でないということである。複数の語からなるという定型言語の性質を考えると，その習得はさらに難しいのではないだろうか。第二言語熟達度が上がって，語彙知識が広がったとしても，定型言語の十分な運用は容易にはかなわないということだろう[27]。

4.1.5　まとめと残された課題

　Okuwaki (2015) は，定型言語が運用できるようになるのは容易でなく，熟達度が上がっても，習得はなかなか促進されないということを示した。定型言語を使用することの重要性は，それが言語運用において自然なことであり，効率の面においても円滑なやりとりに欠かせないことにある。今後の課題としては，どの程度第二言語が熟達すれば定型言語の運用が増えてくるのか，さらに上級レベルの学習者の使用に関する詳細なデータを収集して精査していくことが必要であろう。

---

[27] 運用を向上させるためには，定型言語へ意識を向けた教授が必須であろうと思われる。教授を通して気づきを与えることでその使用が増えていくという報告がある (Taguchi, 2007)。

4.2 定型言語の処理 [28]
4.2.1 先行研究と研究の目的

定型言語は，自然で流暢な第二言語運用に役立っているが，Martinez & Schmitt (2012) は，それを習得する利点のひとつとして，言語処理における優位性を挙げている。処理の優位性とは，定型言語の処理が，音節数や語の頻度が等しい語の連なり（非定型言語）より，速く正確であるということである。定型言語の処理の研究については 3.3 節で概観したが，母語話者や英語圏滞在期間が長く熟達度が高い第二言語使用者（CEFR: C1 レベル以上）にはその優位性が報告されている一方で，それ以外の第二言語使用者については研究の余地があると述べた。そこで，本研究では，日本人英語学習者（CEFR: A2〜B2 レベル）が，定型言語の処理を非定型言語よりも速く正確に行うのかどうかを調査した。以下の研究課題を挙げ，頻度の異なる定型言語の反応速度と正確性について調査した。

研究課題
1. 第二言語使用者は，定型言語を非定型言語より速く処理するのか。
2. 定型言語は非定型言語よりも正確に処理されるのか。
3. 定型言語の頻度は処理に影響するのか。

課題 1 と 2 に関しては，先行研究で母語話者や熟達度の高い第二言語使用者にみられた定型言語処理の優位性が，熟達度がそこまで高くない第二言語使用者においても同様にみられると予測する。課題 3 について，頻度が高い定型言語の方が，処理の速度や正確性が上がると予測する。

4.2.2 調査方法

64 人の日本人英語学習者が調査に参加した（表 10）。64 名のうち，英語圏での 10 ヶ月間の滞在経験者が 2 名，5 ヶ月間の経験者が 3 名いたが，それ以外は滞在したことがないか，あっても 3 ヶ月未満であった。心理学実験ソフトである E-Prime を利用して，定型言語と非定型言語への反応時間と正

---

28 本研究は Okuwaki (2016) を土台にして加筆，修正したものである。

確性について測定する実験プログラムを作成した。コンピュータ画面に英語の定型言語が視覚的に1回提示され，5秒の間隔で次のアイテムが現れるという方法である。参加者は，提示されたものが英語としてありえるかどうかについて，できるだけ迅速に，かつ正確に判断し，正しければ Yes キーを，正しくなければ No キーを押すように指示された。定型言語（例：a great deal）・非定型言語（例：a great hand）とも，英語としてありえる連語であるので Yes キーを，ディストラクターである非文法的な連なり（例：great a deal）は英語としてありえないので No キーを押すことを期待した。

アイテムが呈示されてからキーが押されるまでの時間を反応時間として，その時間とエラー率（英語としてありえるかどうかの判断で，その判断を間違えたパーセンテージのこと）を測定した。指示は日本語で行った。

表10 参加者について

平均年齢	熟達度（TOEIC スコア）
20.14 歳	589.4 点
（18 歳〜26 歳）	（350 点〜885 点）
CEFR:A2〜B2 レベル	

テスト項目は The PHRASE List (Martinez & Schmitt, 2012) から選定した。このリストは，BNC (British National Corpus) に基づいて2語と3語からなる高頻度の定型言語を頻度ごとに並べたものであり，それぞれの定型言語のジャンル別使用度（話し言葉，書き言葉（アカデミックライティング），両方）に関する情報も含んでいる。1000語（1K）と2000語（2K）レベルから15個を選んで高頻度グループとし，3000語（3K）と4000語（4K）レベルから15個を選んで中高頻度グループとして，計30個を対象とした。その際，音節数を揃え，3つのジャンルから均等に選定するようにした。材料リストの影響を排除するためにカウンターバランス法を適用してリストを2つに分け，参加者にはどちらかのリストをランダムにあてた。

対象となる30個の定型言語に対し，統制群として，音節数や語の頻度を同等にした非定型言語を30個作成した。たとえば，定型言語である look after については，after を before に変え，非定型言語である look before を作

成した。そのうえで，ディストラクターとして 15 個の非文法的な語の連なり（例：way the by, go sea to）を入れた。表 11 にテストアイテムの例を示す。

実験に先立ち，15 問ずつの練習が 2 回行われた。練習用のアイテムは本実験で用いられた材料とは異なるものであった。練習および実験における刺激の呈示順序は参加者ごとにランダムであった。

表 11　テストアイテムの例

定型言語			非定型言語		
話し言葉	書き言葉	両方	話し言葉	書き言葉	両方
a great deal	consist of	even though	a great hand	channel of	even meals
after all	result in	in terms of	after plays	explain in	in talks of
look after	for instance	rather than	look before	for interviews	faster than
go ahead	by means of	in any case	plan ahead	by the chair	in her place
by the time	in spite of	in favor	by the desk	in speech of	in faces

4.2.3　結果

はじめに，判断テストにおいて，3 分の 1 以上のアイテムで不正解であった 13 名の参加者をデータから除外した。その結果，51 名が残り，その参加者の反応を分析の対象とした。反応時間の測定データのうち 200 ミリ秒以下と 4000 ミリ秒以上のものを除去した（全データの 1.6%）。

まず，定型言語を処理する速度が非定型言語よりも速いかどうかを検定するために，定型言語，非定型言語，非文法的な語の連なりの 3 つの反応時間について 1 要因の分散分析を行った。その結果，統計的に有意な主効果が認められた（$F(2,100) = 94.498, p < .001$）。ボンフェローニ方法による多重比較の結果，定型言語の処理が非定型言語および非文法的な語の連なりの処理よりも有意に速いことが判明した。さらに，エラー率に関しては反応時間と同様，定型性に有意な主効果が認められ（$F(1.526, 76.286) = 50.455, p < .001$）[29]，定型言語のエラー率が他の 2 つよりも有意に低かった（表 12）。

29　球面性の仮定が棄却されたので，Greenhouse-Geisser の検定結果を参照した。ただし，f 値や有意確率は変わらないので，通常の分散分析結果（$F(2,100) = 50.455, p < .001$）でも大きな問題が生じるわけではないと思われる。

4. 定型言語の第二言語研究 | 161

表12　定型性条件における反応時間とエラー率

	反応時間（標準偏差）			エラー率 (%)		
定型	1332 (278)	sig***	sig***	4.58%	sig***	sig***
非定型	1921 (455)			27.58%		
非文法的	1985 (443)			17.39%		

単位はミリ秒　***$p < .001$

　次に，主に使用されるジャンル（話し言葉，書き言葉，両方）が定型言語の処理速度に影響するかどうかを検定するために，ジャンル別の反応時間の検定を行った。その結果，統計的に有意な主効果が認められた（F (1.669, 83.446) = 6.004, $p < .01$）[30]。ボンフェローニ方法による多重比較の結果，話し言葉と書き言葉の両方のジャンルでよく使用される定型言語が，書き言葉で使用される定型言語の処理よりも有意に速いことがわかった。さらに，エラー率についても，両ジャンルで使用される定型言語が，それぞれで主に使用される定型言語よりも低いことが明らかになった（表13）。

表13　ジャンルにおける反応時間とエラー率

	反応時間（標準偏差）		エラー率	
話し言葉	1309 (300)		3.92%	sig*
書き言葉	1412 (362)	sig*	7.84%	sig*
両方	1283 (306)		1.96%	

単位はミリ秒　*$p < .05$

　さらに，定型言語の頻度が処理に影響するのかを検定するために，高頻度グループと中高頻度グループの間で対応のあるt検定を行った。その結果，反応時間に有意差は認められず（t (50) = -1.818, $p = .075$），頻度の差はないことが判明し，エラー率についても差がなかった（表14）。

30　ここでも，球面性の仮定が棄却されたので，Greenhouse-Geisserの検定結果を参照した。f値や有意確率は変わらないので，通常の分散分析結果（F (2,100) = 6.004, $p < .01$）でも大きな問題が生じるわけではないと思われる。

表14　頻度条件における反応時間とエラー率

	反応時間（標準偏差）	エラー率 (%)
1000 & 2000 word bands	1357（321）	4.96%
3000 & 4000 word bands	1304（269）	4.19%

単位はミリ秒

4.2.4　考察

　以上の結果から，定型言語の処理が，音節や語の頻度が同等である非定型言語，および，非文法的な語の連なりの処理よりも，より速く，より正確に行われているということがわかった。また，話し言葉と書き言葉の両ジャンルで使用される定型言語のほうが，それぞれのジャンルで使われるものよりも，より速く，より正確に処理されていることがわかったが，定型言語の頻度については，処理の速さや正確性に影響がなかった。以下，定型言語の処理に関する実験で得られた結果をまとめておく。

1. 定型言語の処理が非定型言語よりも速かった。
2. 定型言語の処理は非定型言語よりも正確であった。
3. 両ジャンルで使用される定型言語の処理が最も速く，正確であった。
4. 定型言語自体の頻度は，処理や正確性に影響しなかった。

　定型言語と非定型言語については，音節数や構成する語の頻度は統制しているので，定型言語の処理が速くて正確であったのは，そのような語の連なりであったからであるといえよう。英語としてありえるかどうかを判断する際，定型言語の場合は，メンタルレキシコンにひとかたまりとして貯蔵されている項目にアクセスして一度で全体的処理が行われるのに対し，非定型言語の場合は，個々の構成素にそれぞれアクセスする必要が生じるため時間を費やすのだろうと考えられる。同様に，エラー率に関しても，非定型言語の正答率が定型言語よりも有意に低かったのは，構成する要素のそれぞれを分析するという過程でエラーが生じたのではないかと考えられる。この見解が正しいとすると，定型言語にみられる処理の優位性や正確性は，メンタルレキシコンにおける表象に起因するといえそうである。

使用ジャンルの影響もみられたが、これには別の説明を要する。定型言語がひとかたまりとして貯蔵されているのならば、なぜ使用ジャンルによる差が生まれたのだろうか。おそらく、第二言語におけるインプット量が影響していると思われる。つまり、速い処理を可能にするためには、その定型言語を目にする頻度やインプットが十分に必要であるということであろう。アカデミックライティングで使用される定型言語の処理が遅かったのは、それに出会う機会が少なく、インプットとして十分でなかったのではないか。定型言語として記憶され、貯蔵されるに至るまでの必要な接触が十分に得られなかったのだと考えられる。

では、定型言語の頻度の影響がみられなかったのはなぜだろうか。これまでの研究では、高頻度であることが処理の優位性に影響すると指摘されている (Tremblay et al., 2011)。しかしながら、本研究では、高頻度グループと中高頻度グループの定型言語のあいだでその処理速度に違いがなかった。考えられる説明として、今回の研究においては、両グループの定型言語の頻度がそもそも十分に高かったことがあげられる。換言すれば、1000語〜2000語レベルのものも3000語〜4000語レベルのものも、そもそも頻度としては高く、その頻度の差は処理に影響しなかったということである。

4.2.5 研究結果と残された課題

本研究では、英語圏滞在経験が少なく、熟達度がそれほど高くない第二言語使用者でも、定型言語を非定型言語よりも速く処理をすることがわかった。そしてそれは、メンタルレキシコンの中で定型言語がひとかたまりとして貯蔵されている可能性を示唆するものであるとした。ただ、定型言語が速く正確に処理されることを確認しても、それがメンタルレキシコンでの貯蔵に関する直接の証拠になるわけではない。その証拠を提示するためには、今後、メンタルレキシコンにおける定型言語の貯蔵のされ方について、直接検証する研究が必要である。たとえば、定型言語の処理において、全体的処理ではなく各構成素への検索やアクセスがあるのかどうかを調べる研究が考えられる。また、第二言語語彙の発達において、定型言語がどのように習得され、運用できるようになっていくのか、縦断的に調査してその道筋を探ることも、今後の研究の方向となろう。

5. まとめと今後の展開

　定型言語に関する研究が盛んになっているのは，コンピュータ技術の発展によってコーパスをはじめとした大規模な言語データを構築することが可能になり，それを利用した言語研究が広く進められるようになったことが背景にある。第二言語習得研究に係る問題としては，言語運用に広くみられる定型言語が言語知識としてどのように内在しているのか，発達上の問題としては，それがどのような過程で習得されていくのかということであろう。本章では，定型言語がメンタルレキシコンにひとかたまりとして貯蔵されているという仮定の上で，第二言語使用者が実際に定型言語をどのように処理し，運用するのかをみた。その結果，英語圏滞在期間が少なく，それほど熟達度が高くない学習者でも，定型言語を速く正確に処理することがわかり，その処理の速さは，メンタルレキシコンにおける貯蔵のされ方に起因していると考えた。一方，産出面においては，実際に使用される定型言語は少なく，先行研究が示す通り，適切な定型言語の運用は容易ではないということがわかった。

　言語が定型的に利用されるという考えは，言語をどのように捉えるのかという問題と深く関わっている。統語による制約を受けながら，語と語を組み合わせて文を生成するというのが一つの言語の側面であるならば，定型言語は，言語の別の側面を示すからである。生成文法を枠組みとする言語学では，統語規則や統語的制約が理論の中心として研究される対象であり，言語の定型性については特に探究の対象とはなっていなかった。しかし，定型的な語の連なりが繰り返し使用されるという言語の側面は，それが自然な言語運用を生み，流暢な言語使用につながり，効率的な処理に直結するという意味で，第二言語習得においても重要な意味をもつと考える。語彙習得の過程でそのような定型言語を意識的に学習し，言語知識として習得し，使用できるレパートリーを広げていくことが肝要である。このような言語の特性に着目した言語習得研究，定型言語を重視した言語指導とその効果の検証を今後進めていくことが重要であろう。

本研究は JSPS 科研費 15K02756 の助成を受けたものである。

参照文献

Arnon, I., & Snider, N. (2010). More than words: Frequency effects for multi-word phrases. *Journal of Memory and Language, 62*(1), 67–82.

Cacciari, C., & Tabossi, P. (1988). The comprehension of idioms. *Journal of Memory and Language, 27*(6), 668–683.

Cieslicka, A. (2006). Literal salience in on-line processing of idiomatic expressions by second language learners. *Second Language Research, 22*, 115–44.

Columbus, G. (2010). Processing MWUs: Are MWU subtypes psychologically real? In D. Wood (Ed.), *Perspectives on formulaic language: Acquisition and communication* (pp. 194–210). New York: Continuum.

Conklin, K., & Schmitt, N. (2008). Formulaic sequences: Are they processed more quickly than nonformulaic language by native and nonnative speakers? *Applied Linguistics, 29*, 72–89.

Durrant, P., & Schmitt, N. (2010). Adult learners' retention of collocations from exposure. *Second Language Research, 26*(2), 163–188.

Ellis, N. C. (2001). Memory for language. In P. Robinson (Ed.), *Cognition and second language instruction* (pp. 33–68). Cambridge: Cambridge University Press.

Erman, B., & Warren, B. (2000). The idiom principle and the open choice principle. *Text, 20*(1), 29–62.

Fillmore, C. J. (1979). On fluency. In C. J. Fillmore, D. Kempler, & W.S-Y. Wang (Eds.), *Individual differences in language ability and language behavior* (pp. 85–101). New York: Academic Press.

Foster, P. (2001). Rules and routines: A consideration of their role in task-based language production of native and non-native speakers. In M. Bygate, P. Skehan, & M. Swain (Eds.), *Researching pedagogic tasks: Second language learning, teaching, and testing* (pp. 75–97). London: Pearson.

Granger, S. (1998). Prefabricated patterns in advanced EFL writing: Collocations and formulae. In A. Cowie (Ed.), *Phraseology: Theory, analysis and applications* (pp. 79–100). Oxford: Oxford University Press.

Howarth, P. (1998). The phraseology of learners' academic writing. In A. P. Cowie (Ed.), *Phraseology: Theory, analysis and applications* (pp. 155–175). Oxford: Oxford University Press.

Hyland, K. (2008). Academic clusters: Text patterning in published and postgraduate writing. *International Journal of Applied Linguistics, 18*(1), 41–62.

Jacobs, H. L., Zingraf, S. A., Wormuth, D. R., Hartfiel, V. F., & Hughey, J. B. (1981). *Testing ESL composition: A practical approach*. Rowley, MA: Newbury House.

Jiang, N., & Nekrasova, T. (2007). The processing of formulaic sequences by second language speakers. *The Modern Language Journal, 91*(3), 433–445.

Khodadady, E., & Shamsaee, S. (2012). Formulaic sequences and their relationship with speaking and listening abilities. *English Language Teaching, 5*(2), 39–49.

Krashen, S., & Scarcella, R. (1978). On routines and patterns in second language acquisition and performance. *Language Learning, 28*, 283–300.

Kuiper, K., Columbus, G., & Schmitt, N. (2009). Acquiring phrasal vocabulary. In S. Foster-Cohen (Ed.), *Language acquisition* (pp. 216–240). Basingstoke: Palgrave Macmillan.

Laufer, B., & Waldman, T. (2011). Verb-noun collocations in second language writing: A corpus analysis of learners' English. *Language Learning, 61*(2), 647–672.

Lennon, P. (1996). Getting 'easy' verbs wrong at the advanced level. *IRAL, 34*(1), 23–36.

Li, J., & Schmitt, N. (2009). The acquisition of lexical phrases in academic writing: A longitudinal case study. *Journal of Second Language Writing, 18*, 85–102.

Martinez, R., & Murphy, V. (2011). Effect of frequency and idiomaticity on second language reading comprehension. *TESOL Quarterly, 45*(2), 267–290.

Martinez, R., & Schmitt, N. (2012). A phrasal expressions list. *Applied Linguistics, 33*(3), 299–320.

望月正道 (1998).「日本人英語学習者のための語彙サイズテスト」『語学教育研究所紀要 12』, 7–53.

Moon, R. (1992). Textual aspects of fixed expressions in learners' dictionaries. In P. J. L. Arnaud & H. Bejoint (Eds.), *Vocabulary and applied linguistics* (pp. 13–27). London: Macmillan.

Nation, I. S. P. (1990). *Teaching and learning vocabulary*. New York: Newbury House.

Nation, I. S. P. (2001). *Learning vocabulary in another language*. Cambridge: Cambridge University Press.

Nation, I. S. P. (2006). How large a vocabulary is needed for reading and listening? *The Canadian Modern Language Review, 63*(1), 59–82.

Nesselhauf, N. (2003). The use of collocations by advanced learners of English and some implication for teaching. *Applied Linguistics, 24*(2), 223–242.

Nesselhauf, N. (2005). *Collocations in a learner corpus*. Amsterdam: John Benjamins.

Ohlrogge, A. (2009). Formulaic expressions in intermediate EFL writing assessment. In R. Corrigan, E. A. Moravcsik, H. Ouali, & K. M. Wheatley (Eds.), *Formulaic language: Acquisition, loss, psychological reality, and functional explanations, Vol. 2* (pp. 375–386). Amsterdam: John Benjamins.

Okuwaki, N. (2015). Production of formulaic sequences in L2 writing by Japanese learners of English. In C. Gitsaki, M. Gobert, & H. Demirci (Eds.), *Current trends in reading, writing and visual literacy: Research perspectives* (pp. 175–192). Cambridge: Cambridge Scholars Publishing.

Okuwaki, N. (2016). The processing of spoken and written formulaic sequences by L2 speakers. Paper presented at Formulaic Language Research Network (FLaRN)7th Conference, Vilnius University, 28–30 June, 2016, Lithuania.

Pawley, A., & Syder, F. (1983). Two puzzles for linguistic theory: Native-like selection and native-like fluency. In J. Richards & R. Schmidt (Eds.), *Language and communication* (pp. 191–226). London: Longman.

Qian, D.D. (1998). Depth of vocabulary knowledge: Assessing its role in adults' reading comprehension in English as a second language. Unpublished doctoral dissertation, University of Toronto.

Read, J. (1993). The development of a new measure of L2 vocabulary knowledge. *Language Testing, 10*(3), 355–371.

Read, J. (2004). Plumbing the depths: How should the construct of vocabulary knowledge be defined. In P. Bogaards & B. Laufer (Eds.), *Vocabulary in a second language: Selection, acquisition, and testing* (pp. 209–227). Amsterdam: John Benjamins.

Read, J., & Nation, I.S.P. (2004). Measurement of formulaic sequences. In N. Schmitt (Ed.), *Formulaic sequences* (pp. 23–35). Amsterdam: John Benjamins.

Schmitt, N (Ed.). (2004). Formulaic sequences: Acquisition, processing and use. Amsterdam: John Benjamins.

Schmitt, N., & McCarthy, M (Eds). (1997). *Vocabulary: Description, acquisition, and pedagogy*. Cambridge: Cambridge University Press.

Sinclair, J. M. (1987). The nature of the evidence. In J. M. Sinclair (Ed.), *Looking up: An account of the COBUILD project in lexical computing* (pp. 150–159). London: Collins.

Sinclair, J. M. (1991). *Corpus, concordance, collocation*. Oxford: Oxford University Press.

Siyanova-Chanturia, A. (2015). On the 'holistic' nature of formulaic language. *Corpus Linguistics and Linguistic Theory, 11*(2), 285–301.

Siyanova-Chanturia, A., Conklin, K., & van Heuven, W. (2011). Seeing a phrase 'time and again' matters: The role of phrasal frequency in the processing of multi-word sequences. *Journal of Experimental Psychology: Language, Memory and Cognition, 37*, 776–784.

Snider, N., & Arnon, I. (2012). A unified lexicon and grammar? Compositional and non-compositional phrases in the lexicon. In S. Gries & D. Divjak (Eds.), *Frequency effects in language* (pp. 127–163). Berlin: Mouton de Gruyter.

Staeher, L. S. (2009). Vocabulary knowledge and advanced listening comprehension in English as a foreign language. *Studies in Second Language Acquisition, 31*, 577–607.

Swinney, D., & Cutler, A. (1979). The access and processing of idiomatic expressions. *Journal of Verbal Learning and Verbal Behaviour, 18*, 523–534.

Tabossi, P., Fanari, R., & Wolf, K. (2009). Why are idioms recognized fast? *Memory and Cognition*, *37*(4), 529–540.

Taguchi, N. (2007). Chunk learning and the development of spoken discourse in Japanese as a second language. *Language Teaching Research*, *11*(4), 433–457.

Tremblay, A., Derwing, B., Libben, G. & Westbury, C. (2011). Processing advantages of lexical bundles: Evidence from self-paced reading and sentence recall tasks. *Language Learning*, *61*(2), 569–613.

Underwood, G., Schmitt, N., & Galpin, A. (2004). The eyes have it: An eye-movement study into the processing of formulaic sequences. In Schmitt, N. (Ed.), *Formulaic sequences: Acquisition, processing, and use* (pp. 153–172). Amsterdam/Philadelphia: John Benjamins.

Van Lancker Sidtis, D. (2012). Formulaic language and language disorders. *The Annual Review of Applied Linguistics*, 32, 62–80.

Vermeer, A. (2001). Breadth and depth of vocabulary in relation to L1/L2 acquisition and frequency of input. *Applied Psycholinguistics*, *22*(2), 217–234.

Webb, S., Newton, J., & Chang, A. (2012). Incidental learning of collocation. *Language Learning*, *63*(1), 91–120.

Weinert, R. (1995). The Role of Formulaic Language in Second Language Acquisition: A Review. *Applied Linguistics*, *16*(2), 180–205.

Weinert, R. (2010). Formulaicity and usage-based language: Linguistics, psycholinguistic and acquisitional manifestations. In D. Wood (Ed.), *Perspectives on formulaic language* (pp. 1–20). London: Continuum.

Wesche, M., & Paribakht, T. S. (1996). Assessing second language vocabulary knowledge: Depth versus breadth. *The Canadian Modern Language Review*, *53*(1), 13–40.

Wray, A. (2002). *Formulaic language and the lexicon*. Cambridge: Cambridge University Press.

Wray, A., & Perkins, M. R. (2000). The functions of formulaic language: An integrated model. *Language & Communication*, *20*(1), 1–28.

第6章

句動詞習得における teachability と learnability の検証

イメージ・スキーマを用いた認知言語学的アプローチ

中川右也

1. はじめに

　Watch out! という句動詞[1]表現が，なぜ "気を付けて！" という意味になるのだろうか。このような疑問を抱く英語学習者はいるかもしれない。watch を "見る" out を "外" と，それぞれの訳語に依存した学習法だけでは見えてこない英語表現の謎の1つであろう。ちなみに watch out は，視界から外れ注意の及んでいないところに目を向けることから，注意を向ける，つまり "気を付ける" という意味になる。このように句動詞は外国語として英語を習得する者にとって，動詞と不変化詞[2]の部分の総和から，句動詞全体の意味が予想できないという**ゲシュタルト性（Gestalt/configuration）**[3]により困難を伴うことも少なくない。時に，日本人英語学習者は "句動詞を苦動詞にしている"（青木，2007, p. 9）と揶揄される所以であろう。日本人英語学習者だ

1　句動詞の定義を，本章では動詞に前置詞や副詞を組み合わせたものとする。
2　動詞と組み合わされる前置詞と副詞をまとめて不変化詞と呼ぶ。
3　全体の意味が個々を足し算した以上の意味になるという心理学に基づいた考え方。例えば blackboard と言えば，black "黒い" と board "板" から成り立つ語であるが，どこにでもあるような文字通りの "黒い板" ではなく，学校の教室などが想起され，そこに取り付けられた，文字や図などを書き示すのに用いられるものとしての "黒板" を意味するように，全体が単純に部分的意味を足したものにはならないという事象。

けでなく，ルーマニア人やスペイン人などのように句動詞に相当するものが母語に存在せず，その影響で句動詞習得を苦手にする学習者もいることが指摘されている（Neagu, 2007, p. 122）。さらに，こうした母語との関連により英語学習者が句動詞を回避する傾向を示した研究もある（Dagut & Laufer, 1985; Laufer & Eliasson, 1993）[4]。

　本章では，まず認知言語学の理論的背景や先行研究を概観し，句動詞習得の重要性ならびに錯雑性を考察する。その後，ある表現がなぜそのような意味になるのかといった言語の**有縁性**（**motivation**）[5] に着目させる認知言語学的アプローチによる句動詞の習得方法の有効性を示した上で，指導可能性（teachability）と学習可能性（learnability）の枠組みで，本章で提案する認知言語学的アプローチの習得方法の検証を行う。なお，teachability 及び learnability は，Pienemann（1998）や Gregg（2001）など，第二言語習得論（SLA）で用いられる術語であり，発達段階に応じてある程度定められた習得順序に基づいた教授・学習の過程を経ることによって，学習者内部の言語処理装置が第二言語を処理できる（Pienemann, pp. 250–264）ことを指す。しかし，本章における teachability 及び learnability は，田中（2007）による以下の定義に従うことに注意されたい。田中（pp. 558–559）は健全な教育文法の条件として，教師が指導することができること（teachability），学習者が，つまずくことなく学習することができること（learnability），そしてコミュニケーションに役立つこと（usability）の3つを掲げている。学校英文法は規範文法に基づいて文法を網羅的に教えてきたが，なぜそのような文法になるのかを学習者に明確に説明することはなかった。理論言語学はその理由を与えられる点で，学校英文法に貢献できると言える。しかしながら，理論言語

---

[4] 飯尾（2013）のコーパスを用いた研究では，日本人英語学習者の句動詞使用頻度も英語母語話者と比べると全体的に低いことを，森本（2010）では，10年以上英語圏に在住経験がある日本人英語学習者（TOEFL 平均598点）であっても，句動詞の評価テストでは正答率が全体で50％台に留まっていたことをそれぞれ報告している。

[5] 恣意性と対立する概念で，表現される言語とその表現に含まれる意味との間には一定の関連や理由が存在するという概念。Littlemore（2009, p. 148）によると，応用言語学では"動機付けられる（motivated）"という術語は，熱心でやる気のある学習者について言及する際に用いられるが，認知言語学では言語のある側面が恣意的ではなく，なぜそのように言うのかという理由が時に存在するという事象について言及する際に用いられるとされる。

学の知識を持たない教師や理論言語学そのものの難解さのため，理論言語学の知識を援用して教師が実際に学習者に教えられるかという懸念や，理論言語学を援用した教師の説明を学習者が理解できるのかという問題も生じる。こうした懸念や問題を解決できるかどうかを測るための指標として teachability, learnability という概念を本章では用いる。田中は認知言語学に依拠しているため，言語習得は知覚や記憶，思考や学習なども含め，人間が内在的に扱う**認知能力**（**cognitive ability**）との相互作用を反映するという立場である。一方，Pienemann や Gregg は田中とは異なる。彼らは SLA 研究が第二言語における**言語能力**（**competence**）習得の説明を目標とし（Gregg, p. 152），言語知識を構成する暗示的な言語能力に注目していることから，田中との関心の相違により teachabiliy と learnability の定義を異にすると考えられる。Gregg (p. 153) は SLA 理論と指導との繋がりは，間接的で複雑かつ稀薄であると述べている。しかも，教育現場で使用されている教科書の文法項目の配列は，SLA の知見で理想とされる処理可能な習得順序に必ずしも従っているわけではない。こうした教育現場を踏まえた場合，教師が理論言語学の知見を援用して教えられるかという可能性，学習者はその説明に対して認知能力を駆使しながら理解できるかという可能性といった言語能力以外にも焦点を当てることの方が妥当と考え，田中の定義に沿って論を進めることにしたい。Nakagawa (2013) の句動詞学習に関する研究では，従来のように暗記によって学習するよりも，認知言語学的知見を基にして，なぜそのような意味になるのかを理解しながら学習する方が指導後の定着は良いという結果を示している。本研究では，提案する認知言語学的アプローチが言語学の知識を持っていない教師であっても教えることが可能であるか，またその説明を学習者が理解し習得できるかを精査していきたい。

2. 認知言語学と言語習得

　認知言語学は，1960 年代後半から 1970 年代に出現した生成意味論の研究に遡る理論言語学の 1 つであり，1980 年代から発展した。認知言語学は言語能力を運用能力や一般認知能力からの派生的・創発的なものとして捉える言語観を持つ。山梨 (2000, p. 8) では，認知言語学で問題とする「認知」を，

外部世界の主体的な解釈と意味づけ，外部世界のカテゴリー化と拡張，環境・社会との相互作用，五感，空間認知，運動感覚をはじめとする身体的な経験に根ざす，ひろい意味での＜認知能力＞としている。様々な立場も存在することから一括りにすることは容易ではないが，Lakoff (1987, pp. 343–345) の呼ぶ「**経験基盤主義（experientialism）**[6]」を重視する点において，多くの認知言語学者はその主義を共有している[7]。こうした認知言語学の研究は，人工知能から文学に至るまで，隣接する諸分野にその研究領域を広げて学際的に行われている。言語習得も例外ではない。応用言語学や SLA，教育英文法，英語教育などの研究分野を含めると，私見の限りでは，論文においては Johnson (1985)，書籍においては Dirven (1989) をはじめ，その研究は少なくない (Achard & Niemeier, 2004; Robinson & Ellis, 2008; Tyler, 2012; Tyler, Huang, & Jan, 2018 等)。Tyler (2008, p. 907) では，応用認知言語学における中心的課題の1つとして，第二言語習得における認知言語学的アプローチの有効性を実証することを挙げている。Boers (2013, pp. 214–215) では，語彙の定着に関する認知言語学的アプローチの有効性の有無について先行研究をまとめていることから，実証的な研究も蓄積されつつあると言える。国内においても田中 (1987) を端緒に，上野 (2006)，荒川・森山 (2009)，今井 (2010)，長 (2016) など，海外と同様に認知言語学の第二言語習得や外国語教育などへの応用を試みる研究は盛んに行われている。このように国内外を問わず発展してきた認知言語学の第二言語習得研究や外国語教育などの領域への広がりの中で，近年では Niemeier (2017) が **task-based language teaching（TBLT）**と認知文法[8]を融合したタスク（**task**）に基づく教授法を提案するなど，新たな認知言語学的アプローチによる教授法が注目を浴びつつある。認知文法を展開している Langacker は，認知言語学の知見を言語教育へと応用することに対しては未知な部分もあるが，他の理論言語学とは異なり認知言語学は意味を重視することで，より包括的かつ記述的妥当性のある

---

6 言語は人間が生きていく環境の中で得られる身体的・心理的経験などに基盤を置くとする考え方。
7 ただし，言語習得に関しては，何らかの生得的要因を含んでいることまでを完全に否定してはいない (Langacker, 2008a, p. 8; Tomasello, 2003, p. 1; 辻, 1998, p. 33)。
8 認知言語学研究における文法理論を主に担う分野。

説明を与えられる点で期待することができるとしている（Langacker, 2008b, p. 66）。なお，Langacker（1987）は**極大主義的**（**maximalist**）[9]で非還元主義的（**non-reductive**）[10]で，**ボトムアップ的**（**bottom-up**）[11]なアプローチに立脚した**用法基盤モデル**（**usage-based model**）[12]を構想し，その後，Tomasello（2003）の母語獲得や Ellis & Fernando（2009）の第二言語習得に代表される研究の発展にも大きな影響を与えている。用法基盤的アプローチは，子どもがどのようにして，項目基盤的な構文[13]から大人の統語構文に至るのかを説明する言語習得論として期待されている（児玉・野澤，2009, p. 31）。

　実は，こうした認知言語学の理論的背景を持たないにもかかわらず，類似した説明方法を取り言語事象を説明した学者は，認知言語学成立以前から存在していた。その理由は，言語習得を含む認知言語学的考え方は，認知言語学特有の捉え方というより，人間の持つ自然な認知活動の営みだからである。認知言語学では用法基盤モデルや経験主義的立場を重視し，五感などを使った身体運動や，文化・社会環境などを通しての相互作用によって得られた経験が，言語表現に反映されるとするが，この考え方はごく普通の人間が持つ一般認知能力を踏まえたものと言える。語法・文法研究の分野において小西（1964, pp. 97–102）では，前置詞 in と at の違いに触れ，in は広い場所，at は狭い場所という概念が含まれてはいるが，原義的な違いではなく，心理的過程を経て，話し手の位置やその時の感じ方の違いが前置詞に反映されているとしたが，同様のことを認知言語学に依拠した Lee（2001, pp. 23–24）が述べている。認知言語学では多義語の研究も盛んに行われており，その意味

9　言語を自由に操れるようにするには，膨大な量の学習が実際には関与するということを認め，言語特有の先天的な構造があるという仮定をできるだけ最小化しようとする立場。
10　文法という概念に還元可能な規則だけでなく繰り返されるパターンの具体的な事例も含めるという立場。
11　日常生活で使用される言語に触れながら規則などは習得されていくという考え方。
12　Langacker によって示され，Tomasello らによって実証研究が行われてきたモデルであり，インプット（トークン頻度・タイプ頻度）の頻度など，経験を通して帰納的に言語は習得されるとするモデル。Langacker（2000a, p. 1）では，良くも悪くも用法基盤モデルという術語を作ったのは自分であるとしている。なお，何度も繰り返し発話することによって習得されるとし，教育現場におけるパターンプラクティスの元にもなっているオーディオリンガル教授法（audiolingual method）の考え（Lado & Fries, 1958）に通じる部分もある。
13　各動詞ごとに形成される構文。

的拡張に重点が置かれているが，その中でも中心的語義が存在するという概念は，認知言語学的理論に立脚しない Vygotsky（1962, p. 146）や Bolinger（1977, p. 19）においても用いられている。

3. 句動詞習得の重要性

　句動詞はニュースや学術書で用いられることは稀であるが，会話やフィクションにおいては頻繁に用いられる（Douglas, Conrad, & Leech, 2002, pp. 127–128）。相沢（2007, p. 138）では，基本動詞と 21 語の不変化詞との結びつきは，約 4,000 語の動詞の意味を代用できるとしていることから，言語の経済性という側面からも句動詞は有用であることがわかる。句動詞を構成する動詞と不変化詞は比較的限定される。British National Corpus（BNC）に基づいて分析した Gardner & Davies（2007）の研究では，約半数の句動詞が 20 語の動詞と 8 語の不変化詞で組み合わされていることを明らかにしている。さらに中川（2013a）では，WordbanksOnline コーパスを使って，約 3,000,000 語のアメリカ英語（National Public Radio）と約 2,500,000 語のイギリス英語（BBC World Service）の中から out と共起する動詞を抽出した結果，上位 10 個の全てが中学校英語検定教科書で使用されるレベルであったことを報告している。主な句動詞は基本語で構成されることから，基本語を用いて英語で自己表現を可能にできる点で，句動詞習得は教育的意義を持つと考えられる。例えば，"立候補する"，"（議会などが）解散する"，"辞任する"は，日本語では堅苦しい漢語表現だが，英語ではそれぞれ run for, break up, step down と平易な句動詞で表現できる。Ogden（1930, pp. 19–20）は，ラテン語由来の難解な語 disembark であっても get off a ship で代用ができるとし，**Basic English**[14] の必要性を説いている。

　このように，句動詞習得は日常会話で頻繁に用いられ，また難しい表現であっても基本語を用いて表現できるのみならず，より多くの事柄を言い表すこともできるという観点から，コミュニケーションにおける受信と発信の両

14　基本とする 850 語で 20,000 語の働きをするとされる。詳しくは Ogden（1930）を参照されたい。

方を担う重要な領域であると言っても過言ではない。よく中学校までに習う英語でコミュニケーションはできるという話を聞くことがあるが，厳密に言えば，こうした基本となる句動詞を活用できることが前提になることを指摘しておきたい。しかし，残念ながら日本で使用されている中学校検定教科書では，3年間で約55個から80個[15]しか学ぶことができない。句動詞がコミュニケーションにおいて重要な働きを担うにも関わらず，軽視される傾向にあると言わざるをえない。田中（2007, pp. 558–559）によれば，usability はコミュニケーションに役立つかどうかの尺度である。多くの句動詞に触れることによって馴染みのある表現として感じられるようになり，繰り返し何度も聞いたり読んだりすることによって少しずつ使えるようになれば，学習者が使いやすいと感じることができる。その結果，コミュニケーションにおいても活用され，usability の条件が成立すると考えられる。コミュニケーション能力の向上を目指すのであれば，句動詞の重要性を認識することが今後の日本の英語教育にとって肝要となろう。

4. 句動詞の錯雑性

　句動詞の意味に強く影響を与えているのは不変化詞のほうである（Allerton, 1982, p. 92）と言われている。Tomasello（1992）は，母語獲得の過程で生じる1語文において，17か月過ぎから自分の子供が down を put down の意味として使いはじめる（p. 85）だけでなく，句動詞を Get-out (Geout) のように1語で発話する（p. 98）のを観察している。この観察から，句動詞は不変化詞のほうに意味の中心が置かれ，母語では比較的早い段階で獲得されることが裏付けられてきている。母語獲得における句動詞の出現は，1歳7か月から2歳の間とされ，38語の動詞と10語の不変化詞が共起し，その中でも put は共起する動詞として最も頻度が高く，約半分を占めると報告されている（Diessel & Tomasello, 2005, pp. 95–96）。しかしながら，習得が一見すると容易に思われる句動詞は，意味の広がりによる経済性，見

---

[15] 5社が発行する検定教科書を調べた結果による。句動詞の多くは日本語訳が添えられていることが多く，重要語句というよりも補足的なものとして扱われていることも少なくない。

方を変えれば多義性を帯びることや，メタファー表現[16]になる特質上，たとえ英語母語話者であっても難しいとされる。

(1)　The man turned on his friend. (Two meanings: One is bawdy)

(Birch, 2007, p. 68)

　Birch が例として挙げる (1) の turn on (刺激する / 食ってかかる) のように，句動詞は文脈によって意味が変わることもある。この言語事象に対して，認知言語学では**ベース**(**base**)と**プロファイル**(**profile**)の関係[17]で考える。ベースとは背景として機能するもの，プロファイルとは焦点化され，際立った部分のことを言う。

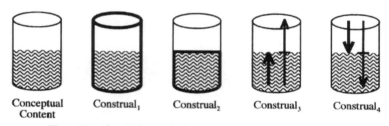

図1　図と地の分化・反転を示す図(Langacker, 2008a, p. 44)

図1は全てのグラス容器に水が半分入っているが，同じ状況であっても，どの部分をプロファイルするかによって言語表現は異なる。解釈1は "the glass with water in it" と容器を，解釈2は "the water in the glass" と液体を，

16　喩えられる表現。

17　ベースとプロファイルという概念は心理学で用いられる**図と地**(**figure and ground**)の分化・反転という概念を基盤にしており，認知言語学では言語分析の道具立てとして取り入れ，言語事象の説明を試みる。図はプロファイルに，地はベースにそれぞれ対応する。どの部分に焦点を当てどの部分を背景にするのかを区分することを分化と呼び，焦点化された図と背景化された地の関係が逆になることを反転と呼ぶ。ルビンの盃と呼ばれる図は，白い部分に目を向ければ盃に，黒い部分に目を向ければ向かい合う人に見える。ただし，盃と向かい合う人が同時に見えることはない。これは，前景となる図と背景となる地が分化・反転する現象から成る。

解釈3は "the glass is half-full" と液体が占めている量を，解釈4は "the glass is half-empty" と容器の空いている部分の量をそれぞれ示している。このように認知言語学では，言語化する者の捉え方を重視する。

句動詞の言語事象に置き換えれば，同じ表現であっても，**フレーム (frame)** と呼ばれる背景的知識がその文脈を喚起することによって，文脈の中に埋め込まれた意味が浮き上がり，前景化されて意味が決定されるのである。換言すれば，何を背景とするかによって浮かび上がる意味は異なるということである。

英語母語話者にとっても句動詞が難しいと思われる例は他にもある。Lederer (1989, p. 23) では out と in の意味が相反するにもかかわらず，"記入する" ことを fill out と fill in のどちらでも表現する英語独特の不思議さを指摘している。この例は，どのように物事を捉えて解釈するのか，その一連の過程である**概念化（conceptualization）**の違いが反映されたものと考えれば理解できる。Lee (2001, p. 34) は，書かれたものが書類の空所の中に挿入される過程を想起すれば fill in を，書かれたものが付け加えられることによってそのサイズが増加される過程を想起すれば fill out を用いるとしている。

図2 "広がり" の用法を表す out のイメージ図（Lindner, 1982, p. 309）

Lindner の上記のイメージ図は，最初に描かれた円形の境界線が外へ広がることによって空間領域も同時に増加することを想起させてくれる。空白の書類に記入する度に，記入されたものが増加して空白を埋める過程が思い描かれる場合には，fill out と表現されるのである[18]。類似の例として "速度を落と

---

18 一般に fill in と fill out はイギリス英語とアメリカ英語の違いによるものと説明されるが，捉え方の違いによるものと考えると，in と out のような対義語であるはずの語が同じような意味になる言語事象に説明を与えられることも多い。詳しくは Lindner (1982) を参照されたい。

す"を表す slow down と slow up があるが，前者と後者とでは少し問題は異なる。次に示す例は McIntosh（2006）からの引用である。

(2)　Slow down, I can't keep up with you.
(3)　The bus slowed up as it approached the junction.

fill out と fill in の問題は概念化の違いに起因するのに対し，slow down と slow up の問題は歴史的営みを通した言語の慣習的側面の現れに起因するズレと考えられる[19]。減速を意味する slow は up と相容れないように思われるのも当然である。けれども，pull up が "（車などを）止める" を表す理由と同様に，昔は馬の手綱を引いて減速し馬車を止めていたこともあり，その動作が up と結び付き，その身体的経験，つまり**身体性**（**embodiment**）に動機付けられ，言語表現に現れたと考えれば納得できよう。Pinker（2008, p. 239）の言を俟つまでもなく，メタファーが言語の中で化石化されている場合には，英語母語話者であっても昔の人のメタファー的想像力を持ち合わせているわけではない。なお，"支える" ことは "耐える" に見立てられるように，身体に根差した**概念メタファー**（**conceptual metaphor**）が句動詞の意味に関連することは，Holm（2004）が示す次のイメージ図を見ることによって理解されよう。

図3　put up のイメージ図（Holm, p. 162）

棒が落ちてこないように持ち上げて支えている様子が見て取れる。この身体的経験から，put up with が "我慢する" という意味になるのは想像に難くな

19　認知言語学では**文法化**（**grammaticalization**）など通時的に言語を捉える試みも活発に研究がされている。

い。しかし，概念基盤となっているメタファーによって我々は無意識のうちに支配されていることから，英語母語話者であってもこれらの意味の有縁性に関して明示的に説明できる者は多くない。

図4　put up with のイメージ図

母語であるがゆえに気付きにくい側面であることから，明示的に説明ができる知識を身に付ければ，むしろ英語母語話者以外の指導者こそが得意にできる分野となろう。田中（2006, p. 552）は，恣意的な約束事の集合として言語を捉えてきたこれまでの立場に対して，「なぜそうなのか」に対して合理的な説明を行う可能性が出てきたことは認知言語学の最大の魅力であると述べている。つまり，認知言語学はこうした言語の有縁性を解く手がかりを与えてくれることから，英語母語話者以外の指導者に対しても光明を見出し，自信を持った外国語指導を可能にすることが最大の長所とも言える。

句動詞は英語母語話者にとっても難しい側面があるが，無論，外国語として英語を学ぶ学習者にとってはさらに難しいと感じられる傾向にあることは容易に予想される。その主な要因は，**構成性原理**（**principle of compositionality**）[20]に従わず，動詞と不変化詞の部分の総和から，句動詞全体の意味が予想できないというゲシュタルト性によるものである。

20　構成性原理では，全体を構成するそれぞれの要素を足すことによって全体の意味は得られるという前提を持つ。

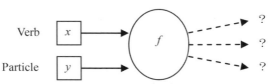

図 5　単義的に記憶した場合の句動詞認知過程（Nakagawa, 2013, p. 51）

動詞 x と不変化詞 y から構成される句動詞を言語処理関数 f に入力すると，一般に複数の解釈の出力が可能になるが，それぞれ単義的に記憶した英語学習者は解釈が不可能となり，図5が示すように習得できない可能性が生じる。こうした意味のゲシュタルト性に伴う意味の変化により困難とされる句動詞について教育現場では，なぜそのような意味になるのかといった理由を特に説明することもなく，動詞と不変化詞を組み合わせることで得られる意味のみを学習者に示し，暗記させることが多いのではないだろうか。認知言語学の知見は，こうしたゲシュタルト的に変容した意味であっても，その有縁性を重要視する点で教育現場において活用できるのではないかと考えられる。

5. 認知言語学的観点からの句動詞習得へのアプローチ

認知言語学的アプローチの特徴として Morgan（1997）が主張するように，句動詞は意味的に分析可能であるという立場から，言語の有縁性について明示的説明を与えられる点が挙げられる。認知言語学の知見を句動詞習得に援用する際，その多くの研究は**イメージ・スキーマ（image schema）**を下敷きとしたイメージ図を示し，その効果の説明を試みる。イメージ図は Langacker（2008a, pp. 9–10）[21] が述べているように，わかりやすい漫画のような図から非常に複雑で精巧な専門的表示の図まで多岐にわたる。図6は across に関する，Langacker（2000b）による詳細に表示された専門的なイメージ図と，中川（2013b）による認知言語学的知識を背景に持たない教師や学習者が理

21　Langacker は，自身のイメージ図がイメージ・スキーマを呼び起こしたり，その本質を示唆することのみを意図し，それ自体が心的活動のパターンを表すイメージ・スキーマではないこと（2008a, p. 32）から，イメージ図を diagram（図表）と呼んでいる。

5. 認知言語学的観点からの句動詞習得へのアプローチ | 181

解できるよう，teachability と learnability の観点から加工を施し簡素に表示
されたイメージ図である．

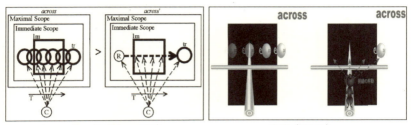

Langacker (2000b, p. 300)　　　　　　　中川 (2013b)

図6　across のイメージ図の比較 [22]

Kurtyka (2001, p. 33–36) は，**心的表象**（**mental representation**）[23] を形成する
能力の1つである視覚化は学習において不可欠であるとし，指導者が口頭
による説明に添えて視覚的に句動詞を提示する有効性を示唆している．イ
メージ・スキーマは言語学研究において，これまで数多くの事例が提案され
てきた (Mandler & Cánovas, 2014, p. 527) [24]。スキーマという術語自体は心理
学からの転用であるが [25]，吉村 (2013, p. 16) ではイメージ・スキーマをこと
ばの形成と概念化に先立って存在する心的表象に関わる認知能力の1つと
定義付けている．付け加えて言うと，イメージとは視覚的なものに限定され
るのではなく，聴覚や嗅覚，力の作用も含まれる (Lakoff, 1987, pp. 444–
445)。イメージ・スキーマを下敷きとした中心に据えられるイメージ図は，
お互い類似してはいるものの，統一したものは存在せず，様々である．図7
の Tyler & Evans (2003) と田中・武田・川出 (2003) を比べると，同じ前置
詞 to であってもイメージ図は異なることが分かる．

22　それぞれ左の図は walk across the street のように対象そのものが移動する様子を，右の
　図は live across the street のように対象そのものの移動ではなく視線のみが移動する様子を
　示している．
23　ここでは，感覚器官や運動器官などから得られる情報に人間が頭の中に抱く事物の理
　解を促すイメージ像の概念と解釈される．
24　特に over については様々な議論がある．詳しくは Dewell (1994) を参照されたい．
25　Johnson (1987, p. 156) では，その起源は哲学者カントにまで遡るとしている．

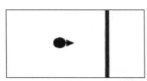
Tyler & Evans (2003, p. 148)

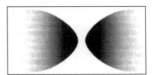
田中・武田・川出（編）(2003, p. 1759)

図7　to のイメージ図の比較

Tyler & Evans では，イメージ図を原形図（**pro-scene**）と名付け，第一義（**primary sense**）の抽象化された心的表象を表すとしている（p. 65）。なお，Tyler & Evans は，この第一義から直接導き出すことができない語義があることを認めている（p. 49）。一方，コア（**core**）と呼ばれる田中・武田・川出のイメージ図は，田中（1990, pp. 21–26）によると，文脈に依存しない，用例の最大公約数的かつ語の意味範囲の全体を捉える概念であるとしている。上記のイメージ図を見比べた際，"面と向かって"を表す周辺的用法の face to face はコアに基づいた田中・武田・川出のイメージ図の方が，"学校へ"を表す中心的用法の to school は第一義に基づいた Tyler & Evans のイメージ図の方が直感と合致するかもしれない。上級レベルの学習者にとっては，これまで習得した多くの前置詞 to の用例の概念を再構築するのに包括的なイメージ図が有用であるが，初級レベルの学習者にとっては用例に多く触れていないことを考慮すると，頻度の高い用法を表すイメージ図が有用と考えられる。したがって，学習者の習熟度や学習内容の深浅に応じて適切にイメージ図の使い分けをすることが重要と言えよう。これまで言及してきたように，イメージ図はイメージ・スキーマに依拠して図示されても，何を中心に据えるかが立場によって異なることから，様々なイメージ図が存在することは不思議ではない。さらに，イメージ・スキーマ自体も理論的には，個人の日常生活における身体的経験などを基盤とし，そこから一定の抽象的パターンが導き出され心の中に立ち現れたものであることから，個別性と普遍性が入り混じることもある。

　このようなイメージ・スキーマに基づくイメージ図を用いた認知言語学的アプローチとして，over や out，up，off など，特定の不変化詞に焦点を当てた Brugman (1981) や Lindner (1981)，Yeagle (1983) の先駆的研究や，17

個の不変化詞と共起する句動詞に焦点を当てた Rudzka-Ostyn (2003) の学習書籍，句動詞の指導法だけでなくワークシートの作成事例も紹介された Holme (2004) などがある。また，従来は句動詞の意味に影響を与える不変化詞のイメージ図のみを提示する研究が多く見受けられていたが，Mahpeykar & Tyler (2015) では不変化詞と動詞それぞれのイメージ図だけでなく，それを結合させた句動詞のイメージも同時に提示するなど，新たな試みを行っている。

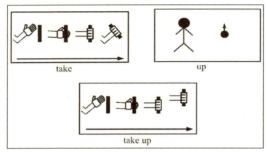

Mahpeykar & Tyler (2015, p. 24)

図 8　take, up, take up のイメージ図

繰り返しになるが，こうした視座を与えるのは認知言語学分野に限られる考え方ではなく，身体運動などを含めた日常生活の営みを通して得られる経験が言語表現に反映されるという考え方である。特に多義的な語のイメージ図を提示して定着を促すことは効果があるという考え方が，認知言語学分野における特別な捉え方ではないことは，古くは日本においても中心に据えられるイメージ図を付した類似のアプローチによる学習書籍が存在していたことからも分かる [26]（図 9 を参照）。

---

[26] その他の書籍として安藤 (1967) では，イメージ図は示されてはいないものの，派生して細分化される不変化詞の意味をできるだけ単一にまとめられるよう，"本質的意味"と名付けられた意味を提示している。

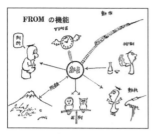
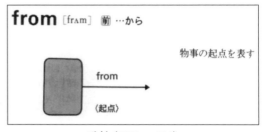

長崎（1975, p. 84）　　　　　　　　政村（1989, p. 206）

図9　from のイメージ図

認知言語学的アプローチによる句動詞習得の実証的な研究としては、ハンガリー語（Kovecses & Szabco, 1996）、フランス語（Boers, 2000）、イラン語（Sadri, 2012; Ansari, 2016）を母語とした英語学習者を対象に分析したものなどがあり、それぞれ句動詞習得が認知言語学的アプローチによって向上したという結果を得ている。また Kartal & Uner（2017）の研究では、トルコ語を母語とした英語学習者を対象に、英語能力（proficiency level）の違いによって句動詞習得に差が生じるかを検証し、初級（elementary）レベルと入門（beginner）レベル、中級下（pre-intermediate）レベルと入門レベルの間に有意差はあったが、初級レベルと中級下レベルの間には有意差はなかったという結果と、事前・事後テストでは、初級レベルと中級下レベルでは有意差があったのに対し、入門レベルでは有意差はなかったという結果とを報告している。日本語を母語とする英語学習者を対象とした Yasuda（2010）の研究では、日本語訳と共に句動詞を覚えた対照群と認知言語学的アプローチによる指導を受けた実験群との間には、指導で用いられていない句動詞テストでは有意差があったものの、指導で用いられた句動詞テストでは有意差がなかったことが示され、一部では認知言語学的アプローチの有用性が実証できない結果となった。また、フランス語を母語とするベルギーの英語学習者を対象とした Condon & Kelly（2002）の研究において、認知言語学的知見に基づいた句動詞の指導の方が辞書に基づいた指導よりもテストでは低い結果であったことが示されている。このように、認知言語学的知見を援用した句動詞習得へのアプローチは有用であるとする先行研究は多いものの、依然として評価が分かれており、実践的研究やその実証のさらなる積み重ねが必要とされ

ている。句動詞習得はKartal & Unerの研究で実証されたように，英語能力の違いによる差は勿論のこと，一般的な学力の違いによる差も想定されるが，その関連性はこれまでの研究では解明されていない。なお，白畑（2012, p. 188）では，知能または知性とよばれるものが語彙学習の際に関係してくる可能性を示唆している。

6. 本研究の目的

　これまで概観してきた研究を踏まえ本章では，はじめにteachabilityという観点から先行研究では論じられていない指導者側の認知言語学的知識の有無による英語学習者の句動詞習得の差を検証する。教材や指導法の有用性をteachabilityという観点から測る際，実験デザインとして本来は，専門的知識を持っていない指導者によって指導を受ける英語学習者の群も設定されるべきである。しかしながら，認知言語学的アプローチによる句動詞習得研究において，管見の限りではあるが，そういった先行研究はなく，その結果として高い汎用性を望めない可能性もある。Langacker（2008b, p. 66）は，言語学の知見を言語教育へ援用することは理論物理学者が棒高跳びの教え方をアドバイスするようなものであり，熟達した語学教師でない限り実用的価値はないように思われると指摘している。教育現場への汎用に繋げることを求めるのであれば，認知言語学を専門に勉強していない指導者であっても十分理解し，使いこなせる指導法や教材でなければならないのは自明であることから，本研究はより高い汎用性を探るという側面から実証的研究の蓄積に寄与できると考える。

　次に一般の学力と認知言語学を援用した指導法による句動詞習得との関連性の有無をlearnabilityの観点から探る。そうすることによって，句動詞習得における認知言語学的アプローチを精査していき，理論と実践の橋渡しを目指す。認知言語学的アプローチによる言語習得研究は，認知能力と運用能力から言語習得の解明を図るという理論的枠組みであるために，認知能力は言語習得と深い関わりがあるという立場に力点が置かれる。けれども，先行研究では英語能力との関連性を探ったKartal & Uner（2017）などの研究はあるが，より広い意味での認知能力，さらに言えばその広義的認知能力の1

つとしての一般的な学力との関連性は明らかにされていない。本研究では暫定的ではあるが全国で実施されている模擬試験の点数を一般的な学力の尺度として操作的に定義付けて実験を遂行し，認知言語学的アプローチによる句動詞習得と一般的学力との関連性の有無を探ることを試みる。

7. 実験

本研究では，田中（2007, pp. 558–559）が提唱する健全な教育文法の3つの条件のうちの teachability と learnability に焦点を当て，認知言語学的観点からの句動詞習得へのアプローチを検証する。実験1では指導者側が認知言語学的知識を有さない場合であっても，理解が促進できるよう，何らかの工夫が施された教材を指導者が使って説明を行えば，認知言語学的知識を有する指導者と同様の効果が英語学習者にもたらされるという仮説を立てる。実験2では同じ認知言語学的アプローチによる句動詞指導であっても，言語運用能力は認知能力と関連があるという理論的背景から，英語学習者の英語能力だけではなく，一般的な学力の差も句動詞習得の差に関係するという仮説を立てる。以下では実験1と実験2のそれぞれの仮説を検証する。

7.1　実験1：teachability の検証

認知言語学を援用した句動詞の指導に関する teachability の検証を行うため，認知言語学の知識を持ち合わせていない教師の指導を受ける A 校と認知言語学を専門とする教師の指導を受ける B 校の生徒を対象に，指導者側の認知言語学の知識の有無によって学習者の定着に差が生じるかを確認した。

7.1.1　参加者

実験1の検証は，日本国内の学校に通う日本語を母語とする高校1年生の A 校の学習者（37 名）と高校1年生の B 校の学習者（42 名），計 79 名（15 歳から 16 歳）を対象に行った。中学校では talk about など，限られた句動詞しか学習せず，さらに実験は1年時の9月に実施されたことなどを考慮すると，実験前までに習得された句動詞の数は比較的少ないと推測される。A

校の学習者は，認知言語学の知識を全く持ち合わせていない教師に，B校の学習者は認知言語学を専門とする教師によってそれぞれ指導が行われた。

7.1.2 実験方法

検証材料として，認知言語学の知見を援用した句動詞学習の書籍，中川・土屋（2011）に記載されている out と共起する頻度の高い上位10個の句動詞（carry out, point out, find out, come out, work out, go out, turn out, break out, rule out, set out）を用いた。中川・土屋で用いられているイメージ図や説明方法は，理論的な精緻さを犠牲にしている側面があることは否めない。けれども，Cho & Kawase（2011）では，認知言語学を教育現場に応用するためには認知言語学で用いられる術語を排除する必要性があることが指摘されており，上野（2007）においては，高度な研究をそのまま教育現場に繋げるのではなく「加工」が必要であることが主張されている。これらの点を考慮し，中川・土屋のイメージ図は，できる限り単純かつ親しみやすいものとなっているのが特徴でもある。ここでは find out などで用いられる"出現"の用法を表す out の例を比較されたい。

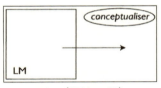 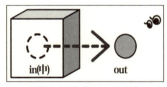

Lee (2001, p. 35) 　　中川・土屋 (2011, p. 27)

図10　"出現"の用法を表す out のイメージ図の比較

図10で見比べることによって，**ランドマーク/LM（Landmark）**や**概念化者/主体（conceptualiser）**といったような認知言語学における術語を使わなくとも，直感的に視覚で理解を促す工夫が施されていることが分かるであろう。

次にイメージ図と説明の一例を見られたい（図11・12）。不変化詞のイメージを押さえた上で，それと共起する動詞と組み合わされてできた句動詞の意味を認知言語学の考え方を基本にしながらも平易な文章で簡潔に説明さ

れている。A 校の教師は認知言語学の知見に依拠した句動詞指導ができるよう，予め検証材料で用いる句動詞に関して，中川・土屋（pp. 26–42）の説明を読んで理解した後，句動詞を生徒に教えた。

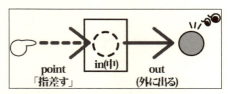

図 11　中川・土屋（2011）における句動詞 point out のイメージ図

> point out「〜を指摘する」
> 中（in）に入っていたものが外（out）に出ると，隠れていたものが見える状態になり，その存在が知られる状況になります。ある事柄を指し示す（point）ことによって，その事柄を外（out）に出すと，他の人に知られるようになります。ここから「〜を指摘する」という意味になるのです。
>   Economists pointed out the problems Japanese workers are having.
>   （経済学者は日本の労働者が抱えている問題を指摘した）

図 12　中川・土屋（2011）における句動詞 point out の説明

　手順として，まず検証前の学習者の句動詞に関する知識の定着状況を把握するために，試験時間 5 分で検証材料の句動詞 10 個について事前テストを行った。1 週間後，A・B 両校とも，それぞれの教師が中川・土屋に記載されているイメージ図を提示しながら，10 分間，認知言語学の知見に基づいた明示的説明を行って学習者に意味の定着を促した。2 週間後，予告なしで，また解説もせず，試験時間 5 分で事後テストを行った。事前・事後テストはそれぞれ英文中の句動詞の意味を日本語で答えさせる記述式問題とし，1 問 1 点の 10 点満点で採点を行った。

> 問題　以下の英文を訳した日本文の（　　　　）を補いなさい。
> Fire suddenly broke out in the kitchen.　　突然，台所で火が（　　　　）。

図13　事前・事後テストの問題例

7.1.3　結果と考察

　事前・事後テストに関するA校とB校の記述統計量の結果は表1を見られたい。指導者の認知言語学の知識の有無によって，学習者の句動詞に関する知識の定着に差が生じるかを検証するために，指導者による認知言語学的知識の有無（対応なし：知識なし・知識あり）×テスト回（対応あり：事前・事後）の混合計画による2元配置分散分析を行った[27]。分散分析の結果，まず，指導者による認知言語学的知識の有無の主効果が，統計的に有意ではなかった（$F(1, 77) = 1.85$, $p = .18$, $\eta_p^2 = .02$）。しかし，テスト回の主効果は統計的に有意であった（$F(1, 77) = 156.51$, $p < .01$, $\eta_p^2 = .67$）。さらに，指導者による認知言語学的知識の有無×テスト回の交互作用は有意でなかった（$F(1, 77) = 1.29$, $p = .26$, $\eta_p^2 = .02$）。すなわち，テスト回の主効果のみが有意であり，さらに交互作用も有意でなかったことから，認知言語学の理論を教育現場に活かせるように加工を施せば，指導者の認知言語学的知識の有無にかかわらず指導後には有意に向上することが分かり，認知言語学を援用した指導法の teachability が担保されたと結論付けられる。

表1　得点に関する記述統計量[28]

	A校 ($n=37$)		B校 ($n=42$)	
	M	SD	M	SD
事前テスト	3.65	2.02	2.98	1.35
事後テスト	6.49	1.41	6.38	1.87

27　Mauchly の球面性検定によって，球面性の仮定が満たされないことがわかったため，Greenhouse-Geisser の方法によって自由度を調整した。

28　事前テストにおいて2つのグループの平均値に差があるように見えるが，t 検定（Levene の検定で等分散が満たされていなかったため，Welch の方法で調整）を使って比較し，$t(61.67) = 1.72$, $p = .09$, $d = 0.4$, 95%CI [-0.11, 1.46] で5%水準において平均値の差が統計的に有意でないことは勿論，確認済みであることを付け加えておきたい。

図 14 を見ると，A・B 校とも，事前テストよりも事後テストの平均得点が高いことから，句動詞の学習における認知言語学に依拠した指導法の有効性が確認され，本研究も多くの先行研究を追認する結果となった。ただし標準偏差に関して，誤差範囲ではあるが A 校は事前テストと比べ事後テストは低く，ばらつきが収束しているのに対し，B 校は標準偏差が大きくなり，事前テストよりもばらつきが少し広がったように見える。学習者特性のような個人的な差異などの諸要素も関係している可能性が考えられることから一概には言えないが，認知言語学の知識を有する B 校の指導者は少し周辺的事例などに言及したことによって，こうした学習法を中学校まではあまり経験してこなかった学習者にとっては難しく感じる学習者とそうでない学習者の開きがわずかに生じたのかもしれない。一方，A 校の指導者は，認知言語学の知識を有さないため，教材のイメージ図とその説明のみの平易で簡潔な説明により，こうした学習法に馴染みのない学習者にとって全体的に理解がしやすかったのかもしれない。

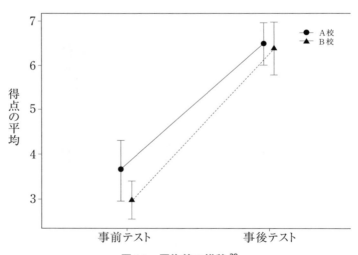

図 14　平均値の推移 [29]

29　グラフ中のエラーバーは 95％信頼区間（CI）を示す。

次にA・B校それぞれにおける変化量である事後テスト―事前テストの得点差を図15に示す。上下の矢印の中心点は得点差の平均を示しているのだが、平均的にB校の学習者の方が少しだけ事前テストと比べ、事後テストの点の伸びが大きいことが分かる。その理由の1つとして、A校の学習者の方が得点の散らばりは小さいが、得点の差がマイナスになっている学習者や差がない学習者がいるのに対し、B校の学習者は得点の差がゼロになっている学習者はいるものの、得点の差が8点を最大として6点から7点と差が大きい学習者の層も比較的多く存在するからであろう。これらの要因として、認知言語学の知識を有するB校の指導者は、学習者の理解が困難と予想される抽象的な句動詞に関して、類似例をもって理解を促すことができたことによると推測しうる。

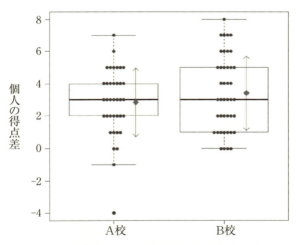

図15　事後テスト―事前テストの得点差[30]

7.2　実験2：learnabilityの検証

　認知言語学を援用した句動詞の指導法に関するlearnabilityの検証を行うため、全国で実施されているベネッセコーポレーションによる進研模試の得

30　上下の矢印は±1*SD*を示す。

点を一般的な学力と，GTEC Advanced の得点を英語力とそれぞれ操作的に定義し，一般的な学力や英語力，句動詞の定着確認テストにおけるそれぞれの相関を確認した。

7.2.1 参加者

実験 2 の検証は，日本国内の学校に通う日本語を母語とする高校 2 年生 (16 歳から 17 歳) の学習者，計 60 名を対象に行った[31]。6 月に実施された GTEC Advanced（上限値 810 点：reading 320 点，listening 320 点，writing 170 点）の平均は 435.92 点，7 月に実施された進研模試高 2 総合学力テスト（上限値 300 点：英語 100 点，国語 100 点，数学 100 点）の平均は 99.22 点であった。GTEC Advanced の平均点は CEFR の A1 レベルに相当する。GTEC Advanced における高校 2 年生の全国平均はおよそ 445 点，進研模試高 2 総合学力テストにおける全国平均は 110.60 点であることから，英語力や一般的学力は全国平均より少し下回る学習者の層である。

7.2.2 実験方法

検証材料として，認知言語学の知見を援用した指導法の効果の測定を正確に行えるよう，できる限り中学校では学ぶことがない句動詞[32]を 15 種類の不変化詞から 1 つずつ抽出して（bring about, call at, come by, care for, turn down, hear from, cut in, put off, hit on, stand out, get over, belong to, pull up, go with, look into）用いた。手順として，まずは上記の句動詞 15 個について試験時間 10 分で事前テストを，直後に認知言語学的アプローチによる 15 分の説明を行った。2 週間後，予告なしで，また解説もせず，試験時間 10 分で事後テストを行った。事前・事後テストは日本語の意味を表す句動詞を，動詞と不変化詞の語群からそれぞれ選択させる問題とし，1 問 1

---

[31] 当初，実験に参加した人数は 66 名であったが，相関係数は外れ値に影響されやすいため，箱ひげ図で検出された 6 つの四分位偏差の 1.5 倍以上の値を外れ値とし，その外れ値のトリミングを行った。その結果，データ分析の対象者は 60 名となった。

[32] ただし，床効果を避ける必要があることから，中学既習句動詞と類推可能な句動詞を数個含めている。

点[33] の 15 点満点で採点をした。なお，授業中に教示を受けた学習法についてどのように感じたかを指導後に 2 分与え，自由記述式のアンケートを使って調査した。

問題　日本語の意味を表す句動詞を下の語群 A と B からそれぞれ選び答えなさい。それぞれの語は 1 回しか使えません。なお，句動詞が使われる英文も参照しなさい。
① 「断る」　＿＿＿＿　＿＿＿＿
　She（　）（　）my request.　彼女は私の頼みを断った。
② 「調査する」　＿＿＿＿　＿＿＿＿
　The police are（　）（　）the matter.　警察がその件を調査している。
⑮ 「望む」　＿＿＿＿　＿＿＿＿
　Would you（　）（　）a glass of wine?　ワインを 1 杯いかがですか。
A
belong, bring, call, care, come, cut, get, go, hear, hit, look, pull, put, stand, turn
B
about, at, by, down, for, from, in, into, off, on, out, over, to, up, with

図 16　事前・事後テストの問題例

指導方法に関しては中川（2013b）の句動詞の動画を提示し，認知言語学の知見に基づいて，なぜそのような意味になるのかを明示的に説明を行って理解を促した。

33　動詞と不変化詞が共に正解でなければならないという完全解答形式を採用。

図 17　句動詞の指導で用いた動画の例（come by）[34]

---

come by「〜を手に入れる」
「来る」という意味の come は，by の持つ「近接」というイメージと一緒に使われると，対象が近くに来ることを表し，対象が物であれば「手に入れる」という意味になります。例文では，対象となるチケットを手にする機会が，近づいてきたというイメージから"偶然に"，"運良く"ということが背景に含まれています。

図 18　句動詞の指導で教師が説明した例（come by）

7.2.3　結果と考察

それぞれのテストの記述統計量結果を表 2 に示す。認知言語学の知見を援用した指導法の効果の測定に関して，対応のある t 検定を用いて事前テストと事後テストの平均値の差を検定した結果，0.1％水準で統計的な有意差が確認された（$t(59) = -13.30$, $p < .001$, $d = 1.84$, 95%CI [-6.90, -5.10]）。

---

[34] 実際の指導では動画を用いている。動画については中川（2013b）を参照されたい。

表2　得点に関する記述統計量 ($n = 60$)

	M	95% CI	SD	Minimum	Maximum
事前テスト	2.43	2.02–2.85	1.60	0.00	6.00
事後テスト	8.43	7.44–9.43	3.86	1.00	15.00
事後・事前テストの得点差	6.00	5.10–6.90	3.49	0.00	15.00
GTEC	435.91	424.22–447.61	45.27	330.00	554.00
進研模試	99.22	90.79–107.64	32.62	33.00	173.00

図19における個人データの平均値の推移を見ると，事前テストと比べ事後テストは有意に得点が上がっているだけでなく，事前テストでは得点が低かった学習者も得点が高かった学習者と同じくらい伸びていることが分かる。このことから，本章で提案する句動詞における認知言語学的アプローチの効果が認められた。

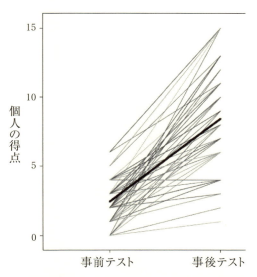

図19　個々の学習者における平均値の推移

次に，事後テストと事前テストの得点差が，先行研究で検証された英語力や本章で仮説として挙げた一般的学力との関連があるかどうかを検証する。認

知言語学的アプローチの効果を learnability の観点から検証するために，事後テストと事前テストにおける得点差と英語力や一般的学力との相関の有無を確認した。表3の相関行列表を見ると分かるように，一般的学力の基準とした進研模試と事前テストの相関係数は，$r = .57$ と中程度の相関があった。一般的学力と知能を同一視することはできないが，白畑（2012, p. 188）では知能は語彙学習に関連するとしていたように，一般的学力もまた，語彙学習に相関があることが今回の調査で裏付けられた。

表3 GTEC, 進研模試, 事前テスト, 得点差の相関 ($n = 60$)

	1	2	3	4
1. GTEC	—			
2. 進研模試	.53**	—		
3. 事前テスト	.54**	.57**	—	
4. 事後—事前テストの得点差	.17	.31*	.01	—

$**p < .01, *p < .05$

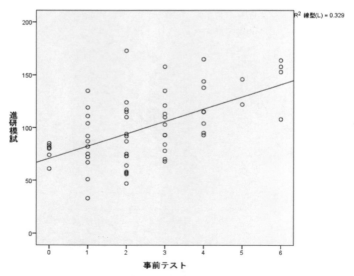

図20 進研模試と事前テストの散布図

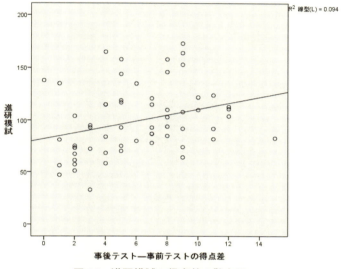

図 21　進研模試と得点差の散布図

　一般的に英語が得意であれば苦手とする学習者よりも句動詞を習得しているということは予測できる。このことは本調査でも GTEC と事前テストの相関係数が中程度であったことからも確認できる（$r = .54$）。興味深いことに，事後テストと事前テストとの得点差と進研模試，GTEC との相関を見た場合，事前テストと進研模試（$r = .57$），GTEC（$r = .54$）との相関の結果とは異なる。進研模試と得点差の相関係数は，$r = .31$ と弱い相関であった。さらに，GTEC と得点差の相関係数は $r = .17$，事前テストと得点差の相関係数は $r = .01$ で，どちらもほとんど相関がない結果となった。以上の結果から，本来，一般的学力と句動詞習得は中程度の相関があるものの，本章で提案された句動詞の認知言語学的アプローチによる介入後は一般的学力と得点差においては弱い相関になること，さらにその得点差は GTEC や事前テストとの相関がほとんどないと結論付けられる。なお，進研模試と事前テスト，得点差との相関を示した散布図に関してはそれぞれ図 20 と図 21 を見られたい。
　上述の結果を踏まえると，認知言語学の知見を加工して教材を作成し指導をすることによって，learnability の条件に近づけられるとも考えられる。た

だし,認知言語学的アプローチを用いた指導法であれ,一般的学力が理解度に多少の影響を与えていることは,進研模試と得点差との間に弱い相関があったことからも否めない。その要因を学習者の指導法に関する捉え方を調査することによって探れるかもしれない。そこで,指導後に実施した自由記述式アンケートという質的データを基に,学習者の指導法に関する捉え方を探索的に分析した。なお,自由記述式アンケートを質的データとした場合,句動詞の理解とは関係のない個人の表現力による差が結果に影響を与える可能性は否定できないが,部分的であれ傾向を示唆するものとして意義があると考え,主観的な解釈にならないよう心掛けながら検証したい。

KH Coder 3 による前処理を実行した結果,総抽出数 2,683(1,086),異なり語数 395(280),文 117,段落 60 であった[35]。頻出語の内,出現回数上位 10 個の語は次の通りである。

表4　頻出語上位10個の語

抽出語	出現回数	抽出語	出現回数
覚える	101	イメージ	35
意味	44	分かる	30
思う	43	出来る	15
単語	43	考える	14
熟語	40	自分	13

次に,進研模試において 33 点から 80 点を下位層 ($n=19$),81 点から 130 点を中位層 ($n=31$),131 点から 173 点を上位層 ($n=10$) に分けて学力層の外部変数とし,抽出語を用いた対応分析を行った(図22)。最小出現数は 3 に設定をした。円は抽出語,四角は外部変数を表している。円の大きさは各々の出現回数に対応し,関連性の強い項目ほど平面距離上において近くに,弱い項目ほど遠くに布置される。さらに対応分析では,傾向が特徴的であれば原点から離れ,一般的であれば原点付近に項目は布置される。上位層や中位層の間には複数の抽出語が集中して似通っているのに対し,下位層の

---

[35] KH Coder とは,樋口耕一氏によるテキスト型データを統計的に分析するためのフリーソフトウェアである。詳細は http://khc.sourceforge.net を参照されたい。なお,助詞や助動詞といった語は除外されるため,括弧内の数字が実際の分析対象となった語の数を表す。

学習者は「取れる」や「勉強」,「思う」などの少数の抽出語のみ近くに布置されており,"勉強すれば（点数が）取れると思う"と感じていることから,表面的に学習を捉えていたことがわかる。これは下位層の学習者によく見られる特性の1つであろう。

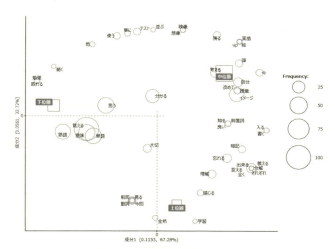

図 22　対応分析（抽出語×学力層）

次に,抽出語と外部変数である学力層の間の共起性を可視化した共起ネットワーク分析を見られたい（図23）。最小出現数は20に,共起関係をあらわす線（edge）の数は（共起関係の強さにおいて）上位の60に設定をした。語（mode）と外部変数の関係が強いほど太い線で描画されている。共起関係から,上位層と中位層は学習者が総体的に"単語や熟語の意味はイメージで分かり覚えられると思う"と感じていることが示唆されよう。一方,下位層の学習者は「イメージ」との共起性が弱いことが出力した共起ネットワークから分かる。このことから,下位層の学習者にとっては認知言語学的アプローチによる指導法がイメージを用いた学習であるとそれほど印象付けられていないと判断でき,そのイメージ学習法を意識して活用できなかったことが他の学力層との得点差につながった可能性が推察される。

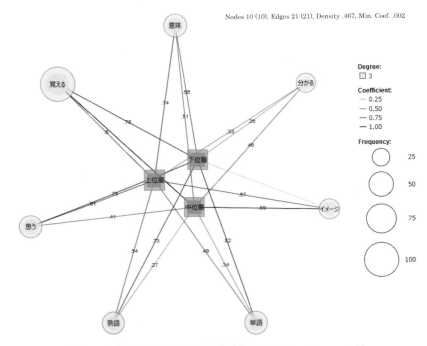

図 23 各学力層と関連が強い抽出語の共起ネットワーク[36]

実際の学習者の自由記述①（上位層）
・1つの単語の大体の意味は知っていても，細かい知識はないということを改めて感じた。熟語になると分からなくなるので，単語のイメージや語源で覚えるのが大切だと思った。

実際の学習者の自由記述②（中位層）
・いつも自分はただひたすら読んだり，書いたりしていて，全然覚えられなかったけど，授業で教えてもらったようにイメージして覚えることで，す

---

36 線上の数値は語が共起しているかどうかを重視する Jaccard 係数である。描画されている共起ネットワークは，共起関係の強さを語と語が布置されている距離ではなく，この Jaccard 係数によって示されていることに注意されたい。

ごく頭に入りやすくなった。

実際の学習者の自由記述③（下位層）
・単語の組み合わせで覚えていくと，2回目のテストでは多く点数が取れたので自分自身驚いた。熟語をそのまま丸ごと覚えるのではなく，単語をバラして覚えた方が良いと今回改めて分かった。

8. おわりに

　本章では，句動詞習得における teachability と learnability に焦点を当て，認知言語学的アプローチの考察を行った。teachability に関しては，認知言語学の知識を持たない指導者が教えた場合，教材や指導法を教師が理解できるよう加工を施せば，認知言語学の知識を持つ指導者と変わらない効果を得られることが分かった。learnability に関しては，一般的学力の差が句動詞習得の差に関係するという仮説を立て検証を行った。その結果，認知言語学的アプローチによる指導の介入前では句動詞習得との関係において中程度の相関であったが，介入後は事後テストと事前テストの得点差における相関係数は弱いことが分かった。さらに質的データを基に学習者が本章で提案された学習法をどのように捉えているのかを学力層別に探ったところ，学力下位層の学習者は，勉強して覚えれば点数が取れるという表面的な学習法と捉えていたことが明らかになった。一方，中位層や上位層の学習者は，イメージを用いて学習することによって納得して覚えられるということに気付き，提案された学習法についてイメージを用いた学習法と捉えていたことが明らかになった。中位層や上位層の学習者は比較的，論理立てをすることに慣れていることにより，学習法の捉え方も下位層の学習者とは異なるのではないかと推察される。こうした学力層による学習者特性の違いもあることから，語彙習得における学習方略といった観点などに立って，一般的学力と句動詞習得における相関の要因について，さらに精緻化した研究が待たれる。また，本研究による実験は，いずれも被験者数がそれほど多くないため，今後はより多くの被験者数を基に追調査することが求められる。なお，田中（2007）が提唱する健全な教育文法としての条件である teachability, learnability, usabilityの内，usabilityに関しては本章では特に扱わなかったが，usabilityはコミュニケーションで活用できるかどうかを測る尺度であり，teachabilityやlearnabilityは勿論のこと，どれだけ表現に触れ，使いながらその表現を内在化できるかという複雑な問題も関連することから，稿を改めて論じることとしたい。

　認知言語学的知見に依拠したアプローチを教育現場で活用するためには，様々な課題も存在する。認知言語学的アプローチは，言語の有縁性を解明するがゆえに明示的説明による演繹的指導法に偏る傾向にある。近年の教育現場におけるアクティブラーニング型授業に応じた帰納的指導法の研究も急務であろう。さらに認知言語学的アプローチの多くは本章で示したようにイメージ図を提示することが少なくない。イメージ図は静止画だけでなく動画による提示も考えられるが，それぞれの特徴を解明した上で，それに適した方法を探り実証的に精査することが必要である。特に句動詞習得は，本章で指摘したように，コミュニケーションの受信と発信の両方を担う重要な領域であり，コミュニケーション能力の向上には不可欠であることから，先に挙げた課題も含め，その課題を解決し，教育に資することを目的とした今後の研究に期待したい。

本章執筆の機会を与えてくださった編者の白畑知彦先生，須田孝司先生の両先生に深く感謝の意を表したい。本章の執筆過程において数多くの貴重なご助言とご指導を賜りましたことをこの場をお借りして厚く御礼申し上げる。また，認知言語学談話会を主催されている宮浦国江先生をはじめ，そのメンバーである今井隆夫先生，大西美穂先生，都築雅子先生には草稿を発表させていただいた際，有益なコメントの数々を与えていただいたことに心より感謝申し上げたい。勿論，本章の不備はすべて偏に筆者に帰するものである。

参照文献

Achard, M., & Niemeier, S. (Eds.). (2004). *Cognitive linguistics, second language acquisition, and foreign language teaching* (Vol. 18). Berlin, Germany: Walter de Gruyter.
相沢佳子. (2007).『850語に魅せられた天才CKオグデン』. 東京：北星堂.
Allerton, D. J. (1982). *Valency and the English verb*. London: Academic Press.

安藤貞雄. (1967).『高校英語ポイントシリーズ 3: 前置詞のポイント』. 東京：研究社.
Ansari, M. J. (2016). The acquisition of phrasal verbs through cognitive linguistic approach: The case of Iranian EFL learners. *Advances in Language and Literary Studies, 7*(1), 185–194.
青木槇喜子. (2007).「序章」. 二枝美津子 (編).『句動詞 XVPY 構文 形と意味の謎：日本人英語教師に贈る認知言語学的解明』(pp. 9–12). 東京：教育出版.
荒川洋平・森山新. (2009).『わかる!! 日本語教師のための応用認知言語学』. 東京：凡人社.
Birch, B. M. (2007). *English L2 reading: Getting to the bottom* (2nd ed.). New York: Routledge.
Boers, F. (2000). Metaphor awareness and vocabulary retention. *Applied Linguistics, 21*(4), 553–571. doi:10.1093/applin/21.4.553
Boers, F. (2013). Cognitive Linguistic approaches to teaching vocabulary: Assessment and integration. *Language Teaching, 46*(2), 208–224. doi:10.1017/S0261444811000450
Bolinger, D. (1977). *Meaning and form*. London: Longman.
Brugman, C. (1981). *Story of over* (Unpublished master's thesis). University of California, Berkeley.
長加奈子. (2016).『認知言語学を英語教育に生かす』. 東京：金星堂.
Cho, K., & Kawase, Y. (2011). Effects of a cognitive linguistic approach to teaching countable and uncountable English nouns to Japanese learners of English. *Annual Review of English Language Education in Japan, 22*, 201–215. doi:org/10.20581/arele.22.0_201
Condon, N., & Kelly, P. (2002). Does Cognitive Linguistics have anything to offer English language learners in their efforts to master phrasal verbs?. *ITL International Journal of Applied Linguistics, 137*(1), 205–231. doi:10.1075/itl.137–138.03con
Dagut, M., & Laufer, B. (1985). Avoidance of phrasal verbs: A case for contrastive analysis. *Studies in Second Language Acquisition, 7*(1), 73–79. doi:10.1017/S0272263100005167
Dewell, R. B. (1994). Over again: Image-schema transformations in semantic analysis. *Cognitive Linguistics, 5*(4), 351–380. doi:10.1515/cogl.1994.5.4.351
Diessel, H., & Tomasello, M. (2005). Particle placement in early child language: A multifactorial analysis. *Corpus Linguistics and Linguistic Theory, 1*(1), 89–112. doi:10.1515/cllt.2005.1.1.89
Dirven, R. (1989). Cognitive linguistics and pedagogic grammar. In G. Graustin & G. Leitner. (Eds.), *Refference grammars and modern linguistic theory* (pp. 56–75). Tübingen, Germany: Max Niemeyer Verlag.
Douglas, B., Conrad, S., & Leech, G. (2002). *Student grammar of spoken and written English*. Harlow: Pearson Education.

Ellis, N. C., & Fernando, F. J. (2009). Construction learning as a function of frequency, frequency distribution, and function. *The Modern Language Journal, 93*(3), 370–385. doi:10.1111/j.1540-4781.2009.00896.x

Gardner, D., & Davies, M. (2007). Pointing out frequent phrasal verbs: A corpus-based analysis. *TESOL Quarterly, 41*(2), 339–359. doi: 10.1002/j.1545-7249.2007.tb00062.x

Gregg, K. R. (2001). Learnability and second language acquisition theory. In P. Robinson, (Ed.), *Cognition and second language instruction* (pp. 152–80). Cambridge: Cambridge University Press.

Holme, R. (2004)*Mind, metaphor and language teaching*. London: Palgrave MacMillan.

飯尾豊. (2013).「コーパスを用いた日本人学習者の句動詞の使用に関する研究」.『熊本大学社会文化研究』*11*, 35–53.

今井隆夫. (2010).『イメージで捉える感覚英文：認知文法を参照した英語学習』. 東京：開拓社.

Johnson, M. (1987). *The body in the mind: The bodily basis of meaning, imagination, and reason*. Chicago: University of Chicago Press.

Johnson, R. K. (1985). Prototype theory, cognitive linguistics and pedagogical grammar. *Working Papers in Linguistics and Language Teaching, 8*, 12–24.

Kartal, G. & Uner, S. (2017). The effects of conceptual metaphors on the acquisition of phrasal verbs by Turkish EFL learners. *European Journal of Foreign Language Teaching, 2*(2), 34–51. doi:10.5281/zenodo.556421

児玉一宏・野澤元. (2009).「言語習得と用法基盤モデル：認知言語習得論のアプローチ」. 山梨正明（編）.『講座 認知言語学のフロンティア⑥』. 東京：研究社.

小西友七. (1964).『現代英語の文法と背景』. 東京：研究社出版.

Kövecses, Z., & Szabcó, P. (1996). Idioms: A view from cognitive semantics. *Applied Linguistics, 17*(3), 326–355. doi:10.1093/applin/17.3.326

Kurtyka, A. (2001). Teaching English phrasal verbs: A cognitive approach. In M. Putz, S. Niemeier, & R. Dirven (Eds.), *Applied cognitive linguistics II: Language pedagogy* (pp. 29–54). Berlin, Germany: Mouton de Gruyter.

Lado, R., & Fries, C. C. (1958). *English pattern practice: Establishing the patterns as habits*. Ann Arbor: University of Michigan Press.

Lakoff, G. (1987). *Women, fire, and dangerous things: What categories reveal about the mind*. Chicago: University of Chicago Press.

Langacker, R. W. (1987). *Foundations of cognitive grammar: Theoretical prerequisites* (Vol. 1). Stanford: Stanford University Press.

Langacker, R. W. (2000a). A dynamic usage-based model. In M. Barlow & S. Kemmer (Eds.), *Usage-based models of language* (pp. 1–64). Stanford: CSLI Publications.

Langacker, R. W. (2000b). *Grammar and conceptualization*. Berlin: Walter de Gruyter.

Langacker, R. W. (2008a). *Cognitive grammar: A basic introduction*. Oxford: Oxford

University Press.
Langacker, R. W. (2008b). Cognitive grammar as a basis for language instruction. In P. Robinson & N. C. Ellis (Eds.), *Handbook of cognitive linguistics and second language acquisition* (pp. 66–88). New York: Routledge.
Laufer, B., & Eliasson, S. (1993). What causes avoidance in L2 learning: L1-L2 difference, L1-L2 similarity, or L2 complexity?. *Studies in Second Language Acquisition, 15*(1), 35–48. doi:10.1017/S0272263100011657
Lederer, R. (1989). *Crazy English: The ultimate joy ride through our language*. New York: Pocket Books.
Lee, D. (2001). *Cognitive Linguistics: An introduction*. New York: Oxford University Press.
Lindner, S. (1981). *A lexico-semantic analysis of English verb particle constructions with up and out* (Unpublished doctoral dissertation). University of California, San Diego.
Lindner, S. (1982). What goes up doesn't necessarily come down: The ins and outs of opposites. *Papers from the Regional Meeting of the Chicago Linguistic Society, 18*, 305–323.
Littlemore, J. (2009). *Applying cognitive linguistics to second language learning and teaching*. Basingstoke, UK: Palgrave Macmillan.
Mahpeykar, N., & Tyler, A. (2015). A principled cognitive linguistics account of English phrasal verbs with up and out. *Language and Cognition, 7*(1), 1–35. doi:10.1017/langcog.2014.15
Mandler, J. M., & Cánovas, C. P. (2014). On defining image schemas. *Language and Cognition, 6*(4), 510–532. doi: 10.1017/langcog.2014.14
政村秀實. (1989). 『図解英語基本語義辞典』. 河上道生 (監). 東京：桐原書店.
McIntosh, C. (Ed.)(2006). *Oxford phrasal verbs dictionary for learners of English* (2nd ed.). Oxford: Oxford University Press.
Morgan, P. S. (1997). Figuring out figure out: Metaphor and the semantics of the English verb-particle construction. *Cognitive Linguistics, 8*(4), 327–358. doi:10.1515/cogl.1997.8.4.327
森本俊. (2010). 『認知意味論的アプローチに基づいた英語句動詞の研究：意味論・習得論・エクササイズ論 (博士論文)』. 東京：慶應義塾大学.
長崎玄弥. (1975). 『奇跡の英熟語：イラスト式・入試 2500 句の完全記憶法』. 東京：祥伝社.
Nakagawa, Y. (2013). A study on the effectiveness of using visual images in teaching phrasal verbs. *Journal of Teaching English, 22*, 47–58.
中川右也. (2013a). 「イメージ・スキーマに基づく句動詞指導の実践例」. 『日本認知言語学会論文集』 *13*, 556–562.
中川右也. (2013b). 「きほんごレシピ」. 『きりはらの森』 (桐原書店 アプリケーション). Available from http://kiriharanomori.jp/

中川右也・土屋知洋. (2011).『「なぜ」がわかる動詞＋前置詞』. 東京：ベレ出版.
Neagu, M. (2007). English verb particles and their acquisition: A cognitive approach. *Revista Española de Linguista Aplicada, 20*, 121–138.
Niemeier, S. (2017). *Task-based grammar teaching of English: Where cognitive grammar and task-based language teaching meet*. Tübingen, Germany: Narr Francke Attempto Verlag.
Ogden, C. K. (1930). *Basic English: A general introduction with rules and grammar*. London: Paul Treber & Co. Ltd.
Pienemann, M. (1998). *Language processing and second language development: Processability theory*. Amsterdam: John Benjamins.
Pinker, S. (2008). *The stuff of thought: Language as a window into human nature*. London: Penguin Books.
Robinson, P., & Ellis, N. C. (Eds.). (2008). *Handbook of cognitive linguistics and second language acquisition*. New York: Routledge.
Rudzka-Ostyn, B. (2003). *Word power: Phrasal verbs and compounds: A cognitive approach*. Berlin: Mouton de Gruyter.
Sadri, E. (2012). *Applying cognitive linguistics to teaching English phrasal verbs*. Saarbrücken, Germany: LAMBERT Academic Publishing.
白畑知彦. (2012).「学習者要因」. 鈴木孝明・白畑知彦.『ことばの習得：母語獲得と第二言語習得』(pp. 175–201). 東京：くろしお出版.
田中茂範 (編). (1987).『基本動詞の意味論：コアとプロトタイプ』. 東京：三友社出版.
田中茂範. (1990).『認知意味論：英語動詞の多義の構造』. 東京：三友社出版.
田中茂範. (2007).「認知的スタンスと英語教育」.『日本認知言語学会論文集』7, 552–564.
田中茂範・武田修一・川出才紀 (編). (2003).『E ゲイト英和辞典』. 東京：ベネッセコーポレーション.
Tomasello, M. (1992). *First verbs: A case study of early grammatical development*. Cambridge: Cambridge University Press.
Tomasello, M. (2003). *Constructing a language: A usage-based theory of language acquisition*. Cambridge, MA: Harvard University Press.
辻幸夫. (1998).「認知言語学の見取り図」.『言語』*27*(11), 30–37.
Tyler, A. (2008). Applied cognitive linguistics: Putting linguistics back into second language teaching. *33rd International LAUD Symposium Conference Papers*, 904–927.
Tyler, A. (2012). *Cognitive linguistics and second language learning: Theoretical basics and experimental evidence*. New York: Routledge.
Tyler, A., & Evans, V. (2003). *The semantics of English prepositions: Spatial scenes, embodied meaning, and cognition*. Cambridge: Cambridge University Press.
Tyler, A., Huang, L., & Jan, H. (Eds.). (2018). *What is applied cognitive linguistics?:*

  Answers from current SLA research. Berlin: Mouton de Gruyter.

上野義和 (編). (2006).『英語教師のための効果的語彙指導法：認知言語学的アプローチ』. 東京：英宝社.

上野義和. (2007).『英語教育における論理と実践：認知言語学の導入とその有用性』. 東京：英宝社.

Vygotsky, L. (1962). *Thought and language.* Cambridge, MA: MIT Press.

山梨正明. (2000).『認知言語学原理』. 東京：くろしお出版.

Yasuda, S. (2010). Learning phrasal verbs through conceptual metaphors: A case of Japanese EFL learners. *Tesol Quarterly, 44*(2), 250–273. doi:10.5054/tq.2010.219945

Yeagle, R. (1983). *The syntax and semantics of English verb-particle constructions with off: A space grammar analysis* (Unpublished master's thesis). Southern Illinois University, Carbondale.

吉村公宏. (2013).「イメージ・スキーマ (image schema)」. 辻幸夫 (編).『新編 認知言語学キーワード辞典』(p. 16). 東京：研究社.

第7章

第二言語を学ぶ脳
日本人英語学習者の脳機能計測研究

尾島司郎

1. はじめに

　言語はこの世の中のどこにあるのだろうか。ざっと部屋を見渡すと，本，雑誌，新聞などに日本語や英語が印刷されているし，テレビや人の会話からも言語が聞こえてくる。しかし，こうした環境に存在する言語は，それを認識する主体，すなわち人間がいなければ，言語とは成り得ず，ただのインクのパターンや空気の振動である。言語は人間の脳の中にあるのである。本章は，第二言語（L2）は脳で学ばれているという認識のもと，脳機能（脳の働き）を調べる具体的な手法を解説しながら，日本人の英語学習について調べた幾つかの脳機能計測研究を紹介することを目的とする。

　はじめに，L2の習得や教育を考えるとき，L2の知識は我々の脳の中にあることを認識する必要がある。この考え方は，生成文法（無限に文を生み出す脳内文法の解明を目指す学問）を研究する言語学者にとっては自明のことであるが，一般の人々にとってはそうとは限らない。L2の習得とは，脳で起こる以上，ある意味で脳を物理的に変化させることである。すなわち，脳に蓄えられている知識や能力は，脳にある神経細胞[1]のネットワークとして表現されており，記憶や学習により神経ネットワークが変化するのである。

---

[1] 脳では無数の神経細胞が線維（神経線維）によって相互につながっており，巨大なネットワークを形成している。神経線維は情報伝達経路の役割を果たしており，線維を介して細胞同士が素早く情報を伝達し合う点で，神経細胞は細胞の中でユニークな存在である。

L2 の教育とは、この物理的変化を教育という社会的営みの中で意図的に引き起こすことである。こうした意識は広く共有されているわけではないが、体の仕組みを解明する生理学が病気を治す医学の基礎にあるように、脳が言語を学ぶメカニズムの解明が L2 習得研究や英語教育に役立つ可能性がある (Steinhauer, 2014)。

　それでは現代の脳科学では、脳をどのように調べるのだろうか。人間の脳の働きを非侵襲的に（体を傷つけずに）可視化する手法として、大まかに二つの種類がある。一つは時間分解能に優れており、もう一つは空間分解能に優れている。人間の脳にある神経細胞は物凄いスピードで活動しているので、脳の働きの解明には、このスピードに付いていける、すなわち高い時間分解能を持つ手法が必要である。代表的な手法には ERP（図 1A, B）や MEG があり、これらは 1 秒以内に起こる複数の脳活動を可視化することが出来る（詳細は後述）。また、人間の脳は異なる場所が異なる働きをしており、場所情報（空間情報）の取得も脳機能の解明には必須である。例えば言語に深く関係すると言われるブローカ野とウェルニッケ野は、それぞれ前頭葉と側頭葉という、離れた場所にある。高い空間分解能を持つ fMRI や NIRS（図 1C, D）などの手法は、こうした離れた場所の脳活動を分離して可視化でき、脳機能の空間情報の取得を可能にする[2]。

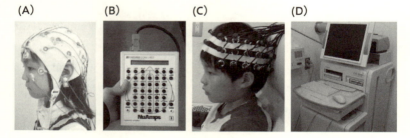

図 1　(A) ERP（事象関連脳電位）計測中の被験者の様子。電極が埋め込まれたキャップを被って計測することが多い。Ojima, Matsuba-Kurita, et al. (2011) Fig. 1B を改変。(B) ERP 計測を行うための脳波計（脳波アンプ）の一例。小型化が進んでいる。(C) NIRS（光トポグラフィー）計測中の被験者の様子。光ファイバーから出る近赤外光が頭の中を調べる。(D) NIRS 計測装置の一例。このような大きなものもあるが、脳波計同様、小型化が進んでいる。

---

[2]　人間の脳の働きとその計測方法についてより詳しく知りたい場合、日本語で書かれた入門書（理化学研究所脳科学総合研究センター、2013 など）を参照されたい。

本章では，ERP もしくは NIRS を用いて日本人英語学習者の脳活動を調べた 4 つの研究を紹介する（2, 4, 6, 8 節）。最初の研究は大人を被験者とする ERP 研究で，英語習熟度との関係で文法処理（主語動詞一致）や意味処理を調べている。残り 3 つの研究は「わくわく脳科学」プロジェクトと呼ばれる，小学生対象の一連の ERP 研究および NIRS 研究である。それぞれ，脳活動に見られる発達パターン，英語学習の開始年齢と総学習時間の効果，単語復唱に関連する脳領域を調べている。以下に詳細を示す。

2. 日本人の英語習熟度に関する ERP 研究（Ojima, Nakata, & Kakigi, 2005）

　L2 習得理論は多くの場合，頭の中，脳の中の話をしている。**モニター理論（The Monitor Theory）**という L2 習得研究では良く知られた理論がある（Krashen, 1977）。この理論では**学習（learning）**と**獲得（acquisition）**が区別されている（acquisition は「習得」と訳されることが多いが，本章では「習得」を包括的な概念として L2 習得などと言う場合に使い，モニター理論における「学習」との区別を意識する際は「獲得」を用いる）。「学習された」知識とは明示的な**メタ言語知識（metalinguistic knowledge）**であり，英語教科書や教師から「英語では○○の場合に動詞の後ろに -s を付けなければならない」などと意識的に学んだ場合の知識である。それに対して，意味のやりとりを伴う自然なコミュニケーションからほぼ無意識のうちに得られた知識（もしくは能力）は，「獲得された」知識と言われる。もしこの理論的な区別が正しければ，この区別は脳という実体のどこかで何らかの方法によって実現されているはずである。この例に限らず，異なるとされる 2 種類の知識の区別が，計測された脳活動に見られる可能性がある（Morgan-Short, Steinhauer, Sanz, & Ullman, 2012）。

　また，L2 習得研究で重要なテーマの中に，L1（第一言語，母語）と L2 は質的に同じ（L1=L2）かどうかというものがある（Ellis, 1985; Epstein, Flynn, & Martohardjono, 1996）。L1 が**普遍文法（Universal Grammar）**の制約によって習得されると考える立場では，この **L1=L2 仮説（L1=L2 hypothesis）**は，

L2 も UG の制約の範囲の中に収まるという仮説と同じである[3]。L1 や L2 が脳に実現されていることを考えると，L1 が脳の中で実現し得る範囲を調べ，L2 がその範囲内に収まるのかを次に調べることで，脳という物質レベルで L1=L2 仮説を検証することが出来るかもしれない。

Ojima et al. (2005) は，英語を L2 として学んだ日本人成人を対象に，英語における主語と動詞の一致現象に関連する脳の反応を調べた（一致現象は下記の 1a, b を参照）。被験者は，英語習熟度の高い日本人（以下，J-High, $n = 23$)，比較的低い日本人（J-Low, $n = 23$)，英語母語話者の 3 グループである（ENG, $n = 18$)。日本人被験者はおおむね，12 歳ごろに英語学習を開始していた。J-High は TOEIC の平均が 925 点で，TOEIC 受験者の中で 900 点以上取れるのは全体の 3％程度だということを考えると，普通の日本人の中では最高レベルの英語習熟度を持つと言える。J-Low は英語力が極端に低いわけではないが（TOEIC 平均 632)，J-High に比べると確実に低く，この相対的な高低が重要なので，論文に倣って J-Low という名前にしておく。

上記 3 グループの被験者に対して，以下のように主語動詞一致が正しい英文と正しくない英文を黙読させて，脳活動を計測した。被験者は，頭の様々な位置に電極を付けた状態で，刺激提示用のモニターの前に座る。実験刺激の英文は，一度に全体が画面に現れるのではなく，チャンク[4]ごとに順番に提示された（例：Turtles → move → slowly.）。この方法により，主語動詞一致が正しい動詞（例：下記 1a の move）と正しくない動詞（例：1b の moves）のそれぞれが画面に現れた瞬間の脳活動について吟味することが可能になる。

(1) a.　Turtles move slowly.
　　 b.　*Turtles moves slowly.

---

[3]　L1=L2 仮説と似た仮説に収斂仮説（Convergence Hypothesis）があるが（Green, 2003)，どちらも L1 と L2 の類似性を主張しており，本章ではその違いまで踏み込まないため，L2 習得研究で馴染みのある L1=L2 仮説（Ellis, 1985）をより包括的な概念として用いる。

[4]　例文ではたまたまチャンクと単語が一致しているが，例えば，in total などは 2 単語であるが 1 つのチャンクにして一度に提示した。

ここで重要な点は，少なくとも J-High の被験者に関しては，英語の主語動詞一致についてメタ言語的にはよく理解しているということである。彼らは全員，英語圏ではなく日本国内で英語学習を開始し，日本の学校で英語の授業を受けていた。その中で英文法をメタ言語的に学んだと考えられる[5]。実験に用いた英文（具体例は上の 1a, b）に対する**容認性判断（acceptability judgement）**の正確性では，J-High は英語母語話者と統計的に有意な差はなかった（平均値の数値だけ見るとむしろ母語話者よりも高い）。

脳活動データは，**事象関連脳電位（event-related brain potential, ERP）**と呼ばれる脳計測方法で取得した。ERP は，**脳波（electroencephalogram, EEG）**の一種で，単語の提示などのイベント（event）によって引き起こされる（Luck, 2005）。脳波自体は，何もイベントがなくても脳が生きている限り出つづけているが（自発脳波），聴覚刺激や視覚刺激の提示などのイベントがあった場合，そのイベントに対する脳反応がそこに乗る形で出て来る。その部分だけを抽出したものが ERP である（ERP についてより詳しく知りたい場合は，入戸野(2005) などの解説書を参照されたい）。

ERP の優れている点の 1 つは，先に述べたように，時間分解能の高さである。脳は端的に言うと多数の神経細胞の集まりであるが，神経細胞の活動はミリ秒（千分の一秒）単位で進む，非常に速いものである。脳活動，すなわち神経細胞の活動の時間経過を正確に調べたい場合，このスピードに対応できる手法が必要である。脳波はこの条件を満たす時間分解能を有しており，1 秒間に数百から 1000 回以上の計測が可能である。実際に 1 秒間に得られた脳波を表示すると，1 秒という短い間にも関わらず，非常に多くの電位変化（見かけ上は山や谷のようなもの）が観察される。1 秒以内に起こる複数の認知プロセスに関してデータを取れるのは，ERP および類似した脳磁図（MEG）ぐらいである。

ERP が優れているもう 1 つの点として，刺激提示などのイベントによって自動的に引き起こされる脳反応を反映しており，被験者本人が意識的に制御できないことが挙げられる。例えば日本人被験者がいくら頑張っても，意

---

[5] ただし J-High に含まれる被験者の多くは海外滞在経験も長く（グループ平均で 4 年弱），英語運用力の高さは海外経験から来る部分が大きいことが示唆される。

識的にERPを変化させ，ネイティブのERPに似せるというようなことは出来ない。刺激が提示された瞬間，自動的に起こる脳反応は，人間の意識が自由にコントロールできる類のものではないのである。逆に，L2習得研究でよくデータとして用いられるボタン押し，容認性判断，発話などは，被験者が手や口など体の一部を動かすことで得られるものであり，意識によってコントロールされている。こうした意識的な行動（行動を通して得られたデータを，脳機能データと区別して「行動データ」と呼ぶ）においてネイティブと差がなくても，脳活動レベルの差がERP計測により明らかになることは十分にあり得るのである（そういう差が悪いというわけではないが）(Morgan-Short et al., 2012)。

それでは実際のERPを見てみよう（図2）。

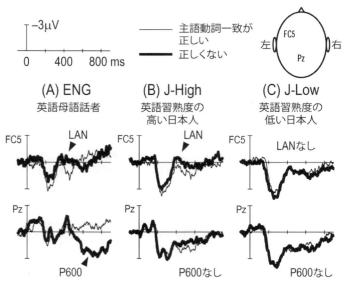

図2 主語動詞一致に関するERP反応（Ojima et al., 2005, Fig 4を改変）

図の中で細い線の波形は，主語と正しく一致している動詞に対するERPを示す。太い線の波形は，主語と正しく一致していない動詞に対するERPである。横方向に時間，縦方向に電位変化を取って表示してある。電気にプラ

ス・マイナスがあるように，電位変化には陽性方向の変化（よりプラスに振れる）と陰性方向の変化（よりマイナスに振れる）があるが，普通の人の直感に反して，生理学では陽性が下向きになるように ERP を表示する。図2もこれに従って，陽性を下向きに表示してある。横軸は動詞が画面に出現する 100 ミリ秒前から，出現した 900 ミリ秒後までを表示してある。縦の長い線が，動詞が出現した瞬間（0 ミリ秒の時点）を示している。図2では3つの被験者グループごとに，代表例として FC5（上段）と Pz（下段）と呼ばれる位置で計測された ERP 波形を示している。図2の右上にある，頭を上から見た図にあるように，FC5 は前頭の左側，Pz は頭頂から少し後ろに位置する。

　主語動詞一致が正しい動詞と正しくない動詞に対する ERP を比較すると，英語母語話者では，頭の左側から陰性の ERP が出ていた（図2A，電極 FC5 の ERP 波形の，LAN というラベルの部分を参照）。時間帯で言うと，単語提示の瞬間から 350–550 ミリ秒の間である。極性，頭皮上の分布，出現時間帯から，母語話者で文法的誤りに対して観察されることのある left anterior negativity（以下，LAN）(Munte, Heinze, & Mangun, 1993) であると考えられる。それでは日本人ではどうだろうか。英語習熟度の高い J-High では，同じ時間帯でネイティブのこの反応に驚くほど近い陰性 ERP が観察された（図2B，電極 FC5，LAN というラベルの部分）。ERP は，出現するタイミング，極性（陽性・陰性），頭の上での分布，大きさ（振幅という）など複数のパラメータの組み合わせにより，無限の可能性があるが，その中で母語話者と非常に似た ERP が得られたことは，少なくとも部分的には母語話者と同じような脳内プロセスが起こっているという可能性を支持する。

　それでは J-High は完全に英語母語話者と同じ ERP を示したかというと，そうではない。上記の LAN が出現したあと，550–850 ミリ秒の時間帯で，母語話者は P600 と通常呼ばれる ERP (Osterhout & Holcomb, 1992) を示した（図2A，電極 Pz，P600 というラベルがある部分）。これは頭頂部・後頭部を中心に出現する大きな陽性電位で，LAN 同様，文法的な誤りに対してしばしば報告されている。P600 は大きな反応なので L2 学習者でも LAN 以上に出やすいという素朴な予想も可能かもしれないが，実際には J-High において P600 は観察されなかった（図2B，電極 Pz）。母語話者で明瞭に観察

されたP600が，J-Highでは出なかったのである。この点において，J-Highの脳反応はネイティブとは明らかに異なっていた。

英語習熟度の低いJ-Lowでは，主語動詞一致の誤りによって統計的に有意なERP変化は何も観察されなかった（図2C）。LANもP600も観察されなかったのである。つまり，主語動詞一致が正しくても間違っていても，脳反応としては似たようなものだったということである。

結果をまとめてみよう（表1）。英語母語話者では，主語動詞一致の誤りによりLANとP600という二つのERP成分が出現した。J-Highではこのうち LANが出現したがP600は見られなかった。したがって，ネイティブと英語レベルの高い日本人では，主語動詞一致の脳内処理が部分的に異なっているという可能性が示唆される。ただし，紙に書かれた英文を見せて行った意識的な容認性判断課題では，この2グループに有意な差はなかった。

表1　Ojima et al.（2005）の主語動詞一致に対するERP反応のまとめ
（○＝有り，×＝なし）

被験者グループ	LAN	P600
ENG（英語母語話者）	○	○
J-High（英語習熟度の高い日本人）	○	×
J-Low（英語習熟度の低い日本人）	×	×

時間が十分与えられた状態で行う容認性判断や**文法性判断（grammaticality judgement）**などは，明示的なメタ言語知識を調べる典型的な課題である（Ellis, 2015）。このことから，日本人の英語上級者は英語の主語動詞一致に関するメタ言語知識は持っており，時間的余裕があればそれを使ってメタ言語的判断を行うことが出来るが，意味理解を目的とする通常の言語使用においては，このメタ言語知識の存在がネイティブと同様の脳内処理にはつながっていないと考えられる。

主語動詞一致（もしくは三人称単数の-s）は中学1年生で習う文法である。今回の被験者は成人であり，これを最初に勉強してから10年程度は経過している。この間に高い英語習熟度を身に付けTOEICで900点を取れるようになったわけだが，それでも言語使用時にネイティブのように主語動詞一致

を使っているとは言えない。この観察は、明示的に「学習された知識」は無意識もしくは自然に「獲得された知識」に自動的に転換されるわけではないとする仮説と、示している方向性としては一致しており、脳のレベルでも「学習された知識」と「獲得された知識」の区別が存在するのかもしれない。

　この研究（Ojima et al., 2005）では、主語動詞一致以外においても英語母語話者と日本人を比較している。下の（2a）と（2b）を比較すると、（2b）は意味的におかしいことが分かる。

(2) a. This house has ten rooms in total.
　　 b. ?This house has ten cities in total.

前から読んでいくと、（2b）では cities のところで意味が通らなくなる。ただし、文法的にはその位置に名詞が来ること自体は可能である。したがって、（2b）は文法的には正しいが意味的にはおかしい文である（主語動詞一致がおかしい（1b）は、逆に意味的には正しく文法的におかしい）。

　母語話者では、文脈に意味的に合わない単語が突然現れた時に、N400 と呼ばれる ERP 成分が出現することが知られている（Kutas & Hillyard, 1980）。N400 とは、刺激提示後 400 ミリ秒ぐらいで最大になる陰性 ERP で、頭の頭頂部・後頭部に向けて大きくなるように分布する。実際に我々の実験でも、（2b）の cities のように意味的誤りを生じさせる単語に対して、英語母語話者からこうした特徴を持つ明瞭な N400 が観察された。

　それでは日本人英語学習者はどうだろうか。J-High, J-Low のいずれのグループにも大きな N400 が出現した。頭皮上の分布もネイティブと変わらなかった。違ったのは、出現するタイミングである。N400 がピークに達するまでの時間（ピーク潜時という）を調べると、J-High は母語話者よりも数十ミリ秒遅く、J-Low は J-High よりも数十ミリ秒遅かった。こうした ERP の結果から見る限り、思春期前後に L2 学習を開始した学習者でも、L2 習熟度が上がれば意味処理においては母語話者と同質の脳内処理が出来る可能性がある（N400 自体は大きく出る）。ただし、処理スピードという量的な側面においては、母語話者レベルになれる保証はない。

　文法と違って意味処理は言語間で差異の無い普遍的なものだと考えられ

る。文法は，階層的な句の組み上げなど普遍的な部分から，主語動詞一致のように言語間で差異が大きいものまで様々である。これまで行われてきたERP研究全体を俯瞰すると，L2でも普遍性の高い部分については母語話者と質的に近いERPが出やすい傾向があるようである。上で紹介した研究（Ojima et al., 2005）では英語上級者の日本人でも主語動詞一致でP600が出なかったが，これはL2の文法でP600が全く出ないということではなく，他の研究も含めると，文法の種類によってはP600が出ていることも多い（Rossi, Gugler, Friederici, & Hahne, 2006; Steinhauer, White, & Drury, 2009）。したがって，分野全体としては，L2のレベルが上がっていくと母語話者の示す特徴に近づいて行くというL1=L2仮説（もしくは収斂仮説，Convergence Hypothesis）を支持していると言える（Steinhauer, 2014）。ただし，Ojima et al.（2005）で示されたように，上級L2学習者でも母語話者同様のERPが出にくい文法領域があるのも確かである。純粋に統語的な理由で起こる形態的変化（例えば，英語の三単現の-sなど意味に貢献しない形態素の付与）は，母語になくてL2にのみある場合，脳内処理が最もnative-likeになりにくいものの一つで，特にこの点においてL1=L2は成立しにくい。このような文法現象においては，L2習熟度，L2学習開始年齢，L2接触量・使用頻度，文中における位置，ERP実験の課題，学習方法などの様々な条件が揃った場合に限り，ネイティブ同様のERPが観察されるようである（Gillon Dowens, Vergara, Barber, & Carreiras, 2010）。

　三単現の-sを含む文法的形態素は**化石化（fossilization）**の影響を受けやすい項目である（Lardiere, 1998; Long, 2003）。化石化とは，母語話者の文法能力（もしくは文法使用能力）に完全に収斂せずにある所でL2の発達が止まってしまう現象である。三単現の-sなどの項目に関して，教室内の学習により明示的なメタ言語知識を得ることは出来るし，時間的制約の緩い文法性判断課題なら母語話者と同レベルの正確性を示すことも出来る。しかし，意味理解を目的とし時間的制約も強い自然な言語使用の中では，これらの知識が母語話者と同じように使われるようには，なかなか至らないのかもしれない。

　この原稿を執筆する時点までに，L2処理を対象としたERP研究が様々な研究者によって発表されてきた（Steinhauer, 2014）。おおまかな傾向としては，(a) L2学習者でも母語話者と同じようなERP波形が観察されることが

多く (Ojima et al. 2005 の LAN や N400 も一例)，(b) 異なっているとしても，あるはずの ERP 成分が L2 ではないという形が多い (Ojima et al. 2005 の P600 も一例)。また (c) L1 では観察されない ERP 成分が L2 学習者で観察されたとしても，発達の一段階を反映している可能性を考慮する必要がある。この点について興味深いデータがあり，母語話者で意味違反に対して出現する N400 が初級の L2 話者で文法違反に対して出現したが，L2 学習が進むと P600 に取って代わられたという (Osterhout et al., 2008)。

　これらを考慮すると，現在までのところ，母語話者では見られない ERP 成分が L2 学習者にはあるという強い主張は見受けられない。すなわち，ERP 研究から脳の中の L2 処理が母語処理とは質的に異なっているという主張はなされていない。言い換えると，L1=L2 仮説に対する強い反論は，筆者の見てきた ERP 研究ではなされていない (ただし，誰もが母語話者並みの脳反応になれるわけではない)。

3. L2 習得における発達段階

　過去の L2 習得研究の大きな成果の一つは，L2 習得には個人間に共通する**発達段階 (developmental stages)** があることを明らかにしたことである (Dulay, Burt, & Krashen, 1982; Ellis, 2015)。次に紹介する脳機能計測研究は脳反応に見られる発達段階をテーマにしており，まずはその着想の元になっている L2 習得研究を紹介したい。英語を L2 として学ぶ学習者を例にとってみよう。英語学習者と一口に言っても，母語 (日本語，スペイン語…)，英語学習開始年齢 (6 歳，12 歳…)，学習環境 (目標言語が話されている "L2" 環境，話されていない「外国語」環境…) など様々な要因の組み合わせで，色々なタイプの学習者がいる。全く同じタイプの学習者 (例：日本語を母語とし，12 歳で英語学習を始め，日本国内で外国語として英語を学んで来た) でも，実際に見たり聞いたりしている英語は個人間で大きな違いがあるだろう。こうした学習者の多様性にも関わらず，英語の幾つかの主要な形態素 (および機能語) の習得には，学習者間で共通した順序が見られると言う (Dulay et al., 1982; Ellis, 2015)。

　この英語形態素の**自然な習得順序 (natural order of acquisition)** は，母語

による影響を多少受けるものの，大まかには多くの英語学習者に共通していることが知られている（Krashen, 1977）。例えば，現在進行形の -ing は誰にとっても一番早く習得され，三人称単数の -s は誰にとっても習得が非常に遅い。日本語には主語動詞一致がないので三単現の -s の習得が遅いと考えることも出来るが，主語動詞一致が豊富にあるスペイン語を母語とする英語学習者にとっても，三単現の -s は習得が一番遅い部類である。

また，否定文などの単一の文法項目を見ても，個人間に共通する**発達の軌跡（developmental sequence）**があることが知られている（Ellis, 2015）。否定文や疑問文は母語でも L2 でも最初から文法的な文が作り出せるわけでなく，学習者は非文法的な文を使いながら徐々に複雑性を上げていき，最終的に文法的な文を産出できるようになる（L2 の場合はそうならずに終わる学習者も多いが）。この学習開始から途中の発達段階を経て最終段階に至るまでの発達の軌跡が個人間で共通しているのである。母語でも L2 でも同じような発達の軌跡が見られる点は，L1=L2 仮説との関連においても重要である。

習得順序にしろ発達の軌跡にしろ，言語学習（母語も L2 も）には必ず途中の段階があり，ゼロからいきなり完全な文法能力にジャンプすることはあり得ないことが分かった意義は大きい。L1 と L2 の間，もしくは L2 学習者の間に，共通する発達段階が存在することは，言語学習における普遍性の問題につながる，理論的に大きな重要性を持つ。また，途中の発達段階は，教育的介入により順番を変えたりすることは出来ないので，教師が教えた順番で学習者が習得していくわけではない（Pienemann, 1985）。このような知見は，語学教育に対して大きな示唆を持つ。さらに，発達段階は異なる研究者によって繰り返し報告されている再現性の高いもので，堅固なデータである点においても，L2 習得研究の中でひときわ価値が高い。

以下に，この発達段階をテーマにした ERP 研究を紹介する。

4. 脳活動に見られる発達段階（Ojima, Nakamura, Matsuba-Kurita, Hoshino, & Hagiwara, 2011）

Ojima, Nakamura, et al.（2011）は，日本人の小学生を対象に行われた ERP

研究であり，小学生 500 人以上が参加した「わくわく脳科学」という大規模調査の一部である。この調査の特徴は，**コホート研究 (cohort study)** という手法を採用している点である。

　通常，発達や変化を調べる場合，二つの調査デザインのどちらかが採用されることが多い。一つ目は**追跡調査 (longitudinal study)** である。これは，同一の被験者を経時的に追いかけて，複数回にわたって調べながら，その間の変化を見ていく手法である。追跡調査は発達や変化が同一人物から直接観察されるので理想的な手法だと言えるが，問題もある。言語習得には何年と言う時間がかかるので，同じ言語学習者を追いかけて変化を見ようとすると，何年もの研究期間が必要になってくる点である。また，通常，人数の多い追跡調査は稀である。一人を複数回調べる場合，一人当たりのコストも大きくなり，大人数をさばくのが難しい。また，時間が経つにつれ，ドロップアウトする被験者が多くなる。

　良く使われるもう一つの手法は，**横断的調査 (cross-sectional study)** である。これは異なる発達段階にいる複数の被験者グループを 1 回調べて，そこから発達段階を推測するというものである。例えば，1 歳児，2 歳児，3 歳児をそれぞれ 20 人ずつ集めてきて，この 3 グループを調べれば，1 歳から 3 歳までの言語発達について，推測することが出来る。ただし，異なるグループ間の違いを，発達だと見做すので，推測された発達プロセスが実際に同一個人内で見られるかどうかは別問題である。これが横断的調査の弱さである。

　わくわく脳科学プロジェクトは，これら二つのタイプを組み合わせたコホート調査という手法を採用している。コホート調査とは簡単に言うと，横断的調査のように複数の被験者グループを対象にしながら，同時に追跡調査のように，経時的にそれらの被験者グループを追いかけていくものである。グループは当然何か共通する特徴を持つ被験者の集まりで，コホートと呼ばれる。Ojima, Nakamura, et al. (2011) では，日本人小学生を調査開始時点での英語習熟度にしたがって，Low ($n = 53$)，Medium ($n = 55$)，High ($n = 55$) という 3 つの習熟度コホートに分けている。この 3 つのコホートの中の被験者はそれぞれ調査期間中に英語力が上昇していることを確認している。さらに，英語学習をしておらず，また，調査期間中に英語力の伸びが観察され

なかった別のコホートもある（Little Progress, $n = 40$）。

被験者の日本人小学生は関東・東海地域の7つの小学校より参加している。そのうち3つは英語教育を行っていない（正確には調査時点で行ってなかった）普通の公立小学校，別の3つは英語教育を行っている公立小学校，最後の1つは英語による**イマージョン（immersion）**教育を行っている私立小学校である。英語教育を行っていない学校に通っていても，地域の英語教室や自宅で英語を学んでいることも考えられるために，保護者に詳細なアンケート調査を行い，被験者一人一人の正確な英語学習歴を取得した。3年の調査期間の中で被験者はそれぞれ1年に1回調査に参加し，大半が3回参加したが，2回や1回の被験者もいる。保護者アンケートは2回目以降の参加の際にも取得し，1年間でどのような英語学習を経験したのかについてもデータを得た。

複数のコホートを追跡調査するためには，膨大な数の被験者の参加が必須である。通常のERP実験を一つ行うためには20–30人の参加で済むが，上記のようなデザインだと数百人の参加が必要である。そのため，普通の脳機能計測実験ではまず採用しない特別な工夫をした。それは脳機能計測専用のトラックを作り，被験者が通う小学校に一定期間常駐させて，放課後や夏休みなどに計測を行うというものである。通常，脳機能計測は計測機器がある大学の研究室に被験者を呼ぶ形で行われるが，逆に研究者が被験者の普段生活している場所に行く形である。小学校内で脳機能計測を可能にしたことで，どの学校でも，対象として募集した学年の3分の1から2分の1の子どもが参加してくれた。

ERP実験では，小学1年生でも問題なく参加できるように，以下のような単純な実験手法を用いた（図3）。ERPを取得するための実験刺激は，ネイティブが発音した英単語の音声である。英単語は，使用頻度や重要性の高い基本的なものばかりである。英単語に加えて，先行文脈を与えるために，モニターで画像刺激も呈示した。まず被験者の前に設置してあるモニターに画像（絵）が提示される。その状態で，スピーカーから英単語が聞こえてくる。英単語は絵と一致している場合（例：鳥の絵が提示された状態でbirdと聞こえる）と，一致していない場合（例：鳥の絵が提示された状態でdeskと聞こえる）があった。被験者はじっとして絵を見ながら音を聞いていればよ

く，その他に特別な課題はない。この方法だと，被験者が赤ちゃんでも単語の意味処理に関してERPを取得することが出来ることが知られている（Friedrich & Friederici, 2005）。我々の研究の前には日本人小学生の英語処理を脳機能計測で調べた研究は報告されておらず，また，被験者の大半が英語の初学者であることも考慮し，言語習得の基本となる単語の処理を，最大限シンプルな実験手法で調べることにしたわけである。実験では英単語に加えて，比較のために日本語の単語も同様の手法で提示してERPを取得した。

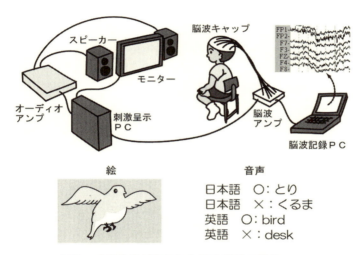

図3 小学生を対象にしたERP実験の様子

それでは調査年度ごとに実験結果を見て行こう。1年目，最も英語習熟度の低いコホート，Lowでは，英単語が絵に一致していてもしてなくても，ERPに有意な差は見られなかった。英語習熟度が中ぐらいのコホート，Mediumでは，英単語が絵に一致していないときに，頭の広範囲（特に前後方向）に陰性ERPが見られた。先行文脈に意味的に一致しない単語が提示された場合，N400というERP成分が出現することは成人対象の研究（Ojima et al., 2005）のところで述べた通りだが，Mediumの1年目で観察された陰性ERPは普通のN400よりも頭皮上の分布が広く持続時間も長い。このためBroad Negativityと呼び，N400とは区別された。英語習熟度の最も高いコホート，

High では1年目から意味的不一致に対して通常の N400 が観察された。つまり頭全体に広がっている Broad Negativity ではなく，過去の研究で報告されているように頭頂部・後頭部に向けて大きくなる分布を持つ陰性 ERP（Kutas & Hillyard, 1980）が観察された。日本語においても同様の分布を持つ N400 が観察された。加えて，日本語では N400 の出現した後に，Late Positive Component（LPC）（Juottonen, Revonsuo, & Lang, 1996）と呼ばれる陽性 ERP が出現した。これらの1年目の結果から，絵に一致しない単語は次の4タイプの ERP 反応を引き起こすことが分かる。有意な反応なし（Low），Broad Negativity（Medium），N400 のみ（High），N400 と LPC（日本語）の4つである。被験者の日本語力は High コホートの英語力よりも当然高いので，ERP に反映される発達段階は上記の順番に進むことが推測される。ここで終わると，通常の横断研究と同じであるが，この研究は3年間の追跡も行っている。

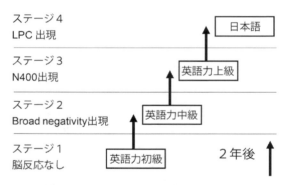

図4 意味違反に対する ERP 反応に見られた発達段階

3年目の結果を見ていこう。1年目に何も出なかった Low コホートでは，頭皮上の広い範囲に陰性 ERP が観察された。これは1年目に Medium コホートで観察された Broad Negativity と同じものだと考えられる。その Medium コホートでは，3年目，頭頂部・後頭部中心の分布を持つ N400 が観察された。しかし LPC はなかった。これは High コホートの1年目と同じパターンである。High コホートは3年目，N400 が出現した後に LPC も観察された。

これは日本語に対する反応と合致する。したがって，3年間の調査期間の間に，Low では反応なしから Broad Negativity への変化が，Medium では Broad Negativity から N400 への変化が，High では N400 のみから N400+LPC への変化が起こったことになる（図 4）。これは 1 年目の横断的比較から予測された発達段階を，追跡調査により同一の被験者集団内で確認したことを意味する。英語学習をしてなくて調査期間内に英語力が上がらなかった 4 つ目のコホート（Little Progress）では，1 年目も 3 年目も意味的不一致による統計的に有意な ERP 反応は観察されなかった。

　日本人小学生の L2 としての英語で観察された脳活動における発達段階（反応なし→ Broad Negativity → N400 のみ→ N400+LPC）は，英語を母語とする子どもに見られる発達段階と類似している（母語話者の先行研究のレビューは Ojima, Nakamura, et al., 2011 の p. 184 を参照）。ここでポイントになるのは，4 段階のうち，N400 が出現する前に分布が広い Broad Negativity が出る段階があることと，LPC が出現するのは最後の段階だということである。成人の母語話者の意味処理では同じような種類の言語刺激を同じような方法で提示した場合，だいたい同じような頭皮上分布の ERP が生じることが知られている（Kutas & Federmeier, 2000）。しかし，言語発達の途中だと，ERP の頭皮上分布が特定の場所（後頭部など）に向けて収斂しきっていないことがあるらしく，子どもの母語話者で意味的不一致による ERP を調べると，通常の後頭優位の N400 よりも広く（もしくは前頭優位に）分布していることが報告されている（Silva-Pereyra, Rivera-Gaxiola, & Kuhl, 2005）。LPC に関しては，大人の母語話者の実験でも報告しているものと報告していないものがあり（Kutas & Hillyard, 1980; Van Petten & Luka, 2012），最適な条件がそろわないと生じない ERP 成分である。さらに，子どもの母語話者を調べた ERP 研究では，大人では N400 と LPC の両方が出現する言語刺激でも，子どもの場合，N400 しか出現しない発達段階があることが報告されている（Juottonen et al., 1996）。したがって，Broad Negativity から N400 に変化し，最後に N400 に加えて LPC が出現するという発達プロセスは，母語習得時にも見られるのである。

　過去の L2 習得研究は，L2 の何かの項目が全く習得出来ていない初期段階と完全に習得出来た最終段階の間に途中の不完全な段階が存在することを

明らかにしているが (Ellis, 2015)，日本人小学生の英語処理を対象に行った我々の ERP 研究も，L2 習得には脳活動のレベルで途中の発達段階が確認できることを示している。全く反応がなかった段階から，ある時突然，母語処理のような脳反応に変わるのではなく，途中で一定の発達段階を通り抜けて行く。しかも我々が実験で対象にした意味処理に関する限り，L2 学習者（日本人小学生）で観察された 4 つの発達段階は，母語話者で観察されていたものと同じである。この研究の被験者は，イマージョン学校の児童も含まれるが，学校の外，例えば自宅で家族（アメリカ人の父親など）と英語でコミュニケーションを取っている児童は省かれている。英語には教室の中，学校の中で触れており，おおむね外国語環境で英語に接していると考えられる。そのようなタイプの英語学習でも母語習得と同じような脳活動の発達段階が見られることから，外国語学習による脳の長期的変化にも母語発達と同じような生物学的制約がかかっていることが示唆される。

5. L2 学習者の年齢

母親のお腹の中で胎児の時に始まる母語習得に比べると，L2 習得は学習者によって開始時期が違う点で多様性が大きい。L2 習得開始年齢もしくはL2 学習者の年齢によって，L2 習得がどのように変化するのかは，これまでの L2 習得研究の中心的な関心の 1 つだった (Singleton & Lengyel, 1995; Singleton & Ryan, 2004)。L2 学習者の年齢に関する研究がこれまでに一貫して示してきたことの 1 つは，簡単に言うと，L2 が話されている国に若い時に移住した移民ほど，数年から数十年経った後の L2 の**最終到達度（ultimate attainment）**は高いということである (DeKeyser, 2000; Johnson & Newport, 1989; Oyama, 1976)。例えば，6 歳までにアメリカに移住した移民の方が，15 歳を過ぎて移住した移民よりも，同じ年数をアメリカで過ごした後の最終到達度は，英語の発音においても，英語の文法においても高い。単純に考えるならば，若い移民の最終到達度が高いという観察は若い移民の**学習スピード（rate of learning）**が速いという予測につながる。同じ時間をかけたとしたら，高い所に到達した人のほうが昇るスピードは速いと考えるのが普通であろう。

しかしながら，学習スピードの研究はこの予測と逆のことを示している。ゼロから一斉にL2を学び始めた場合，L2学習スピードを調べると，子どもよりも若い大人のほうが学習スピードが速く，子どもの中でも年齢が高い子どものほうが年齢の低い子どもよりも学習スピードが速い（Muñoz, 2006; Snow & Hoefnagel-Höhle, 1978）。例えば，8歳児よりも12歳児の方がL2学習スピードが速いといったことである。こうした傾向は移民でも外国語環境でも観察されている。また，年齢の高い学習者のL2学習スピードの速さは，特に学習の初期段階において顕著だと考えられている（Larsen-Freeman & Long, 1991）。初期段階を過ぎると，年齢の低い学習者が高い学習者に追い付いて，いずれ追い越して行くと推測されることが多い。

　最終到達度に関するデータと学習スピードに関するデータが両方正しいとすると，学習者の年齢，最終到達度，学習スピードの関係として，以下のような全体像が予想できる。まず年齢が低いL2学習者は学習し始めの初期の頃は学習スピードが遅く，ゆっくりしたスタートになる。長く助走を取っているようなものである。年齢が高い学習者は初期のころに学習スピードが速く，最初からL2のレベルを上げていく。相当量のL2接触を経ると，若い学習者にスピードが付いてきて，飛行機が離陸したような状態になる。年齢が高い学習者はいくら大量のL2に接触しても，ある時点から伸びがなくなっていき，やがて年齢が低い学習者に追い越される。

　このように学習者の年齢の影響は，最終到達度や学習スピードに対してかなり複雑な形で現れる。多くの人が考えるような，早ければ早いほど外国語は容易に習得できるなどという単純なものではないのである。結局，学習者の年齢の影響を正しく理解するためには，L2習得分野全体として，いろいろな種類のデータをなるべく沢山収集し，素朴な思い込みに依存しない，客観的な理解を進めるしかない。

　日本の小学校では，2011年に外国語活動が必修化され，2020年には英語の教科化が予定されている。L2学習者の年齢要因はこれらの根幹に関わる重要なテーマであり，日本人の英語学習において年齢がどのような影響を持つのか，客観的なデータを出して行く必要がある。以下に紹介する研究はこうした背景の中で，日本人小学生の英語学習開始年齢と英語接触量の効果を，英語力と脳活動の両面から調べたものである。

6. 日本人小学生の英語学習開始年齢（Ojima, Matsuba-Kurita, Nakamura, Hoshino, & Hagiwara, 2011）

　この研究は，先に紹介した研究と同じく「わくわく脳科学」プロジェクトの一部であり，同じ被験者集団を対象に同じ実験手法でERPを取得している。分析対象としたのは350人の日本人小学生である[6]。3年分のデータがある者（165人），2年分がある者（134人），1年分しかない者（51人）が混在しており，同じ被験者でも異なる年度のデータを別々に数えると，全部で814データを分析したことになる。この分析対象となった被験者は，それぞれ様々な年齢で英語学習を開始していた。英語学習の開始が学校以外のケースも保護者アンケートを通して把握している。中には0歳から開始していた子どももいる。また保護者アンケートを通して，ERP計測時点までの生涯英語接触時間を被験者毎に計算した。保護者アンケートは，毎年計測に来たときにお願いしているので，同じ被験者でも生涯英語接触時間は毎年増えていく（英語学習をしてなければ増えない）。英語接触の量は，一般的に英語学習の「年数」で代用されることもあるが，日本では同じ1年間でも1時間の英語学習を週1回やったのと週3回やったのでは合計時間が全く違ってくるので，年数よりもトータルの「時間数」によって英語接触量を導くのが理想である[7]。

　英語学習開始年齢と生涯英語接触時間のそれぞれが英語力と脳活動にどのような影響を与えるのかを調べたいわけだが，この二つの要因がお互いに強

6　Ojima, Matsuba-Kurita, et al.（2011）は縦断的データ（2年以上のデータ）がない被験者も分析対象にしているので，分析に入れた被験者は完全には先に紹介したOjima, Nakamura, et al.（2011）と一致していない。

7　「年数」とは，例えば，英語を中学・高校の6年間学んだという時の6年間が一例である。「時間数」とは，例えばその6年間の中で実際に何時間英語を学んだのかということである。仮に1回の授業が50分で，週に4回授業があり，1年に学校が35週あれば，50分×1週間に4回×35週×6年＝700時間が，中高の6年間で学校の授業から得られる英語接触時間数になる。週に何回英語の授業があるのかは学校によっても異なり，家庭学習や塾・英会話教室の経験は個人によって異なるので，ある人のある時点での生涯英語接触時間数を推定するのは，詳細な聞き取りと大量の細かい計算が必要であるが，可能である。

く相関していることを理解しておく必要がある。例えば，英語学習を 0 歳で開始した小学 6 年生と，小学 5 年の時に開始した小学 6 年生では，英語学習開始年齢が違うのはもちろんだが，生涯英語接触時間もだいぶ違う（この場合は前者が長い）という可能性が高いだろう。実際のデータを分析すると，予想通り，英語学習開始年齢と生涯英語接触時間には強い「負の相関」があった（具体的には Ojima, Matsuba-Kurita, et al., 2011 の Fig. 2 を参照）。英語学習開始年齢が高ければ高いほど，生涯英語接触時間は短いということである。英語学習開始年齢と生涯英語接触時間それぞれの影響を正確に検討するには，この負の相関があることを考慮し，一方から他方の影響を差し引いた時の影響を導き出す必要がある[8]。

結果を見る前に，どのような実験だったのか復習しておこう。被験者の前の画面に絵が提示された状態で，英単語が聞こえてくる。英単語は絵に一致している場合と一致していない場合がある。英語力が付いている被験者では，絵と英単語が不一致の場合に，N400 などの ERP 反応が出ることが期待される実験手法である。英語力は，実用英語検定協会が英検および児童英検の良問を集めて作成してくれた聴解ベースのテストにより測った。英語力も ERP 同様，毎年計測した。

それでは結果である。学習開始年齢 (age of first exposure, AOFE) は，生涯接触時間 (hours of exposure, HOE) を考慮しなければ，低ければ低いほど，英語力が高いという傾向があった（図 5A，破線）。早く英語学習を開始していれば，より高い英語力を身に付けているということであるが，ここには生涯英語接触時間の影響が混入している。数学的に生涯接触時間の影響を除去して学習開始年齢のみによる影響を取り出すと（重回帰分析による），逆の結果が得られた。つまり，生涯英語接触時間が同じならば，学習開始年齢が高い方が（低いのではなく）英語力が高い傾向があった（図 5A，実線）。例えば，6 歳から英語学習を始めて 100 時間英語に触れた場合と，9 歳から始め

---

8 統計的には，これは「重回帰分析」に英語学習開始年齢と生涯英語接触時間を同時に入れて，英語力や脳活動指標に対する影響を分析することで得られる。今回のデータは，同一個人が複数回参加しているという意味での個人内相関（対応のある t 検定や repeated-measures ANOVA を想像するとよい）もあるので，それを数学的に考慮する特殊な重回帰分析を用いた。

て 100 時間触れた場合だと，後者のほうが英語力が高いということである。絵に対する英単語の意味的不一致による ERP でも同じパターンの結果が得られた。生涯英語接触時間を考慮しなければ，英語開始年齢が低い方がN400（子どもによっては Broad Negativity の場合もあるがここでは代表してN400 と呼ぶ）が大きかったが（図 5B, 破線），英語開始年齢から生涯接触時間の効果を取り除くと，逆に英語開始年齢が高い場合の方が N400 が大きいという有意な傾向があった（図 5B, 実線）。英語に接触した時間が同じなら，より遅く英語学習を開始した場合のほうが，N400 は大きかったということである。

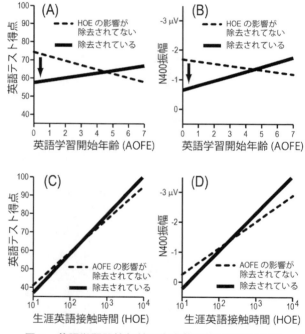

図 5　英語学習開始年齢と生涯英語接触時間の効果
(Ojima, Matsuba-Kurita, et al., 2011, Fig. 3 および 5 より作成)

それでは生涯英語接触時間の影響はどのようなものだったのだろうか。生涯英語接触時間は，長ければ長いほど英語力が高く（図 5C），N400 が大き

いという結果だった（図5D）。当然と言えば当然だが，この結果は英語学習開始年齢の影響を取り除く前でも後でも同じだった。学習開始年齢と違って，生涯英語接触時間は一貫して英語力と脳活動に影響を及ぼしていたわけである。

　より沢山英語に触れているほど良いのは当然だが，これはより長い期間（年数）に渡って英語学習をしていれば良いということとは微妙に違う。日本のような英語が外国語の環境では，英語学習をしている期間（例：中学校で義務教育の一環として英語を学んでいる期間）でも，その期間の中で実際に英語に触れている時間には大きな個人差がある。この研究が示していることは，実質的にどれだけ沢山英語に接触したかが重要だということであり，どれだけ長い期間に渡って英語学習を続けたかではない。英語学習の密度が低い状態で長い期間続けることを支持しているわけではない（この研究からは分からない）。

　この研究から得られる教育的示唆は，英語力を上げることや英語処理に適した脳を育むためには，まずなるべく多くの実質的な英語接触時間を確保することを目指すべきだということである。これを達成するには幾つかの方法がある。一つの方法は，英語学習の年数を変えずに，その中で密度を上げることである。例えば，中学・高校の英語授業数を増やすとか，自宅学習時間を増やすといった方法で達成できる。また，英語学習開始年齢を下げることによっても，間接的に達成できる。例えば，中学・高校の英語接触時間を変えなくても，英語教育の開始を小学校の5年生とか3年生に下げれば，トータルの英語接触時間は増える。ただしこの方法で英語力が伸びたとしても，それをもって早期英語教育・小学校英語が中高の英語より効果的だと断じることは当然できない。全体として英語接触時間が増えたから英語力が伸びたとまずは考えてみるべきである。

　過去，若い学習者の最終到達度の高さを報告してきた研究は一様に，L2が話されている国に数年から数十年住んでいる移民を対象にしている。若い学習者がゆっくりスタートしながらも年齢の高い学習者を追い抜いて行くには，数年L2環境に住むことが条件なのである。日本では（イマージョン学校でない限り）小学校から大学までの総英語授業時間が1500時間に満たないので，年齢の低い学習者の最終到達度における優位性を引き出すには，圧

倒的に時間が足りない。日本の通常の環境だと，年齢が高い学習者のほうが英語学習に有利（例：中高生が小学生よりも有利）という予測すら成り立ってしまう。これは多くの人の感覚とは真逆であるが，ここで紹介したERP研究の結果とは一貫性がある。

2020年より小学校5・6年生で英語が教科となり，3・4年生に外国語活動が導入されると，トータルの英語学習時間は増えるので，接触量の効果により，若い世代の英語力が上昇することはあり得る。これで世の中は満足かもしれないが，研究者としては，例えば小学校で時間増となった部分を，中学・高校・大学のどこかに組み込んでいたらどうだったのか，などの疑問は持つべきである（現実的には中学校の英語は他の教科よりも既に授業数が多いので，中学でさらに英語の授業数を増やすのは非常に困難であるが）。外国語環境における早期英語教育の効果について研究者は冷静な視点を持ち続けなければならない。

7. 脳の活動場所を探る

ここまでERPを用いたL2研究を紹介してきたが，ERPが脳活動を調べる手法であるにもかかわらず，「頭皮上」や「頭の上」での分布の話だけで，直接的に脳のどこが活動しているのか，すなわち，「脳の活動場所」について全く議論していないことを奇妙に思われた読者もいるかもしれない。ERPが脳に由来する電位変化であることは間違いないが，実はERPを計測しても脳の活動場所を正確に同定することは困難である（Luck, 2005）。ERPは被験者の頭皮に電極を付けて計測するので，「頭皮上」のERP分布を議論することは出来る。しかし，頭皮上でERP成分が最大になった場所の真下に，脳の活動場所の中心があるとは言えない（あるかもしれないが）。例えば，ERP以外の研究から，右利きの人の脳では，言語機能はほとんどの場合，左半球にあることが分かっているが（Knecht et al., 2000），言語性の刺激で出現したERPが，頭皮上で右半球優位（右半球のERPのほうが左半球よりも大きい）を示すこともある（Kutas, Van Petten, & Besson, 1988）。脳の左半球の活動が，頭皮上では右半球優位のERPとして計測されるのは不思議なことだが，そういうことが起こり得るのがERPなのである。ただし，ERP

の頭皮上分布が何の役にも立たないわけではない。例えば，英語ネイティブから得られたERPの頭皮上分布と，L2学習者から同じ実験手法で得られた頭皮上分布を比較することには意味がある。もし二つの頭皮上分布がほとんど違わないなら，この2グループの脳の活動場所も似ていると推測できる。ただし，その場所が脳のどこなのかを正確に特定するのはERPだけでは困難なのである。

　特定の認知機能（言語など）が脳のどの場所で担当されているのかについては，ERP以外の脳機能計測手法で調べることが出来る。最も正確に脳の活動場所を調べられるのは**機能的核磁気共鳴画像法（functional magnetic resonance imaging, fMRI）**である（Ogawa, Lee, Kay, & Tank, 1990）。最近よく脳の一部分が赤や黄色に光った画像を見ることがあると思うが，あれが典型的なfMRIの画像である。脳の活動場所の研究で以前よく使われていた**陽電子放射断層画像法（positron emission tomography, PET）**よりも侵襲性が低く（PETは放射性物質を注射しなければならない）空間分解能も高いが（fMRIのほうが正確な場所データが得られる），fMRIも弱点がないわけではない。一つには強い磁場の中に頭を入れるので，磁場酔いする人がいることである。また，完全に頭を固定して実験を行わなければならない。数十分間，1ミリも頭を動かせないイメージを持ってもらえばよい。特殊な部屋の中でしか使えない，非常に大きな装置でもあり，対象者のところに持って行くことも出来ない（トレーラーに搭載した例はある）。

　fMRIよりも精度は劣るが，幾つかの問題を解決できる**近赤外分光法（near-infrared spectroscopy, NIRS）**，もしくは，光トポグラフィー（光トポ，optical topography）と呼ばれる手法がある（Maki et al., 1995）。NIRSは数十本の光ファイバーから頭に近赤外光を当てることで計測される。使用する光は人体に全く無害である。fMRI同様，脳の活動場所を調べる手法の一種だが，NIRSで得られる空間情報にはfMRIほどの精度はない。またfMRIと違って，脳の浅い部分の情報しか得られない。しかし，頭の完全な固定は必要なく，磁場に頭を入れるような負荷もない。NIRSの装置は移動が可能で，被験者のもとに持って行くこともできる。NIRSの安全性，簡便性，移動性は特に子どもや赤ちゃんの計測に適しており（Homae, Watanabe, Nakano, Asakawa, & Taga, 2006; Pena et al., 2003），この点ではfMRIに対し

て優位性がある。fMRI も NIRS も，信号が非常にゆっくり変化するため，ERP のように神経活動がどんなタイミングで起こったのか明らかにすることは出来ない。表 2 にまとめてあるように，時間分解能は高いが空間分解能は低い ERP，時間分解能は低いが空間分解能は高い fMRI，空間分解能は fMRI に劣るが安全で簡便な NIRS など，脳機能計測手法には異なる強みと弱みを持つものが幾つかあり，研究の目的や被験者に合わせて，最適なものを選ぶことが求められる。本章執筆の時点では，NIRS 解説に特化した初学者向けの和書はないが，NIRS 計測の原理や詳細は論文で知ることができる（山本・牧・小泉, 2004）。

表 2　種々の脳機能計測手法の特徴

	時間分解能	空間分解能	安全性・簡便性
ERP	◎	×	◎
fMRI	△	◎	△
NIRS	△	○	◎

　これまでに fMRI などの手法を用いて，脳が母語や L2 を処理している際に活動している領域の同定が数多く行われてきた。成人の母語処理は，右利きの人の場合，**ブローカ野（Broca's area）**や**ウェルニッケ野（Wernicke's area）**を含む，左半球の幾つかの領域から成るネットワークにより遂行されている。L2 の場合，習熟度が低ければ，L1 の活動領域と異なる場合があるが，習熟度が高くなってくると，おおまかには L1 の活動領域に収斂していくと言われている（Abutalebi, 2008; Green, 2003; Indefrey, 2006）。これは Convergence Hypothesis（Green, 2003）と呼ばれるが，脳の活動場所に関する L1=L2 仮説と見做すことが出来る。なぜ言語ならば L1 でも L2 でも似たような脳領域で処理されるようになるのか不思議である。そもそも，母語処理だと，生後 3 ヶ月の乳児を対象にした fMRI 研究（Dehaene-Lambertz, Dehaene, & Hertz-Pannier, 2002），生後数日の新生児を対象にした NIRS 研究などから（Pena et al., 2003），大人の言語野に相当する部分が発達の非常に早い段階から言語に反応していることが知られている。外界から脳に話し言葉や書き言葉が入力されると，だいたい決まった脳領域で処理が進んでいくような生物

学的な制約が発達の早い段階からあるのかもしれない。

　人間は極めて大きく複雑な脳を持っており，どの場所がどんな機能を担っているのかを同定するのは，神経科学の最重要課題の一つである。言語も脳の中では広範なネットワークに支えられており，言語関連領域およびその特徴の解明は，言語学がいずれ挑まなければならない課題である。上述のように，L1 や L2 を処理する脳領域の解明は着実に進んでいるが，まだ未解明な部分も多い。L2 研究との関連では，子どもの脳が L2 を処理している時の活動場所に関するデータはほとんど報告されていない。大人では，L1 にせよ L2 にせよ多くの fMRI 研究・PET 研究があるが，子どもが対象になると，やはり fMRI・PET では負担が大きく研究倫理的に認められにくいため，研究の数がぐっと少なくなる。我々はこの問題を解決するため，先に紹介した NIRS を用いて，日本人小学生が英語と日本語で単語の復唱 (**repetition**) をしている際の脳活動を計測し，脳のどの領域が関わっているのかを調べた。

8. 小学生の復唱に関連する脳領域 (Sugiura et al., 2011)

　「わくわく脳科学」の脳機能計測は，ERP と NIRS の二本柱から成っていた。脳機能計測用のトラックは ERP 実験用のシールドルームと NIRS 実験用のスペースの両方を備えており，同時に二人の被験者の脳活動を計測できる。時間分解能の高い手法と空間分解能の高い手法の中で，安全で簡単に子どもに適用できるものを二つ揃えた構成というわけである。わくわく脳科学の参加者は，基本的に ERP 計測と NIRS 計測の両方に参加した（どちらか一方だけやって止める権利も当然あった）。ここで紹介する論文 (Sugiura et al., 2011) は 438 人の小学生の 1 回分の NIRS 計測結果を分析している。被験者の年齢は 6–10 歳で，平均年齢は 8.93 歳だった。

　参加した日本人小学生の英語学習経験の少なさを考慮し，ERP 実験と同じように，NIRS 計測でも単語の脳内処理を研究対象とした。信頼性の高い脳機能データを得るためには，大きな信号変化が得られる課題を選ぶ必要がある。当時は先行研究がない状態だったので，子どもでも簡単に出来そうな課題を大学生で幾つか試していき，安定して大きな信号変化が得られた，復

唱を課題に選んだ。復唱とは，聞こえた言葉を真似して，オウム返しに言うという課題である。スピーカーから「くるま」と聞こえたら，その後に続いて自分も「くるま」と発音する。これが復唱である。英語の授業の中で教師の "Repeat after me." に続いて生徒が教師の発音の真似をすることがあるが，あれも復唱である。言語を学んでいる子どもが大人の発話を自然に真似する傾向もあり，復唱は外国語教育や自然な言語習得で頻繁に登場する行為であると言える。また，音声提示された単語（や文）の意味が分からなくても，復唱すること自体は可能であり，英語の知識がない小学生でもこなせる課題である。

ERP計測との大きな違いとして，被験者にアウトプット（産出，production）を求めていることが挙げられる。ERPは脳から来る非常に微弱な電位変化を計測するわけだが，まぶたや口を動かす筋肉は収縮する際にERPの数十倍以上の大きさの筋電位を発生する。したがって，ERP計測のための刺激が提示されている時は，まばたきを我慢しなければならないし，喋ったり口を動かす課題は実施しにくい。提示された言語刺激を受動的に知覚する際の脳活動を観察するのが，ERPを用いた通常の言語実験である。NIRSも被験者の動きによりノイズが入らないわけではないが，NIRS計測中の口の動きはERP実験におけるほど致命的ではない。言語に理解（インプット）と産出（アウトプット）の両方の側面がある以上，脳機能計測においてもこの二つの側面の両方を研究できることが望ましい。この点においても，ERPが不得意とすることをNIRSが補うという関係があるのである。

我々のNIRS実験では，スピーカーから聞こえてくる単語に4種類あった。まず日本語と英語があり，さらにそれぞれの中に高頻度語（日常的に良く使われる単語）と低頻度語（稀にしか使われない単語）があった。例としては，始める（日本語高頻度），希土類（きどるい）（日本語低頻度），river（英語高頻度），acquit（英語低頻度）などである。高頻度語としては，子どもの母語話者なら知っていると考えられる単語，低頻度語としては，知らないと考えられる単語を選んである。今回は日本人小学生が対象なので，日本語の高頻度語はみんな知っており，日本語の低頻度語は知らず，英語の高頻度語に関しては英語学習経験・英語力によって知っているか知らないかが変わり，英語の低頻度語はみんな知らないと予測された。実験で使用した単語を

実際に知っていたか知らなかったかについては、NIRS実験後に同じ単語を聞かせて、知っているか知らないかを選ぶ行動実験を行っている。

図6　小学生を対象にしたNIRS実験の様子

　実際の脳活動データを見る前に、まず復唱データを確認しよう。被験者である子どもは、NIRS計測用の光ファイバーが埋め込まれたプローブと呼ばれるものを頭に装着した状態で、目の前のスピーカーから聞こえてくる単語を一つずつ復唱した（図6）。子ども達は復唱課題をおおむねきちんとこなせており、低頻度語や英語も含めてよく復唱できていた。全く復唱できないことはほとんどなかった。復唱した音声は録音してあり、各単語に含まれる音素ごとに言えたか言えなかったかを判定した。これを復唱の正確性と見做す。まず日本語と英語で比べると、当然、日本語の復唱のほうが正確性が高かったが、復唱自体は知らない単語でもそれなりに出来るので、日本語と英語の間に10％ぐらいの差しかない。高頻度語で見ると、日本語はほぼ100％、英語でも90％以上の正確性だった。低頻度語でも、それぞれで数％ずつ下がる程度である。下で見るように高頻度語のほうが低頻度語よりも意味を知っている（既知語である）確率が高いが、復唱の正確性は単語の意味を知っているか知らないかの影響は少なく、音韻体系として馴染みがあるかないか（母語である日本語のほうが馴染みがある）のほうが影響が強いようである。

　続いて、単語を知っているか知らないかの主観的なデータを報告する。被

験者は NIRS 計測後にそれぞれの単語をもう一度聞き，知っているか知らないか答えたが，日本語の場合，95％ぐらいの高頻度語を知っていると答え，低頻度語で知っていると答えたのは10％程度である．つまり，被験者にとって日本語の高頻度語のほとんどは既知語，低頻度語のほとんどは未知語として聞こえていたことになる．英語は子どもによって学習経験や習熟度が違うのでいろんな可能性があり得るが，全体の平均としては高頻度語の40％程度を知っていると答え，低頻度語でこの割合は数％だった（実際には別の単語と勘違いしている可能性もあるが）．したがって，日本語の単語の方が英語の単語よりも知っている割合が高く，かつ日本語・英語それぞれの中では高頻度語のほうが低頻度語よりも知っている割合が高いという，当たり前の傾向があった．

それでは小学生の脳は，どのような場所でどのような反応を見せたのだろうか．図7は脳の左半球を外側から見たところである．

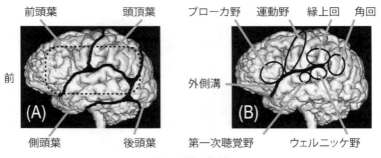

図7　脳の領域

この NIRS 計測では，おおまかには図7A の点線で囲んだ部分を計測対象にしている（右半球も同様）．この中には，前頭葉，側頭葉，頭頂葉の中で言語に関連の深い領域が含まれる．ここでまず問題なのは，復唱という課題によって起こると予想される脳活動パターンが実際に見られたかである．これは予想通り明瞭に見られた．復唱には少なくとも，提示された音声を聞く，聞いた音声を自分で言う，自分が発した音声を聞く，などのプロセスが含まれる．ここから，聞くことに関連する脳領域（聴覚野）と，発音のために口

を動かすことに関連する脳領域(運動野)の活動があるはずだと考えられるが,予想通り,これらの領域には大きな活動が見られた(これらの領域の場所は図 7B 参照)。これは全体として見ると脳の左半球でも右半球でも変わらない。大人の母語話者を対象にした研究でも復唱により上記の領域が活動することが知られている (Price, 2000)。

　第一次聴覚野は,大脳皮質の中では音の情報が最初に入って来る場所であるが,言語性の音声に限らずどんな音にも反応するので (Binder et al., 2000),今回の NIRS 実験でも単語の特性(日本語・英語,高頻度・低頻度)によらず,一貫して大きな反応を示した。また脳の左半球と右半球でどちらが大きく反応したのかという意味での左右差も観察されなかった。聴覚野は,どんな種類の単語でも,左半球も右半球も反応していたのである。

　一方,前頭葉の下部も復唱には不可欠だと考えられるが,こちらは明瞭な左右差が見られた。左半球の前頭葉の下部には言語野の重要な一部とされるブローカ野(図 7B)がある。ブローカ野の機能についてこれまで様々な提案があったが,そのうちの 1 つは何かを聞いたり見たりしてそれを真似する(音を発音するだけでなく,誰かの体の動きを真似することなども含む)ときに不可欠というものである (Kuhn, Brass, & Gallinat, 2013)。ブローカ野は,前頭葉の中で運動野(図 7B)という体の様々な動きをコントロールする領域の下に位置し,発音が口・顔・舌などの動きを伴う以上,復唱には運動野とブローカ野の活動が必要だと予想される。実際,大人の母語話者で復唱を調べた研究では,前頭葉の中で運動野からブローカ野につながる領域に活動が見られている (Price, 2000)。しかし,我々の NIRS 研究ではブローカ野(左半球にある)と右半球の対応部位では,右半球のほうが大きな活動を示した。ブローカ野が左半球にあるので普通なら左半球の活動のほうが大きそうなものだが,前頭葉下部に関する限り,小学生の単語復唱では逆に右半球のほうが大きかったのである。この傾向は言語(日本語・英語)や頻度(高頻度・低頻度)によらず一定だった。

　前頭葉から脳の後ろ方向に移動して見てみよう。側頭葉の上部・中部と頭頂葉の下部は外側溝(シルビウス溝)(図 7B)の周辺に位置し,言語処理に必要なネットワークの一部を構成する。この中に第一次聴覚野も含まれるが,ここを除くと,側頭葉上部・中部と頭頂葉下部で,言語(日本語・英

語），頻度（高頻度・低頻度），左右差（左半球・右半球）などの要因の影響が見られた。これらの領域では，おおむね母語である日本語の方が L2 である英語よりも大きな脳活動を示した。具体的には，側頭葉の上側頭回・中側頭回，頭頂葉の角回および縁上回などでは L1 復唱時のほうが L2 復唱時よりも大きな脳活動が見られた。逆に L2 のほうが L1 よりも大きな活動を示した領域は前頭葉を含めても見つからなかった。L1 > L2 の差が出た場合，音韻体系の違いによるものなのか，それとも意味知識の有無によるものなのか，両方の可能性があるが，これを検討するには，単語頻度の効果の有無を考える必要がある。高頻度語の場合，子どもが意味を知っている割合が高く，低頻度語は低いからである（行動データとして上述）。側頭葉上部・中部の場合，L1 > L2 の差がはっきり観察されたのに対して，単語頻度の効果には一貫性がなかった[9]。側頭葉上部・中部は単語を知っているか知らないかよりも，音韻的な要因によって活動が変化したようである。

　頭頂葉下部の角回・縁上回（図 7B）は，言語処理との関係では側頭葉のウェルニッケ野（図 7B）ほど知られていないが，実は言語にも深く関わっており（Palumbo, Alexander, & Naeser, 1992; Sakai, 2005），実際，我々の研究でも興味深い傾向が見られた。まず，日本語に対する脳活動が英語に対する脳活動よりも大きい傾向は側頭葉でも見られるが，その程度を見ると，頭頂葉下部のほうが大きい。つまり，L1 > L2 の傾向は側頭葉よりも頭頂葉下部でのほうがより顕著である。外側溝（シルビウス溝）の周囲にある前頭葉の後部，側頭葉の上部・中部，頭頂葉の下部からなる言語ネットワークの中で，頭頂葉下部が L1 と L2 の差を最も明瞭に示していたのである。

　さらに，角回と縁上回という隣接した領域では，脳活動の左右差に違いが

9　側頭葉上部・中部において単語の頻度効果が一切なかったわけではないが，一貫してあったわけではない。NIRS 計測のテクニカルな部分に入ってしまうが，NIRS では酸素化ヘモグロビンと脱酸素化ヘモグロビンの 2 種類の変化量が得られる。この二つでは酸素化ヘモグロビンのほうが変化量が遥かに大きく，安定した指標となり得ることが多い（Minagawa-Kawai, Mori, Naoi, & Kojima, 2007）。側頭葉上部・中部における単語の頻度効果は，酸素化ヘモグロビンでは見られなかったが，脱酸素化ヘモグロビンでは見られた。この意味で頻度効果はあったとも言えるが，変化量が小さいため議論されることの少ない脱酸素化ヘモグロビンのみにおける話なので，ここで頻度効果を強く主張することは控える。

見られた。角回では左半球の活動が右半球よりも大きいのに対して，縁上回では逆に右半球のほうが左半球よりも大きな活動を示した。この左右差の効果は単語の頻度とも関連している。角回では，高頻度語（L1・L2 に関わらず）の復唱時に左半球 > 右半球の左右差が見られるが，低頻度語では見られない。したがって，先に述べた角回の左右差は主に高頻度語から来ていると考えられる。対して，縁上回では右半球 > 左半球の左右差が見られていたが，これは主に低頻度語（L1・L2 に関わらず）から来ていた。

　整理して考えよう。角回では，高頻度語で左半球優位の脳活動が見られたので，単語を学習し意味が分かるようになると，左半球の角回の活動が上がると考えられる。縁上回では，低頻度語において右半球優位の活動が見られた。学習前の知らない単語を復唱する場合，右半球の縁上回の活動が必要なようである。L1 > L2 の差が他の領域よりも角回・縁上回で顕著だったことと合わせて考えると，言語学習（少なくとも単語学習）が進むにつれて，角回・縁上回のある頭頂葉下部で最も大きな変化が見られることが予想される。具体的には，学習前や学習初期は右半球への依存があるが，学習が進むとそれが弱まり，左半球優位の脳内処理に移行すると考えられる。どんな言語の学習も，学習されていない状態から始まるので，言語学習には右半球も左半球も重要だということになる。大人の母語処理ネットワークは完成されているので，左半球の重要性が強調されるのかもしれない。我々の NIRS 実験では，復唱により左右両半球に広範囲の脳活動が見られた。この中で前頭葉下部では右半球の活動が左半球よりも大きかった。小学生の脳は完全には成熟しておらず，言語学習も（日本語にせよ英語にせよ）途中段階である。脳の生物学的成熟，言語学習の段階などの複数の要因で，左右両半球に広がる様々な領域が少しずつ異なる関与をするのだろう。ここで紹介した NIRS 研究には続報があり，小学生の英語習熟度や性別がどのように単語復唱時の脳活動に影響しているのかが論じられている（Sugiura et al., 2015）。興味がある人は読んで欲しい。

9. おわりに

　言語能力が脳に宿る以上，いつかは言語能力の脳内基盤が解明されなけれ

ばならない。生成文法流の言語学では，これを4番目の問いとしていることが多い（1. 人間の言語能力とはどんなものか，2. それはどう習得されるか，3. それはどう使用されるか，4. その脳内メカニズムは何か，5. それはどう進化したか）（Chomsky, 1991）。今のところ，言語学が脳科学に根ざしている必要はないが，いつかは言語学と脳科学は融合し，言語学の様々な概念に脳科学的な説明が付くだろう。L2能力も脳に宿る点ではL1と同じである。L2習得研究は理論言語学と違って，教育を見据えた応用研究も含むが，少なくとも理論的なL2習得研究においては，母語能力を対象にした理論言語学と同様，徐々に脳科学との接近が進んでいくと思われる。実際に，ここ15年ほどでL2を対象にした脳機能計測研究は急速に増えており，欧米の一部の研究者にとっては脳機能計測がL2習得研究の手法の1つとして定着した感がある。それは新しい，特別な手法としてではなく，文法性判断や発話課題と並んで，データ取得方法の選択肢の一つとしてである。日本では言語脳科学や神経言語学の研究室は非常に限られており，欧米はおろか中国にも後れを取り始めている。最近では言語対象のERP研究を推進してきたリーダー的研究者が相次いで二人亡くなり，分野の推進力が下がっている。日本でも若い研究者がもっと言語脳科学に参入し，フレッシュな発想と若者らしい前向きなエネルギーで，この分野を盛り上げて行って欲しい。L2の脳科学は文理が融合した学際的領域である。参入するには相応の努力が必要であるが，脳という自然物に直接向き合える知的興奮もまた大きいことは約束できる。

本論文はMEXT/JSPS科研費JP17H06379・JP18H05065（新学術「共創言語進化」#4903），JP15H01881，JP16K02959，JP19H01280の助成を受けたものです。また，草稿に対して査読者と大賀まゆみ氏より貴重な助言を頂きました。感謝申し上げます。

参照文献

Abutalebi, J. (2008). Neural aspects of second language representation and language control. *Acta Psychologica, 128*, 466–478.

Binder, J. R., Frost, J. A., Hammeke, T. A., Bellgowan, P. S., Springer, J. A., Kaufman, J. N.,

& Possing, E. T. (2000). Human temporal lobe activation by speech and nonspeech sounds. *Cerebral Cortex, 10*(5), 512–528.

Chomsky, N. (1991). Linguistics and adjacent fields: A personal view. In A. Kasher (Ed.), *The Chomskyan turn* (pp. 3–25). Cambridge, MA: Basil Blackwell.

Dehaene-Lambertz, G., Dehaene, S., & Hertz-Pannier, L. (2002). Functional neuroimaging of speech perception in infants. *Science, 298*(5600), 2013–2015.

DeKeyser, R. M. (2000). The robustness of critical period effects in second language acquisition. *Studies in Second Language Acquisition, 22*(4), 499–533.

Dulay, H., Burt, M., & Krashen, S. (1982). *Language two*. Oxford: Oxford University Press.

Ellis, R. (1985). The L1= L2 hypothesis: A reconsideration. *System, 13*(1), 9–24.

Ellis, R. (2015). *Understanding second language acquisition (2nd edition)*. Oxford: Oxford University Press.

Epstein, S. D., Flynn, S., & Martohardjono, G. (1996). Second language acquisition: Theoretical and experimental issues in contemporary research. *Behavioral and Brain Sciences, 19*, 677–758.

Friedrich, M., & Friederici, A. D. (2005). Phonotactic knowledge and lexical-semantic processing in one-year-olds: Brain responses to words and nonsense words in picture contexts. *Journal of Cognitive Neuroscience, 17*(11), 1785–1802.

Gillon Dowens, M., Vergara, M., Barber, H., & Carreiras, M. (2010). Morphosyntactic processing in late second language learners. *Journal of Cognitive Neuroscience, 22*, 1870–1887.

Green, D. W. (2003). The neural basis of the lexicon and the grammar in L2 acquisition: The convergence hypothesis. In R. van Hout, A. Hulk, F. Kuiken & R. Towell (Eds.), *The interface between syntax and the lexicon in second language acquisition* (pp. 197–208). Amsterdam: John Benjamins.

Homae, F., Watanabe, H., Nakano, T., Asakawa, K., & Taga, G. (2006). The right hemisphere of sleeping infant perceives sentential prosody. *Neuroscience Research, 54*(4), 276–280.

Indefrey, P. (2006). A meta-analysis of hemodynamic studies on first and second language processing: Which suggested differences can we trust and what do they mean? *Language Learning, 56*, 279–304.

Johnson, J. S., & Newport, E. L. (1989). Critical period effects in second language learning: the influence of maturational state on the acquisition of English as a second language. *Cognitive Psychology, 21*, 60–99.

Juottonen, K., Revonsuo, A., & Lang, H. K. (1996). Dissimilar age influences on two ERP waveforms (LPC and N400) reflecting semantic context effect. *Cognitive Brain Research, 4*(2), 99–107.

Knecht, S., Drager, B., Deppe, M., Bobe, L., Lohmann, H., Floel, A., Ringelstein, E. B., & Henningsen, H. (2000). Handedness and hemispheric language dominance in healthy humans. *Brain, 123 Pt 12*, 2512–2518.

Krashen, S. (1977). Some issues relating to the monitor model. In H. Brown, C. Yorio & R. Crymes (Eds.), *On TESOL '77: Teaching and learning English as a second language: Trends in research and practice* (pp. 144–158). Washington DC: TESOL.

Kuhn, S., Brass, M., & Gallinat, J. (2013). Imitation and speech: commonalities within Broca's area. *Brain Structure & Function, 218*(6), 1419–1427.

Kutas, M., & Federmeier, K. D. (2000). Electrophysiology reveals semantic memory use in language comprehension. *Trends in Cognitive Sciences, 4*(12), 463–470.

Kutas, M., & Hillyard, S. A. (1980). Reading senseless sentences: brain potentials reflect semantic incongruity. *Science, 207*(4427), 203–205.

Kutas, M., Van Petten, C., & Besson, M. (1988). Event-related potential asymmetries during the reading of sentences. *Electroencephalography and Clinical Neurophysiology, 69*(3), 218–233.

Lardiere, D. (1998). Case and Tense in the 'fossilized' steady state. *Second Language Research, 14*(1), 1–26.

Larsen-Freeman, D., & Long, M. H. (1991). *An introduction to second language acquisition research*. London: Longman.

Long, M. H. (2003). Stabilization and Fossilization in Interlanguage Development. In C. J. Doughty & M. H. Long (Eds.), *The handbook of second language acquisition* (pp. 487–536). Oxford: Blackwell.

Luck, S. J. (2005). *An introduction to the event-related potential technique*. Cambridge, MA: MIT Press.

Maki, A., Yamashita, Y., Ito, Y., Watanabe, E., Mayanagi, Y., & Koizumi, H. (1995). Spatial and temporal analysis of human motor activity using noninvasive NIR topography. *Medical Physics, 22*(12), 1997–2005.

Minagawa-Kawai, Y., Mori, K., Naoi, N., & Kojima, S. (2007). Neural attunement processes in infants during the acquisition of a language-specific phonemic contrast. *Journal of Neuroscience, 27*(2), 315–321.

Morgan-Short, K., Steinhauer, K., Sanz, C., & Ullman, M. T. (2012). Explicit and implicit second language training differentially affect the achievement of native-like brain activation patterns. *Journal of Cognitive Neuroscience, 24*(4), 933–947.

Muñoz, C. (2006). Accuracy Orders, Rate of Learning and Age in Morphological Acquisition. In C. Muñoz (Ed.), *Age and the rate of foreign language learning* (pp. 107–126). Clevedon: Multilingual Matters.

Munte, T. F., Heinze, H. J., & Mangun, G. R. (1993). Dissociation of brain activity related to syntactic and semantic aspects of language. *Journal of Cognitive Neuroscience, 5*(3), 335–344.

入戸野宏. (2005).『心理学のための事象関連電位ガイドブック』京都:北大路書房.

Ogawa, S., Lee, T. M., Kay, A. R., & Tank, D. W. (1990). Brain magnetic-resonance-imaging with contrast dependent on blood oxygenation. *Proceedings of the National Academy of Sciences of the United States of America, 87*(24), 9868–9872.

Ojima, S., Matsuba-Kurita, H., Nakamura, N., Hoshino, T., & Hagiwara, H. (2011). Age and amount of exposure to a foreign language during childhood: Behavioral and ERP data on the semantic comprehension of spoken English by Japanese children. *Neuroscience Research, 70*(2), 197–205.

Ojima, S., Nakamura, N., Matsuba-Kurita, H., Hoshino, T., & Hagiwara, H. (2011). Neural correlates of foreign-language learning in childhood: A 3-year longitudinal ERP study. *Journal of Cognitive Neuroscience, 23*(1), 183–199.

Ojima, S., Nakata, H., & Kakigi, R. (2005). An ERP study of second language learning after childhood: Effects of proficiency. *Journal of Cognitive Neuroscience, 17*(8), 1212–1228.

Osterhout, L., & Holcomb, P. J. (1992). Event-related brain potentials elicited by syntactic anomaly. *Journal of Memory and Language, 31*, 785–806.

Osterhout, L., Poliakov, A., Inoue, K., McLaughlin, J., Valentine, G., Pitkanen, I., Frenck-Mestre, C., & Hirschensohn, J. (2008). Second-language learning and changes in the brain. *Journal of Neurolinguistics, 21*(6), 509–521.

Oyama, S. (1976). A Sensitive Period for the Acquisition of a Nonnative Phonological System. *Journal of Psycholinguistic Research, 5*(3), 261–283.

Palumbo, C. L., Alexander, M. P., & Naeser, M. A. (1992). CT scan lesion sites associated with conduction aphasia. In S. E. Kohn (Ed.), *Conduction aphasia* (pp. 51–76). Hillsdale, NJ: Lawrence Erlbaum Associates.

Pena, M., Maki, A., Kovacic, D., Dehaene-Lambertz, G., Koizumi, H., Bouquet, F., & Mehler, J. (2003). Sounds and silence: an optical topography study of language recognition at birth. *Proceedings of the National Academy of Sciences of the United States of America, 100*(20), 11702–11705.

Pienemann, M. (1985). Learnability and syllabus construction. In K. Hyltenstam & M. Pienemann (Eds.), *Modelling and assessing: second language acquisition* (pp. 23–75). Clevedon: Multilingual Matters.

Price, C. J. (2000). The anatomy of language: contributions from functional neuroimaging. *Journal of Anatomy, 197*, 335–359.

理化学研究所脳科学総合研究センター. (2013).『脳科学の教科書 こころ編』東京：岩波書店.

Rossi, S., Gugler, M. F., Friederici, A. D., & Hahne, A. (2006). The impact of proficiency on syntactic second-language processing of German and Italian: Evidence from event-related potentials. *Journal of Cognitive Neuroscience, 18*(12), 2030–2048.

Sakai, K. L. (2005). Language acquisition and brain development. *Science, 310*, 815–819.

Silva-Pereyra, J., Rivera-Gaxiola, M., & Kuhl, P. K. (2005). An event-related brain potential study of sentence comprehension in preschoolers: semantic and morphosyntactic processing. *Cognitive Brain Research, 23*(2–3), 247–258.

Singleton, D., & Lengyel, Z. (1995). *The age factor in second language acquisition: A critical look at the critical period hypothesis*. Clevedon: Multilingual Matters.

Singleton, D., & Ryan, L. (2004). *Language acquisition: The age factor*. Clevedon: Multilingual Matters.

Snow, C. E., & Hoefnagel-Höhle, M. (1978). Age differences in second language acquisition. In E. Hatch (Ed.), *Second language acquisition: A book of readings* (pp. 333–344). Rowley, MA: Newbury Press.

Steinhauer, K. (2014). Event-related Potentials (ERPs) in Second Language Research: A Brief Introduction to the Technique, a Selected Review, and an Invitation to Reconsider Critical Periods in L2. *Applied Linguistics, 35*(4), 393–417.

Steinhauer, K., White, E. J., & Drury, J. E. (2009). Temporal dynamics of late second language acquisition: evidence from event-related brain potentials. *Second Language Research, 25*(1), 13–41.

Sugiura, L., Ojima, S., Matsuba-Kurita, H., Dan, I., Tsuzuki, D., Katura, T., & Hagiwara, H. (2011). Sound to language: different cortical processing for first and second languages in elementary school children as revealed by a large-scale study using fNIRS. *Cerebral Cortex, 21*(10), 2374–2393.

Sugiura, L., Ojima, S., Matsuba-Kurita, H., Dan, I., Tsuzuki, D., Katura, T., & Hagiwara, H. (2015). Effects of Sex and Proficiency in Second Language Processing as Revealed by a Large-Scale fNIRS Study of School-Aged Children. *Human Brain Mapping, 36*(10), 3890–3911.

Van Petten, C., & Luka, B. J. (2012). Prediction during language comprehension: Benefits, costs, and ERP components. *International Journal of Psychophysiology, 83*(2), 176–190.

山本剛・牧敦・小泉英明. (2004). 光を用いた脳機能計測法:近赤外光トポグラフィ. 『日本物理学会誌』 *59*(10), 675–681.

編　者
白畑知彦（しらはた ともひこ）
　静岡大学教授

須田孝司（すだ こうじ）
　静岡県立大学准教授

著　者
鈴木一徳（すずき かずのり）第1章
　東京工業大学大学院博士後期課程

平川眞規子（ひらかわ まきこ）第1章
　中央大学教授

近藤隆子（こんどう たかこ）第2章
　静岡県立大学助教

横田秀樹（よこた ひでき）第3章
　静岡文化芸術大学教授

白畑知彦　　第3章

須田孝司　　第3章

松村昌紀（まつむら まさのり）第4章
　名城大学教授

奥脇奈津美（おくわき なつみ）第5章
　津田塾大学教授

中川右也（なかがわ ゆうや）第6章
　鈴鹿高等学校教諭・名古屋市立大学非常勤講師

尾島司郎（おじま しろう）第7章
　横浜国立大学准教授

第二言語習得研究モノグラフシリーズ3

言語習得研究の応用可能性―理論から指導・脳科学へ―

初版第1刷─────2019年 6月15日

編　者─────白畑知彦　　須田孝司

著　者─────鈴木一徳　平川眞規子　近藤隆子　横田秀樹
　　　　　　　白畑知彦　須田孝司　松村昌徳　奥脇奈津美
　　　　　　　中川右也　尾島司郎

発行人─────岡野　秀夫

発行所─────株式会社くろしお出版
　　　　　　　〒102-0084　東京都千代田区二番町4－3
　　　　　　　tel 03-6261-2867　fax 03-6261-2879　www.9640.jp

印刷・製本　三秀舎　装　丁　黒岩二三（Fomalhaut）

©Tomohiko Shirahata and Kouji Suda 2019
Printed in Japan

ISBN978-4-87424-806-5 C3081

乱丁・落丁はお取りかえいたします。本書の無断転載・複製を禁じます。